**Allerlei Getreide
Nudeln, Baguette & Co.**

Jean Pütz · Christine Niklas
unter Mitarbeit von Heinz Gollhardt

Allerlei Getreide — Nudeln, Baguette & Co

CIP-Titelaufnahme der Deutschen Bibliothek

Hobbythek. – Köln: vgs.
Früher u.d.T.: Das Hobbythek-Buch

Allerlei Getreide.
3 (1990)

Allerlei Getreide: Nudeln, Baguette & Co / Jean Pütz u.
Christine Niklas. – Köln: vgs.
(Hobbythek)
Bd. 1 u. 2 u.d.T.: Das große Hobbythek-Buch vom Essen
NE: Pütz, Jean [Mitverf.]; Niklas, Christine [Mitverf.]

3 (1990)
ISBN 3-8025-6166-X

Bildquellen:
Foto dpa, Düsseldorf, S. 81, Abb. 17;
Heinz Gollhardt, Köln, S. 14, Abb. 3; S. 15, Abb. 4; S. 148, Abb. 39;
Günther Heepen, S. 118, Abb. 12;
Historia-Photo, Hamburg, S. 76, Abb. 7;
Holz & Wunsch, Köln, S. 27, Abb. 17; S. 34, Abb. 23; S. 40, Abb. 27; S. 41, Abb. 28; S. 45, Abb. 29; S. 49, Abb. 32;
S. 51, Abb. 34; S. 52, Abb. 35 (links); S. 54, Abb. 37; S. 56, Abb. 39; S. 60, Abb. 44; S. 119, Abb. 13; S. 128, Abb. 22; S. 130,
Abb. 24; S. 131, Abb. 25; S. 134, Abb. 28; S. 140, Abb. 32; S. 141, Abb. 13;
Informationsstelle Hefe, Wiesbaden, S. 76, Abb. 7;
Jean Pütz, Köln, S. 11, Abb. 1;
Ullstein Bilderdienst, Berlin, S. 115, Abb. 9;
Verlag Hagemann, Düsseldorf, S. 110, Abb. 4; S. 111, Abb. 5; S. 112, Abb. 6; S. 114, Abb. 8; S. 115, Abb. 9; S. 117, Abb. 10;
Verlag Ch. Jäger, Hannover, S. 100, Abb. 3;
Stephan Wieland, Köln, S. 31, Abb. 21 (rechts); S. 32, Abb. 22; S. 63, Abb. 46; S. 65, Abb. 47; S. 66, Abb. 48; S. 73, Abb. 4;
S. 78, Abb. 8 u. 9; S. 82, Abb. 13; S. 87, Abb. 14 u. 15; S. 89, Abb. 16 u. 17; S. 90, Abb. 18; S. 81, Abb. 19 u. 20; S. 93,
Abb. 23 u. 24; S. 94, Abb. 26; S. 96, Abb. 27; S. 97, Abb. 28; S. 99, Abb. 29; S. 100, Abb. 30; S. 101, Abb. 31; S. 102,
Abb. 32; S. 103, Abb. 33; S. 104, Abb. 34;
Alle übrigen Fotos: Gerhard Praßer, Köln
Zeichnungen: Atelier Kremin, Bergisch Gladbach; Ernst Ebner, Bad Brückenau; Gerhard Praßer, Köln

1. Auflage 1990
© vgs Verlagsgesellschaft, Köln
Produktion: Wolfgang Arntz
Umschlagsgestaltung: Papen Werbeagentur, Köln
Umschlagfotos: Holz + Wunsch, Stephan Wieland, Köln
Reproduktion: Regrafo GmbH, Kempen
Gesamtherstellung: Industrie + werbedruck, Herford
Printed in Germany
ISBN 3-8025-6166-X

Inhalt

Liebe Leser !

dieses Buch ist hauptsächlich dem wohl wichtigsten Nahrungsmittel der Menschen gewidmet, dem Getreide. Die nährstoffreichen Körner haben seit Menschengedenken dem Homo sapiens nicht nur die lebenswichtigen Kohlenhydrate, Eiweißstoffe, Mineralsalze, Spurenelemente und Vitamine geliefert, sondern sie haben auch erheblich zur Seßhaftigkeit der Stämme und Völker beigetragen. Irgendeiner unserer Urahnen muß einmal auf die Idee gekommen sein, daß es vielleicht sinnvoll sei, von den mühsam von Einzelähren gesammelten Körnern für das nächste Jahr einige zurückzubehalten, um sie dann konzentriert auszusäen. Die nächste Entwicklung war dann die Erkenntnis, daß die Ernte um so effektiver wird, wenn der Boden zusätzlich noch beakkert, d. h. gehackt, gepflügt und von nicht erwünschten bzw. konkurrierenden Pflanzen befreit wird. All dies setzte allerdings voraus, daß die Menschen vom Nomadentum immer mehr Abstand nehmen mußten. Die Seßhaften, also die Bauernvölker, gerieten damit in Konflikt mit den Hirten- und Nomadenvölkern; in manchen Regionen, insbesondere in Afrika, Süd- und Mittelamerika sowie Südostasien, sind einige blutige Auseinandersetzungen heute noch auf diesen uralten Konkurrenzkampf zurückzuführen. In der Moderne haben zwar die Seßhaften die Oberhand gewonnen, aber durch Hunger und politische Zustände kommt es weiterhin immer wieder zu riesigen Völkerwanderungen, zu Fluchtbewegungen, die sogar alles der Vergangenheit in den Schatten stellen.

Wir, Christine Niklas und ich, hoffen, Ihnen mit „Allerlei Getreide" etwas von dem ursprünglichen Bewußtsein und dem Respekt zurückzuschenken, mit dem unsere Vorfahren Getreide und Getreideprodukte behandelten, insbesondere das Brot – nicht umsonst spielte und spielt es – früher wie heute – in religiösen Kulten eine wichtige Rolle. Sich daran zu erinnern, ist in einer Welt des Überflusses nicht einfach, aber es lohnt sich der eigenen Gesundheit zuliebe.
Ich wünsche Ihnen mit unseren Vorschlägen und Rezepten viel Spaß und Erfolg.

Ihr

Jean Pütz

9

Nudeln
selbstgemacht

Abb. 1:
Man sieht es Jean Pütz und Christine Niklas an,
daß Nudelmachen Spaß macht.

Wir haben in der *Hobbythek* ja schon manche Speisen und Getränke vorgestellt, die die Menschheit bereits vor Jahrtausenden entwickelt oder entdeckt hat. Dazu gehört das Brot, das Bier, der Wein, natursaure Gemüse, Gerichte aus der Sojabohne usw. Aber hätten Sie gedacht, daß es auch die Nudeln schon seit mindestens 4000 Jahren gibt? So alt ist nämlich eine alte *chinesische Aufzeichnung,* in der uns ein Rezept für Nudeln mit Hühnerfleisch überliefert ist.

Nun sind sich die Forscher allerdings nicht ganz einig darüber, wer die Nudeln tatsächlich erfunden hat. Die *Etrusker* haben nämlich schon im 3. Jahrhundert vor unserer Zeitrechnung – also vor rund 5000 Jahren – Geräte zur Herstellung von Teigwaren besessen. In einem Grab aus dieser Zeit fand man Abbildungen von Teigrädchen und einem Nudelholz. Also waren es doch nicht die *Italiener,* die auf ihre Nudeltradition so stolz sind und glauben, die Nudel erfunden zu haben? Erfunden haben sie das Grundrezept sicher nicht, wohl aber haben sie die größte Vielfalt von Nudelformen und Rezepten entwickelt, wie man heute noch in Italien in jeder einfachen Gaststätte feststellen kann.

Sicher ist, daß die Italiener schon recht früh eine Nudelkultur entwickelten. Es heißt, daß Marco Polo Ende des 13. Jahrhunderts in China die Teigwarenherstellung kennengelernt hat und daß er sein Wissen nach Italien gebracht haben soll. In seinen Aufzeichnungen kann man von einem fadenförmigen Gericht lesen, das die Chinesen gerne gegessen hätten. Was er entdeckte, hatte also – wie gesagt – in China bereits eine alte Tradition. Weizenmehl, Eier und Wasser waren dort vor 4000 Jahren schon Be-

standteile des Grundrezepts; sie sind es auch bei uns bis heute. Auch die Glasnudeln gab es schon, die aus Reismehl und Sojabohnenstärke hergestellt werden. Trotzdem kann man nicht sagen, daß Marco Polo den Italienern die Geheimnisse der Nudelherstellung überbracht hätte. Schon vor ihm gab es ein Kochbuch, das den Italienern die Zubereitung von „Vermicelli" und „Tortelli" beschrieb.

Rund 2000 Jahre früher ließen sich die antiken *Griechen* bereits „Lagano" oder „Lasani" schmecken. Das waren Teigstreifen, die mit Honig oder anderen süßen Zutaten verzehrt wurden. Bei Horaz schließlich liest man von einer Nudelsuppe mit Porree und Kichererbsen. Sie sehen also: auch die berühmte Brühe mit Einlage gibt es schon seit langer Zeit.

Und wie war es in Deutschland? Auch wenn wir hier nicht die älteste Nudelkultur haben dürften, so haben wir doch eine ganz besondere: die der Spätzle, auf die wir noch zu sprechen kommen. Und wenn wir auch nicht auf den Nudelverbrauch der Italiener kommen, so sind es Anfang der 80er Jahre im Durchschnitt pro Kopf doch immerhin 4 kg gewesen. Pro Jahr werden also bei uns rund 240 000 Tonnen Nudeln gegessen. In Süddeutschland sind es etwas mehr als in Norddeutschland. Dort fehlt einfach die Spätzle-Tradition. Alles in allem kann man sagen, daß Teigwaren im weitesten Sinne sicher früher als das Brot eine Rolle spielten. Der Grund dafür ist sehr einfach: Nudeln lassen sich nämlich wesentlich einfacher herstellen als Brot. Wahrscheinlich wurden sie deshalb auch in verschiedenen Ländern zu unterschiedlichsten Zeiten immer

wieder neu „erfunden". Nudeln bestehen nämlich im Prinzip nur aus Mehl, das mit etwas Feuchtem angerührt wird. Dieses Feuchte kann Wasser, aber auch Ei sein. Weiter gehört zum Nudelgericht, daß der so entstandene Teig in siedendem Wasser gekocht wird.

Es fiel hier bereits das amtsdeutsche Wort *Teigwaren.* Wie alle Wörter aus der Sprache der Verordnungen spielt es im Alltag kaum eine Rolle. Schließlich kann man damit im Laden wenig anfangen, denn es ist ein Sammelbegriff, unter den nicht nur Nudeln fallen.

Wir wären nicht in Deutschland, wenn es hier nicht auch für Nudeln ganz bestimmte Klassifizierungen gäbe. Sie haben freilich auch ihre Vorteile; denn Sie können aus dem Packungsaufdruck gleich entnehmen, worum es sich beim Inhalt handelt. Hier die drei Sorten von Nudeln:

● Die normalen *„Frisch-Ei-Nudeln"* enthalten pro 1 kg Weizenrohmaterial mindestens 2¼ Eigelb oder 2¼ ganze frische Hühnereier. Normale „Eier-Nudeln" hingegen enthalten nur die entsprechende Menge Eiprodukte, also zum Beispiel Eipulver.

● *„Frisch-Ei-Nudeln mit hohem Eigehalt"* müssen pro 1 kg Weizenrohmaterial mindestens 4 Eigelb oder 4 ganze frische Hühnereier enthalten. Bei „Eier-Nudeln mit hohem Eigehalt" sind nicht frische Eier beigemengt, sondern eine entsprechende Menge Eiprodukte.

● *„Frisch-Ei-Nudeln mit sehr hohem Eigehalt"* enthalten pro 1 kg Weizenrohmaterial mindestens 6 Eigelb oder frische Hühnereier. „Eier-Nudeln mit sehr hohem Eigehalt" eine entsprechende Menge Eiprodukte.

Wenn wir Ihnen jetzt schon verraten, daß unsere Nudeln pro 1 kg Weizenmehl 9 bis 10 frische Eier enthalten, dann wissen Sie ungefähr, was Sie da an Köstlichkeiten erwartet.

Bei den Klassifizierungen war immer die Rede von Weizenrohmaterial. Es gibt im Handel aber auch noch andere Teigwaren, die zum Beispiel aus Vollkornmehl oder aus Mehl mit Gemüsezusätzen bestehen (grüne Spinatnudeln, rote Paprikanudeln usw.). Darauf gehen wir noch genauer ein, wenn wir Ihnen unsere Spezialrezepte verraten werden.

Weizen, der Stoff aus dem die Nudeln sind

Neben der Gerste war der Weizen die erste Getreideart, die von Menschen kultiviert und planmäßig angebaut wurde. Man kennt ihn seit etwa 10 000 Jahren. Davor sammelten die Menschen wildwachsende Gräser- oder Getreidekörner.

Weizen gedeiht in den gemäßigt warmen Klimazonen, also auch in Mittel- und Südeuropa. Der normale Weizen ist da etwas genügsamer als der sogenannte Hartweizen, der es gern etwas wärmer hat und besonders guten Boden braucht. Er wird vor allem im Mittelmeerraum, in den nordamerikanischen Präriezonen und in Nordafrika angebaut.

Aus Weizen bäckt man Weißbrot, Kuchen und feines Gebäck; aber man stellt daraus auch Nudeln her. Und das nicht etwa nur, weil Weizen so schön hell ist, sondern weil das Weizenkorn gegen-

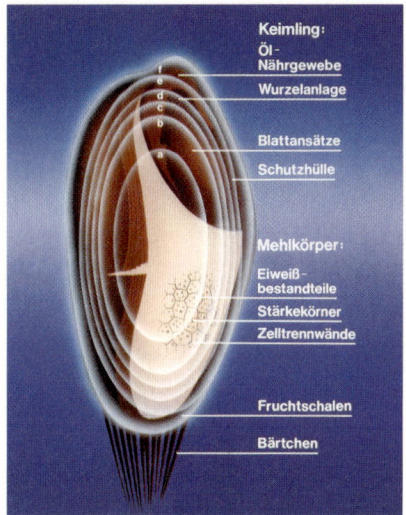

Abb. 2: Der Aufbau eines Weizenkorns.

über allen anderen Getreidearten eine besondere Eigenschaft hat.

83 bis 85 % des Weizenkorns bestehen aus *Stärke* und einer geringen Menge *Eiweiß* (vgl. *Abb. 2*). Der innere Kern wird auch als *Mehlkörper* bezeichnet, weil nur aus ihm das feine Mehl gemahlen wird, das wir zum Kuchenbacken verwenden. Umgeben wird dieser Mehlkörper von der sogenannten *Aleuronschicht,* die wertvolle Mineralstoffe und Vitamine sowie Eiweiß enthält. Der an einer Spitze des Korns liegende Keimling speichert zusätzlich eine Menge Fett. Mehlkörper und Keimling werden von mehreren weiteren Schichten, den Fruchtschalen, umschlossen, die im wesentlichen aus Zellulose bestehen und auch Vitamin B enthalten.

Wir nannten vorhin schon den Hartweizen, der auch *Durum-Weizen* (nach lateinisch durus=hart) genannt wird. Wir beziehen ihn in Deutschland hauptsäch-

lich aus den USA und Kanada, weshalb er auch teurer ist. Hartweizen enthält 15 bis 16 % Eiweiß, während unser normaler Weizen nur 13 % Eiweiß hat. Außerdem unterscheiden sich beide Sorten in der Zusammensetzung des Klebereiweißes. Was ist nun das? Durch das *Klebereiweiß* unterscheidet sich Weizen von allen anderen Getreidearten. Mit Wasser gemischt entsteht aus diesem Eiweiß der sogenannte Kleber, der für die Elastizität des Nudelteiges sorgt. Wie wir beim Brotbacken in der *Hobbythek* (vgl. *Hobbythek-Buch 2* und *Das große Hobbythek-Buch vom Essen/1*) gesehen haben, ist dieser Kleber auch die Voraussetzung dafür, daß ein Brot- oder Kuchenteig aus Weizenmehl mit Hefe gebacken werden kann. Reines Roggenmehl wäre dafür nicht geeignet. Roggenmehl geht nur mit Sauerteig auf.

Aus dem Korn wird Mehl

Aus dem unversehrten Korn kann man weder einen Kuchen backen noch Nudeln machen; man braucht für beides Mehl. Und da wir in verschiedenen Tips nicht nur mit gekauftem Mehl arbeiten wollen, sondern auch mit selbstgemahlenem, hier doch noch ein paar Worte darüber, wie das Korn zu Mehl gemahlen wird.

Das Wort „mel" kommt aus dem Indogermanischen und bedeutet soviel wie Zerreiben oder Zermahlen. Das bewerkstelligte man in der Frühzeit der Menschen mit primitiven Steinwerkzeugen. Aber selbst in der schon recht hochkultivierten Zeit der römischen Antike waren die Kornmühlen noch ausgesprochen simple Konstruktionen, allerdings schon mit erstaunlicher Leistung. Auf *Abbil-*

Abb. 3: So sahen die Kornmühlen der Römer aus. Der konische Trichterteil wurde auf den Steinkegel gesetzt, er hatte links und rechts einen Holzhebel zum Drehen. Beide Teile der Mühle sind aus Stein gehauen.

dung 3 sehen Sie eine solche Mühle, die man sich noch mit zwei hölzernen Hebeln vorstellen muß, die entweder von einem Esel oder von Menschen gedreht wurden.

Die Römer waren es auch, die das Mahlen zwischen zwei Steinen erfanden; denn vorher hat man das Korn mit keulenartigen Stößeln mehr zerquetscht als gemahlen.

Auch heute noch wird Korn zwischen Steinen gemahlen; allerdings bei sehr viel weiterentwickelter Technik. In einer

modernen Mühle geht das Mahlen auf einem sogenannten Walzenstuhl vor sich. Dabei wird das Korn in verschiedenen Stufen ausgemahlen. Zunächst wird es nur grob zerkleinert und geschrotet. Das Schrot enthält noch alle Vollkornbestandteile. Mit Gebläsen und Sieben werden dann die Keimlinge und die Kleie – das sind die Randschichten – entfernt. Übrig bleibt der in kleine Teilchen zerbrochene Mehlkörper.

In einer nächsten Stufe werden diese Mehlkörperteile weiter zerkleinert; es

entsteht *Grieß.* Nun wird wieder gesiebt, damit eine jeweils gleiche Körnung erreicht wird. Dann wird der Grieß noch einmal gemahlen; es entsteht der sogenannte *Dunst,* den man entweder als besonders feinen Grieß oder auch als ein grobes Mehl bezeichnen könnte. Viele Nudelfabriken verwenden diesen Dunst bereits zur Nudelproduktion, und deshalb wird er oft auch „Nudeldunst" genannt. Dieses grobe Mehl hat den Vorteil, weniger zu klumpen. Es nimmt die Flüssigkeit langsamer auf, wodurch der mit Wasser angerührte Teig nach einiger Zeit fester wird.

Damit man unser normales Mehl erhält, muß der Dunst noch einmal ausgemahlen werden. Die zum Backen und auch zur Nudelherstellung zu Hause gebräuchlichste Mehlart ist das *feine Weizenmehl der Type 405,* das auch *Weizenauszugsmehl* genannt wird. Es enthält knapp 80% Stärke, über 10% Eiweiß (hauptsächlich Kleber) und rund 10% Wasser. Die Typenbezeichnung 405 gibt den Grad der Ausmahlung an. Je feiner das Mehl gemahlen ist, um so weniger Schalenanteile sind darin enthalten und um so weißer ist es. Die Type gibt den Mineralstoffgehalt in 100 g Trockensubstanz an. Das heißt in verständlichen Worten: Weizenmehl in der Type 405 enthält 405 mg Mineralstoffe auf 100 g Mehl-Trockensubstanz. Der Mineralstoffgehalt ist nichts anderes als der Gehalt an Randschichten des ursprünglichen Korns.

Weniger stark ausgemahlene Mehle haben eine höhere Typenzahl. Bei Weizenmehl reicht sie bis 1600, was bedeutet, daß 1600 mg Mineralstoffe oder Schalenanteile auf 100 g Trockensubstanz

Abb. 4: Der ständige Wind auf den griechischen Kykladen-Inseln trieb in früheren Jahrhunderten Tausende von Mühlen an. Diese Mühle auf Naxos gehört zu den wenigen noch intakten Exemplaren in unserer Zeit.

Es soll uns dabei gleichgültig sein, daß diese Mehlsorte viele wichtige Stoffe nicht mehr enthält, die zum Beispiel im Vollkornmehl noch vorhanden sind. Wir werden Ihnen genügend Rezepte verraten, die den gesundheitlichen Nutzen des Vollkornmehls berücksichtigen.

In diesem Zusammenhang gleich auch noch dies: Sich sein Mehl selbst zu mahlen, hat erhebliche Vorteile. Unversehrte Getreidekörner sind fast unbegrenzt haltbar. Bei trockener und kühler Lagerung werden sie Jahrhunderte alt und sind auch dann noch keimfähig. Ein Zeichen dafür, daß in ihnen noch alle Mineralstoffe und Vitamine enthalten sind. Im gemahlenen Zustand ist das Mehl hingegen nur begrenzt haltbar.

Aber nun vom Mehl wieder zurück zu den Nudeln:

Nudeln machen nicht dick

Teigwaren stehen in keinem besonders guten Ruf. Sie machen dick, seien zu gehaltvoll usw. Daß dies durchaus nicht so ist, zeigt die Tabelle in *Abbildung 5*. Der Vorteil bei Nudeln ist, daß 100 g davon gekocht ca. 300 g wiegen, das heißt, gekochte Nudeln bestehen zu ⅔ aus Wasser, dessen Nährwert bekanntermaßen Null ist. Ganz anders hingegen ist es bei den Kartoffeln. 100 g rohe Kartoffeln wiegen genausoviel wie 100 g gekochte.

kommen. Roggenmehl gibt es auch als Type 1800.

Beim Weizenmehl wird der Kleberanteil relativ geringer, wenn Randschichten im Mehl einen höheren Anteil haben. Das Klebereiweiß befindet sich ja nur im Mehlkörper und nicht in den Randschichten. Beim Vollkornmehl mit einer hohen Typenzahl ist der Kleberanteil also am geringsten.

Weizenmehl von der Type 405 erhält man überall und es eignet sich für die Nudelherstellung ganz ausgezeichnet.

Gewichtsverhältnisse	roh	gekocht
Teigwaren	100 g	ca. 300 g
Reis	100 g	ca. 300 g
Kartoffeln	100 g	ca. 100 g

Nährwerte im gekochten Zustand	Teigwaren (eifrei)	Reis	Kartoffeln
Feuchtigkeit	72 %	73 %	77 %
Fett	1 %	0,2 %	–
Eiweiß	4 %	2 %	2 %
Kohlenhydrate (Stärke + Zucker)	24 %	24 %	16 %
kJ (Kilojoule) pro 100 g	514	449	306
kcal (Kilocalorie) pro 100 g	121	105	72

Abb. 5: Teigwaren, Reis und Kartoffeln im Vergleich.

15

Nudeln: vielseitig, praktisch, schön

Das Herrliche an Nudeln ist, daß sie sich bei einigermaßen trockener Lagerung ewig halten, ohne daß man besondere Konservierungsmethoden braucht. Ja, man kann sogar sagen, daß die Nudeln die ersten Fertigprodukte der Küche waren, die man lange aufheben konnte.

Ein weiterer Vorteil der Nudeln: man braucht sie nicht zu schälen wie die Kartoffeln. Man gibt sie ins kochende Wasser und hat nach maximal 12 Minuten fast schon ein fertiges Gericht auf dem Tisch.

Außerdem lassen sich Nudeln mit einer Unmenge von Soßen, Fleischgerichten, Gemüsen usw. kombinieren. Sie sind nicht einmal auf salzige Zutaten festgelegt; auch in süßen Gerichten machen sich Nudeln ausgesprochen gut.

Dann kann man Nudeln als Hauptgericht, als Vorspeise, als Nachtisch und sogar als Salat bereiten, sie in Suppen geben, zu Aufläufen und Omeletts verarbeiten und sicher noch zu vielem mehr. Die Italiener essen ihre *Pasta* in der Regel als Vorspeise. Bei uns jedoch sind Nudeln ein ausgesprochenes Hauptgericht.

Zum Schluß wollen wir auch noch die vielen Formen loben, in die man Nudeln bringen kann. Auf *Abbildung 6* sehen Sie nur eine kleine Auswahl. Wir werden Ihnen bei den verschiedenen Rezepten noch sagen, welche Nudelart sich als Beilage besonders gut eignet. Denn die Form spielt bei den verschiedenen Gerichten eine wichtige Rolle. So kleben zum Beispiel Bandnudeln wegen ihrer großen glatten Flächen besonders leicht zusammen, während Nudeln in Spiralform besonders viel Soße aufnehmen.

Öffnen Sie sich die Tür zum Schlaraffenland, machen Sie Ihre Nudeln selbst

Vielleicht denken Sie jetzt, daß man ja weiß Gott nicht darüber klagen kann, daß es in den Ländern nicht x-erlei verschiedene Sorten von Nudeln gibt. Wenn Sie sie erst einmal selbst gemacht haben, wird es Ihnen sicher nicht anders gehen als uns: selbstgemachte Nudeln und gekaufte lassen sich gar nicht vergleichen.

Da ist zuerst einmal der Unterschied, daß gekaufte Nudeln immer getrocknet sind, Ihre selbstgemachten aber frisch aus der Maschine in den Topf wandern können. Das macht sich im Geschmack bemerkbar.

Außerdem gibt es beim Selbermachen viel mehr Variationen für den Nudelteig, sei es in der Art des Mehls, in den Zutaten, die den Nudeln verschiedene Farben und Geschmacksrichtungen geben, in der Art der frischen Füllung bei Tortellini usw.

Und noch eine Form des „Lustgewinns" gibt es bei selbstgemachten Nudeln: Es macht ungeheuren Spaß, mit Freunden, Bekannten und Verwandten in der Küche Nudeln zu drehen und daraus die verschiedensten Gerichte zu bereiten. Wir haben immer wieder die Erfahrung gemacht, daß bei solchen Nudelfesten ständig neue Rezepte entstehen. Es ist

Abb. 6: Nudeln kann man in den verschiedensten Farben herstellen.

ganz erstaunlich, welche Phantasie die meisten Leute in der Küche entwickeln. Da kam zum Beispiel jemand darauf, bereits in den Teig frische kleingehackte Kräuter zu geben, ganz zu schweigen von den verschiedenen frischgemahlenen Mehlsorten, die wir zu Nudelteig verarbeitet haben. Viele von Ihnen lehnen ja zu Recht das heute übliche blütenweiße Weizenmehl ab, weil es viele Vitamine und Mineralstoffe des Korns nicht mehr enthält. Deshalb haben wir uns besonders damit beschäftigt, wie man aus den verschiedensten Getreide- und Mehlsorten gute Nudeln bereiten kann.

So haben wir nicht nur Weizen, sondern auch fast alle anderen Getreidearten ausprobiert wie Roggen, Gerste, Hafer, Reis, Grünkern, ja sogar Hirse, Soja und Buchweizen. Um einen guten Nudelteig zu bekommen, haben wir allerdings manchmal bis zu 50 % Weizenmehl hinzugeben müssen, damit der nötige Kleberanteil erreicht wurde.

Und wir haben noch etwas anderes herausbekommen. Man kann nämlich aus Nudelteig nicht nur Nudeln formen, sondern hauchdünne, kalorienarme Teigböden, die man mit einem entsprechenden Belag im Ofen wie eine *Pizza* backen kann. Auch dazu werden wir Ihnen einige Rezepte verraten.

Abb. 7: Am besten macht man Nudeln zu zweit.

Die hohe Kunst der Nudelküche ist aber die Zubereitung von *gefüllten Teigtaschen*. Da meinen wir nicht nur die bekannten Tortellini, sondern Teigtaschen, die man wie Crêpes mit allen möglichen Füllungen – seien sie süß, pikant oder scharf – in der Pfanne braten, im Backofen backen oder sogar fritieren kann. All diese Köstlichkeiten gehen in ihrer Vielfalt auf ein einziges Grundrezept zurück. Doch bevor wir uns damit beschäftigen, kurz noch einiges zu den Gerätschaften.

Die Nudelmaschine

Lassen Sie uns vorweg sagen, daß das Selbermachen von Nudeln überhaupt nicht kompliziert ist und daß auch Leute, die sich in der Küche für ungeschickt halten, sehr gut damit zurechtkommen. Unsere Großeltern haben als Werkzeug lediglich das bekannte Nudelholz und ein Messer gebraucht. Wir haben das ausprobiert und festgestellt, daß dies aber doch eine ganze Menge Geschicklichkeit, Kraft und auch Geduld voraussetzt. Nichts davon braucht man, wenn man eine Nudelmaschine hat. Man bekommt sie bereits für unter 50 DM; manchmal muß man aber auch 100 DM ausgeben. Nicht immer ist die teuerste

Maschine die beste. Diese Maschinen sind ziemlich unverwüstlich und sehr leicht zu bedienen.

Wir haben eine ganze Reihe Nudelmaschinen ausprobiert und auch die Preise verglichen (vgl. dazu den Anhang). Die Maschinen arbeiten alle nach dem gleichen Prinzip, nämlich dem der Wäschemangel, bei der durch zwei Walzen etwas hindurchgeführt und plattgedrückt wird. Anschließend wird die dünne Teigplatte durch andere Walzen geführt, die sie – je nach Form dieser Walzen – in verschiedenartige Nudeln zerlegen.

Bedient werden diese Maschinen mit einer Handkurbel. Da die gesamte Maschine aus verchromtem Metall besteht, soll sie mit Wasser möglichst selten in Berührung kommen. Das ist auch nicht nötig, weil der gut durchgeknetete Nudelteig beim Durchdrehen durch die Maschine eigentlich keinerlei Spuren hinterläßt.

Bei manchen Modellen gibt es außer den beiden glatten Walzen, mit denen der Teig geknetet und in flache Scheiben gepreßt wird, zusätzliche Schneideelemente, die man mit Hilfe einer Schiene in die eigentliche Maschine einhängt. Da gibt es zum Beispiel zwei Schneidewalzen, die den durchgeführten Teigstreifen in breite Bandnudeln zerlegt. Oder es gibt Walzen, die so feine Streifen schneiden, daß sie fast wie Spaghetti wirken, obwohl sie nicht rund sind. Aber auch für richtige runde Spaghetti gibt es einen Vorsatz. Schließlich finden auch die Liebhaber von Lasagne entsprechendes Zubehör, das sehr breite Bandnudeln mit einem gewellten Rand schneidet. Und sogar für Ravioli gibt es ein Vorsatzgerät.

Schlechte Erfahrungen haben wir hingegen mit Kunststoff-Zusatzteilen zum

Abb. 8: Zwei Modelle von Nudelmaschinen.

Teigrühren gemacht. Man setzt sie ebenfalls in die Nudelmaschine ein und bedient sie mit einer Handkurbel. Diese Teile arbeiten aber so primitiv, daß man mit
den Fingern immer wieder nachhelfen
muß, weil zum Beispiel der Teig an den
Seiten verklebt.

Schließlich gibt es noch verschiedene
Breiten bei diesen Maschinen. Bei der
Normalausführung sind die Walzen etwa
14 cm lang, das heißt, der durchgeführte
Teig wird in Streifen von etwa 14 cm Breite geformt. Es gibt aber auch Maschinen
mit einer Walzenlänge von nur 11 cm. Da
braucht man dann einfach länger zur Nudelherstellung. Mehr dazu im Anhang.

Das Nudelteig-Grundrezept

Wenn man bedenkt, was man aus Nudeln alles machen kann und wie viele
Variationen es davon gibt, dann staunt
man, wie einfach das Grundrezept ist.
Es enthält nämlich nur zwei Zutaten: *Ei*
und *Mehl*. Eventuell können Sie noch eine Prise Salz dazutun; es reicht aber
auch, wenn es dem Kochwasser beige-
fügt wird.

Ei und Mehl – das ist das ganze Geheim-
nis. Auf Zugabe von Wasser, wie es in
der Industrie üblich ist, verzichten wir,
denn die nötige Feuchtigkeit kommt in
unseren hochwertigen Nudelteig ausschließlich durch die Eier. Ein Ei enthält
nämlich eine ganze Menge Wasser, wie
wir gleich noch sehen werden.

Es ist nicht möglich, ein auf jedes
Gramm genaues Grundrezept zu geben, weil die Eier unterschiedlich groß
sind und weil auch das Mehl nicht immer
von gleicher Beschaffenheit ist. Als
Faustregel gilt aber:

Abb. 9: Aus diesen wenigen Grundbestandteilen besteht der Nudelteig.

Abb. 10: Wichtig ist, daß alle Zutaten gut verknetet werden.

19

Auf ein durchschnittlich großes Ei rechnet man 100 bis 125 g Mehl. Eine Prise Salz, wenn beliebt.

Der Nudelteig besteht also etwa zu 70 % aus Mehl und festen Bestandteilen und zu 30 % aus Flüssigkeit. Ein Ei von etwa 50 g enthält nämlich rund 75 % flüssige Bestandteile.

Und noch etwas zur Menge: Ein Ei und 100 bis 125 g Mehl ergeben etwa diejenige Menge an Nudeln, die man als Beilage für eine Portion braucht. Wenn Sie Nudeln mit Soße als Hauptgericht servieren wollen, dann müssen Sie allerdings ein wenig mehr pro Person rechnen. Gehen Sie am Anfang zur Sicherheit pro Person von zwei Eiern und 200 bis 250 g Weizenmehl der Type 405 aus. Wir haben oft erlebt, daß die selbstgemachten Nudeln solchen Zuspruch fanden, daß diese Menge ohne Schwierigkeiten aufgefuttert wurde.

Teigkneten wie in alten Zeiten

Für das Kneten von Kuchen- oder auch von Nudelteig gibt es verschiedene Methoden. Suchen Sie sich diejenige aus, die Ihnen am leichtesten von der Hand geht.

In jedem Fall brauchen Sie eine genügend große Schüssel aus Plastik oder auch aus Ton, die einen möglichst steilen Rand hat.

Dann muß die entsprechende Menge Eier mit einer Gabel oder einem Schneebesen geschlagen werden, damit sich

Eiweiß und Eigelb gut miteinander mischen.

Für das Mischen von Ei und Mehl gibt es nun zwei Methoden. Die einen schütten das Mehl zu den Eiern in die Schüssel, fügen eventuell die Prise Salz hinzu und beginnen dann mit saubergewaschenen Händen alles miteinander zu vermischen.

Die anderen geben das Mehl in die Schüssel, machen in der Mitte eine Kuhle und schütten dorthinein das Ei. Sie mischen dann alles mit einem Holzlöffel solange, bis es mit diesem Gerät zu schwer wird. Es ist dann noch nicht alles Mehl verbraucht. Jetzt bleibt auch bei der zweiten Methode gar nichts anderes übrig, als mit sauberen Händen zu Werke zu gehen. Natürlich klebt erst einmal alles an den Fingern. Bei weiterem Mischen gibt sich das aber, weil der Teig immer trockener und geschmeidiger wird.

Das ist der Zeitpunkt, wo Sie ihn außerhalb der Schüssel auf einem Brett oder der sauberen Tischplatte weiterkneten. Zum Schluß soll der Teig weder an den Händen noch auf der Unterlage klebenbleiben. Möglicherweise brauchen Sie dafür noch etwas mehr Mehl.

Ist eine schön durchgewalkte Teigkugel entstanden, die sich weder klebrig anfaßt noch am Tisch hängenbleibt, dann können Sie das endgültige Durchkneten mit der Nudelmaschine machen. Das erspart Ihnen viel Arbeit und bewirkt, daß der Teig wirklich ganz homogen und innig durchgemischt wird, was für das Gelingen der Nudelherstellung entscheidend ist.

Der ziemlich feste Teig trocknet jetzt sehr leicht; schon in 5 bis 10 Minuten kann er eine spröde Oberfläche bekommen. Lassen Sie ihn deshalb nie länger

offen liegen, sondern geben Sie ihn entweder in einen Topf mit Deckel oder legen Sie ein Handtuch über die Schüssel. Bevor wir an die weitere Verarbeitung mit der Nudelmaschine gehen wollen, hier noch eine andere Variante:

Natürlich geht es auch mit einer Universal-Küchenmaschine

Leichter und schneller geht das Kneten mit einer elektrischen Küchenmaschine. Aber obwohl der Nudelteig sehr kompakt und schwer ist, sollten Sie nicht den Knethaken nehmen, sondern die normalen Rührbesen. Bei der Teigmischung mit der Maschine kommt es nämlich darauf an, daß der Teig nicht durch die Flüssigkeit zu einem einzigen großen Ballen zusammenklumpt, wie es beim Handkneten der Fall ist. Der Teig soll vielmehr gleichmäßig verteilt in kleinen Krümeln in der Schüssel liegen, die ähnlich wie Streusel aussehen. Ist das nicht der Fall und ballt sich der Teig zu einem großen Klumpen zusammen, dann müssen Sie die Maschine abstellen.

Am sichersten erreichen Sie das, wenn Sie folgendermaßen vorgehen: Mischen Sie in der Rührschüssel zunächst die Eier. Dann kommt bei laufender Maschine das Mehl dazu. Und da bei einer Küchenmaschine alles sehr schnell geht, müssen Sie schon beim Hinzufügen des Mehls sehr genau hinschauen, wie sich der Teig entwickelt. Wirkt er zu trocken, so geben Sie nicht das ganze Mehl hinzu. Macht er hingegen einen zu feuchten Eindruck und beginnt er, an einigen Stellen zusammzukleben, geben Sie sofort alles Mehl dazu. Denn ist der Teig erst einmal verklumpt, dann ist es sehr mühsam, ihn aus der Maschine wieder herauszulösen, in kleine Bröckchen zu zerpflücken und mit zusätzlichem Mehl erneut in die Maschine zu geben.

Wer keine Küchenmaschine, sondern nur einen elektrischen Handrührer hat, der kann auch damit arbeiten. Auch hier nicht die Knethaken, sondern die Rührbesen verwenden, die man auch für Eischnee und Schlagsahne braucht. Ansonsten geht alles genauso wie bei der Küchenmaschine. Da diese Handrührer nicht ganz so kräftig sind, genügt es, wenn Sie Mehl und Eier gründlich zu kleinen Klümpchen vermischen. Sie können dann alles aus der Schüssel nehmen und mit der Hand weiterkneten. Es klebt dann schon alles nicht mehr sehr.

Weiter geht es mit der Nudelmaschine

Manchmal gibt es Probleme, auf die kommt man gar nicht. Nudelmaschinen werden an der Arbeitsplatte mit einem ganz simplen Schraubelement befestigt, wie man es früher auch für den Fleischwolf und andere Geräte hatte. Nun sind aber moderne Einbauküchen oft so konstruiert, daß die Arbeitsplatte entweder zu dick für dieses Schraubelement ist oder die Platte nicht weit genug vorsteht. Notfalls müsen Sie sich ein schweres Brett besorgen, das Sie auf eine solche Arbeitsplatte legen und an dem Sie die Maschine befestigen. Denken Sie auch daran, daß Sie fürs Nudelmachen eine ganze Menge Platz brauchen. Neben der Maschine müssen nämlich auch noch die ausgerollten Teigstreifen und nachher die fertigen Nudeln unterzubringen sein.

Abb. 11:   Die Nudelteigkugeln mit einem Küchentuch abdecken, weil ihre Oberfläche sehr schnell austrocknet.

Abb. 12:   Beim Kneten mit der Küchenmaschine muß der Teig kleine Klümpchen bilden.

Abb. 13: Die Teigstreifen und Nudeln kann man auf Tüchern ablegen.

durchgeführt, während Sie mit der rechten Hand die Kurbel drehen. Wenn man diese Arbeit zu zweit macht, geht es natürlich viel einfacher und macht auch mehr Spaß.

Was beim ersten Durchgang herauskommt, sind manchmal nur Krümel oder an den Rändern stark eingerissene Bänder. Das macht aber nichts. Schlagen Sie dieses Teigband zwei- oder dreimal ein und schicken Sie es ein weiteres Mal zwischen den beiden Walzen bei Stufe 1 hindurch. Beim zweiten oder dritten Durchgang bilden sich schon richtige Teigstreifen. Insgesamt wird der Teig 10- bis 12mal bei Stufe 1 durchgeknetet; dabei nicht vergessen, die Teigstreifen in 3 oder 4 Lagen neu zu falten. Geben Sie den Teig auch immer in einer anderen Richtung durch die Maschine hindurch, wie man das beim Kneten eines Teigballens mit der Hand auch macht, den man in alle Richtungen dreht. So wird der Teig wirklich gut vermischt und schön elastisch. Hat der Teigstreifen eine völlig glatte und gleichmäßige Oberfläche, dann ist er fertig.

Nun kann es aber sein, daß der Teig vielleicht etwas zu feucht ist oder sogar an den Walzen klebenbleibt. Dann muß man über den Streifen ein wenig Mehl stäuben und ihn noch ein paarmal durch die Maschine drehen, um dieses neue Mehl gründlich unterzumengen.

Sie haben jetzt einen Teigstreifen, der allerdings noch zu dick ist. Bevor Sie ihn weiterverarbeiten, sollten Sie ihn, auf einem Küchentisch ausgelegt, etwas ruhen lassen. Nehmen Sie sich unterdessen die anderen Teigklöße vor.

Ist alles „durchgenudelt", dann wird der Walzenabstand allmählich verringert. Sie brauchen die Teigstreifen jetzt nicht mehr zu falten. Aber bis zu welcher Stu-

Ist ein passender Platz gefunden und liegen auch frische Küchen- oder Geschirrtücher bereit, auf die die Teigstreifen und Nudeln gelegt oder mit denen sie abgedeckt werden, damit sie nicht vertrocknen, dann kann es losgehen. Stecken Sie zunächst die *Handkurbel* in die Öffnung neben den glatten Walzen. Auf der gegenüberliegenden Seite zur Kurbel sitzt in der Regel der *Einstellknopf,* mit dem sich der Walzenabstand einstellen läßt. Je nach Bauart gibt es etwa 7 Stufen, wobei Stufe 1 den weite-

sten Abstand der Walzen voneinander bedeutet. Diese Stufe 1 brauchen wir zum *Kneten* des Teiges. Stufe 7 hingegen ergibt einen hauchdünnen Teig, wie man ihn für bestimmte Nudelsorten braucht.

Zerlegen Sie die Teigkugel in ein paar kleinere Kugeln von guter Eigröße. Rollen Sie sie zwischen den Händen ein bißchen wie eine dicke Wurst und decken Sie den Vorrat mit einem Tuch ab. Mit der linken Hand wird nun das Teigstück zwischen den beiden Walzen

Abb. 14: *Oben links:* Zuerst wird der Teigklumpen mit der Maschine zu einer Platte geformt; *links unten:* dann den Teig etwa dreimal falten; danach mehrmals durchdrehen und zwischendurch immer wieder falten; *oben rechts:* zum Schluß die dünne Platte in Bandnudeln zerlegen.

fe soll man gehen? Das kommt ganz darauf an, was für Nudeln Sie produzieren wollen. Für ganz gewöhnliche Nudeln wie zum Beispiel Tagliatelle oder bei Bandnudeln genügt es bis zur Stufe 5 oder allenfalls 6 zu gehen. Ideal wäre ein Walzenabstand von 0,7 mm, der eine ausgerollte Teigdicke von 1 mm ergibt.

Beim Durchdrehen werden Sie merken, daß die Teigstreifen natürlich immer länger werden. Irgendwann wird das einmal unhandlich. Teilen Sie die auf der Platte liegenden Streifen einfach mit einem Messer auseinander; das geht ganz leicht. Theoretisch können Sie Spaghetti von mehreren Metern Länge herstellen. Aber das ist dann allenfalls noch etwas für das Buch der Rekorde.

Die ausgerollten Teigstreifen werden zunächst auf Küchentüchern abgelegt; schön nebeneinander, damit sie nicht zusammenkleben. Bitte jetzt kein Mehl auf den fertigen Teig streuen, weil das beim Kochen nur pappig wird und die Nudeln schließlich im Topf miteinander verkleistert.

Mit einer guten Nudelmaschine können Sie jetzt gleich beim Zerschneiden des Teiges in die gewünschte Nudelsorte übergehen. Stecken Sie dazu die Handkurbel in eine der beiden Öffnungen für breite oder schmale Nudeln. Von oben wird jetzt der feine Teigstreifen zwischen die Schneidewalzen gelegt und unten werden die fertigen Nudeln vorsichtig herausgenommen und ebenfalls auf Küchentüchern abgelegt. Auch das macht man am besten zu zweit.

Damit die fertigen dünnen Nudeln unter der Maschine nicht wie ein Haufen Dauerwellen nach dem Regen zusammenknäueln, haben wir uns mit einem kleinen Trick beholfen, den wir Ihnen hier verraten wollen: Wir haben nämlich unter der Nudelmaschine ein Tablett oder ein größeres Brett so langsam durchgezogen, wie die Nudeln von oben aus der Maschine kamen. Es geht aber auch, wenn man – zu zweit arbeitend – die Hände langsam nachführt.

Wenn der Teig nicht ganz in Ordnung ist, kann es auch schon einmal vorkommen, daß er unter den Schneidewalzen hängenbleibt, daß er zusammengedrückt wird oder daß er auch gar nicht ganz präzise zerschnitten wird. Kneten Sie diese mißglückten Nudeln einfach noch einmal zusammen und lassen Sie die Teigstücke etwa 5 bis 15 Minuten leicht antrocknen. Dann noch einmal kurz durchkneten und den Teig wie oben beschrieben verarbeiten.

Wenn Sie eine Maschine mit einem Spaghetti-Vorsatz haben – für richtige runde Spaghetti also –, dann rollen Sie den Teig um eine Stufe dicker (etwa 4) aus, damit die Spaghetti auch schön rund werden.

Es gibt auch elektrische Nudelmaschinen

Oben kommen alle Zutaten hinein, unten die fertigen Nudeln heraus. Schön wär's. Wir haben drei Fabrikate getestet. Wir wollen gleich sagen, daß wir nicht übermäßig begeistert waren. Da versprechen die Produzenten einfach mehr, als tatsächlich dabei herauskommt. Das brauchbarste Modell war noch das der italienischen Firma Simac, das aber immerhin rund 300 DM kostet. Da gibt es zwar sehr viele Matrizen für unterschiedlichste Nudelformen; allerdings müssen sie extra gekauft werden und sind nicht gerade billig. Ein anderes italienisches Fabrikat kostet sogar 400 DM und ist noch weniger empfehlenswert. Der französische Hersteller Moulinex hat für immerhin schon rund 200 DM ein Modell auf den Markt gebracht, das wir allerdings noch nicht testen konnten.

Wir geben zu, daß sich diese Maschinen für Makkaroni einigermaßen eignen, die man mit der Handmaschine gar nicht herstellen kann. Alle Nudeln, die aus dieser Maschine kommen, haben eine ziemlich rauhe Oberfläche. Am ehesten lassen sich noch Spaghetti herstellen; für Bandnudeln aller Art sind sie jedoch ziemlich ungeeignet. Lediglich mit der Simac-Maschine haben wir allenfalls annähernd so gute Ergebnisse erzielt wie mit der Handmaschine.

Was uns besonders störte, war, daß das Mischen des Teiges mit diesen Maschinen sehr langsam vonstatten geht. Brauchen Sie einmal größere Mengen, dann dauert das mit diesen Geräten ewig. Mit der Handmaschine geht das viel schneller.

Heiß gekocht und heiß gegessen – über die Kunst, Nudeln zu kochen

Das folgende gilt für Nudeln generell, also nicht nur für selbstgemachte.

Wenn Nudeln nach dem Kochen matschig und pappig sind, dann muß das nicht unbedingt am Koch liegen. Natürlich müssen die richtigen Kochzeiten eingehalten werden; dazu gleich mehr. Wenn gute Eiernudeln richtig gekocht werden, dann braucht man sie zum Schluß nur im Sieb abtropfen zu lassen. Abschrecken mit kaltem Wasser ist da nicht nötig. Das gilt für die gängigen Sorten, die aus Weizengrieß oder -mehl hergestellt wurden. Bei allen anderen Getreidesorten kann es hingegen doch Probleme mit dem Zusammenkleben geben. Der Rohstoff spielt also eine wichtige Rolle.

Das gilt vor allem für Nudeln, die nur aus Mehl oder Grieß und Wasser bestehen. Deshalb verwendet man bei diesen eierlosen Nudeln meistens Hartweizen, der – wie oben schon gesagt – einen hohen Anteil an Klebereiweiß besitzt.

Ganz wichtig ist, daß die Nudeln in ausreichend *viel Wasser* schwimmen. Als Faustregel gilt, daß 100 g Nudeln in einem Liter Wasser kochen sollen. Das ist natürlich bei größeren Mengen nicht immer möglich. Weit unter 0,8 Liter pro 100 g Nudeln sollten Sie allerdings nicht gehen. Erinnern wir uns: aus 100 g trockenen Nudeln werden immerhin 300 g gekochte. Das heißt, sie nehmen 200 g

Wasser auf. Und da kann es schnell passieren, daß nicht genügend Wasser zum Darinschwimmen und Kochen übrig bleibt. Ganz so groß ist *dieses* Problem bei frischen Nudeln nicht, da sie ja noch rund 30 % Flüssigkeit enthalten. Allerdings kommt hier hinzu, daß sie durch den hohen Eigehalt stark aufgehen.

Bei frischen Nudeln besteht auch die Gefahr, daß sie beim Hineingeben in den Kochtopf aneinander kleben bleiben. Deshalb unser Rat: soviel Wasser wie möglich. Dann passiert es Ihnen auch nicht, daß das Wasser beim Hineingeben der kalten Nudeln aufhört zu sprudeln. Ist das nämlich der Fall, dann verzögern sich wieder die Kochzeiten. Bei Nudeln muß nämlich das Wasser *während der gesamten Kochzeit sprudeln.* Lassen Sie die Nudeln also nicht nur in heißem Wasser ziehen; dann werden sie nämlich leicht matschig oder schleimig. Bei Nudeln aus dem Laden werden die Kochzeiten in der Regel auf der Packung angegeben. Interessant für uns ist hier, wie sich diese Zeiten bei gekauften und getrockneten Nudeln im Vergleich zu frischen Nudeln verhalten. Trockene Bandnudeln von etwa 1 mm Dicke brauchen 10 bis 11 Minuten Kochzeit, frische Bandnudeln von derselben Stärke etwa 6 bis 8 Minuten.

Ob Nudeln als gar empfunden werden, hat viel mit dem persönlichen Geschmack zu tun. Was der eine „al dente" genau richtig findet, ist für einen anderen noch zu hart. Wir können hier also nur von Durchschnittswerten ausgehen. Als richtig gegart gelten Nudeln normalerweise, wenn sie eine gute, glatte Oberfläche haben, einen elastischen, kurzen Biß und ohne langes Kauen leicht zu schlucken sind. Auf keinen Fall dürfen sie einen Kern aus roher Stärke

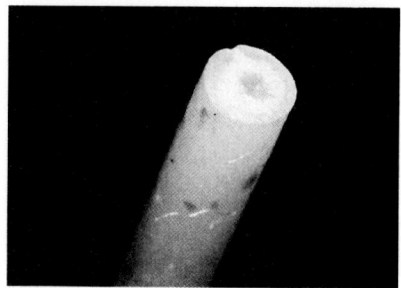

Abb. 15: Der richtige „Biß" ist bei Nudeln besonders wichtig. Ein weißer Kern bedeutet: noch nicht gar!

haben, den selbst ein Laie bei einer durchgebissenen Nudel erkennt. Schlimmer aber ist es, wenn die Nudeln zu lang gekocht werden. Man kann sie eigentlich nur noch wegwerfen, weil sie alle Elastizität und ihre Form verloren haben. Probieren Sie während des Kochens hin und wieder eine Nudel, die Sie aus dem Topf fischen, kurz durchbeißen und sich auch einmal anschauen. Beim schrägen Durchschneiden erkennt man am leichtesten, ob noch ein ungekochter Kern vorhanden ist. Ist er gerade verschwunden, dann brauchen die Nudeln noch ungefähr 2 Minuten, bis sie optimal gar sind.

Ist die Kochzeit beendet, dann gibt es je nach Nudelqualität die verschiedensten Möglichkeiten, nachträgliches Zusammenkleben zu verhindern.

Wenn Sie mit relativ wenig Wasser kochen müssen, hilft die Methode, etwas Öl ins Kochwasser zu geben. Bei unseren selbstgemachten Nudeln ist das allerdings höchstens bei Lasagne-Teigplatten nötig, die wegen ihrer großen Oberfläche leicht einmal zusammenkleben können.

Vom Abschrecken mit kaltem Wasser möchten wir bei unseren Nudeln auf jeden Fall abraten; die Nudeln werden dadurch einfach kühl. Bei gekauften Nudeln mit geringem oder gar keinem Eigehalt kann diese Methode allerdings weiterhelfen.

Ein sehr gutes Verfahren ist auch, die heißen und abgetropften Nudeln mit Butter oder Soße zu vermischen.

Selbstgemachte Nudeln trocknen

Es ist gar keine Frage, daß frische Nudeln am besten schmecken, wenn sie gleich gekocht und gegessen werden. Selbst wenn einige davon übrigbleiben sollten, kann man davon auch am nächsten Tag immer noch herrliche Gerichte zaubern, wie zum Beispiel Nudelomelettes, gebratene Nudeln, einen Auflauf, Salate usw.

Aber vielleicht wollen Sie doch einen kleinen Vorrat an getrockneten Nudeln haben, falls Sie einmal von Gästen überrascht werden und schnell etwas kochen wollen.

Wir wollen es gleich sagen: Selbstgemachte Nudeln zu trocknen, ist gar nicht so einfach. Am besten gelingen sie nämlich, wenn sie langsam trocknen. In der Industrie erreicht man das dadurch, daß man die Teigwaren in Räumen mit relativ hoher Luftfeuchtigkeit trocknet. Bei diesem Verfahren bleiben die Nudeln schön glatt und elastisch; sie behalten also ihre Form und sie brechen nicht so leicht.

Diese Voraussetzung läßt sich zu Hause in der Regel nicht schaffen. Die besten Ergebnisse erzielt man noch beim Trocknen auf Siebeinsätzen, wie Sie ei-

nen zum leichten Nachbau auf *Abbildung 16* sehen. Wer den Trockenschrank der *Hobbythek* besitzt (vorgestellt wird er im *Hobbythek 6* und im *Großen Hobbythek-Buch vom Essen/2*), der kann auch die dort verwendeten Siebe und den Schrank selbst (allerdings ohne Heizlüfter) verwenden. Diese Siebe oder Roste sind nichts anderes als rechteckige Holzrahmen, die auf einer Seite mit Kunststoff-Fliegendraht bespannt sind. Wenn man auf dieses durchlässige Material die Nudeln legt, dann trocknen

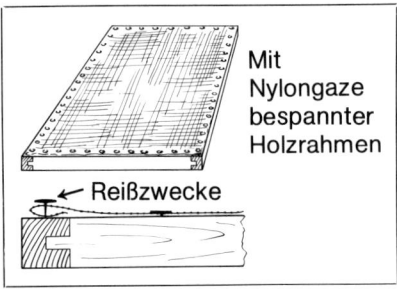

Mit Nylongaze bespannter Holzrahmen

← Reißzwecke

Abb. 16: So baut man sich einen einfachen Holzrahmen mit Fliegengitter zum Trocknen von Nudeln.

sie von beiden Seiten zugleich, wodurch sie sich weniger verbiegen. Außerdem entsteht zwischen den Rosten eine relativ feuchte Luft.

Früher hat man die Nudeln auch über Wäscheleinen oder Besenstiele gehängt und getrocknet. Aber da verziehen sie sich leicht und sie werden vor allem sehr brüchig. Bei unseren Versuchen sind die Nudeln zum Teil schon beim Trocknen zerbrochen und auf den Boden gefallen. Am ehesten klappt dieses Verfahren noch bei Spaghetti, wenn der Teig wirklich ganz elastisch geknetet wurde und

ohne Bruchstellen ist. Wenn Sie sehr lange Spaghetti gedreht haben, dann können Sie sie sogar in großen Schlingen locker um einen Besenstiel herumwickeln. Sie lassen sich dann getrocknet besser abziehen und in dieser Form auch besser in Gläsern, Dosen oder sogar Körben aufbewahren. Beim Kochen werden sie ja wieder gerade.

Die allereinfachste Methode ist immer noch, die frischen Nudeln auf sauberen Küchentüchern abzulegen und sie 2 bis 3 Tage zum Trocknen liegenlassen. Da das auf dem Tisch sicher nicht möglich ist, eignen sich große Holzbretter oder auch Backbleche und Kuchenroste als Unterlage. Die Nudeln werden hinterher zwar etwas verdreht und gekrümmt aussehen, das ist aber fürs Kochen gleichgültig. Der einzige Nachteil ist eigentlich, daß sie leicht brechen. Machen Sie die Nudeln also nicht allzu lang.

Abb. 17:   Die Palette der roten und grünen Nudeln ist fast unermeßlich.

Nudelspezialitäten, die man im Laden nicht kaufen kann

Rote und grüne Nudeln: über das Färben mit Kräutern und Gewürzen

Rote und grüne Nudeln sind nicht einfach nur gefärbt; sie werden auch im Geschmack auf sehr interessante Weise verändert.

Am einfachsten sind *rote Nudeln* zu fabrizieren. Sie geben einfach zum Grundrezept edelsüßes Paprikapulver hinzu. Und zwar rechnet man auf 1 Ei und 100 bis 125 g Mehl maximal 1 gehäuften Teelöffel Paprika. Beim Kochen hellt sich die Farbe zwar leider etwas auf; aber der

zarte Paprikageschmack bleibt. Wer es gern scharf liebt, kann auch noch eine Messerspitze scharfen Rosenpaprika oder sogar roten Cayennepfeffer dazugeben.

Bei den *grünen Nudeln* geht es nicht ganz so einfach; aber die Mühe lohnt sich. Grüne Nudeln im Laden verdanken ihre Farbe meist Spinat oder gar einem Färbemittel. Da haben Sie beim Selbermachen wesentlich mehr Möglichkei-

27

Abb. 18: Bei unseren Kräuternudeln kann man die grünen Kräutereinsprengsel deutlich sehen.

ten. Man kann grüne Nudeln nämlich auch mit *frischen Kräutern* färben und im Geschmack beeinflussen. *Frische Kräuter* sollten es auf jeden Fall sein, denn mit getrockneten erreichen Sie längst nicht die satte grüne Farbe. Sollten Sie jedoch einmal gar nicht an frische Kräuter herankommen, dann weichen Sie die getrockneten mindestens eine Stunde in Wasser ein, drücken sie kräftig aus, damit nicht so viel Wasser in den Nudelteig kommt.

Bei frischen Kräutern gibt es verschiedene Variationen der Herstellung mit verschiedenen Ergebnissen. Geeignet ist fast jedes Kraut; Sie müssen später bei der Wahl der Soße nur ein bißchen aufpassen, daß Soße und Nudelgeschmack noch zusammenpassen. Verwenden können Sie also Persilie, Dill, Schnittlauch, Selleriekraut, Kresse oder mittelmeerische Kräuter wie Thymian, Rosmarin, Salbei, Estragon, Zitronen-

melisse oder auch das herrliche Basilikum. Dieses Basilikum wird später auch bei den Soßen noch einmal auftauchen. Wie wird es gemacht?

Zunächst werden die Kräuter gewaschen, dann von den harten Stengeln gezupft und auf einem sauberen Küchentuch zum Trocknen abgelegt. Schneller geht es freilich, wenn man sie abtupft oder wie gewaschenen Salat in einem Küchtuch schwenkt. Wichtig ist nämlich, daß möglichst wenig Wasser in den Nudelteig kommt.

Anschließend die Kräuter so fein wie möglich hacken. Mit einem Universalzerkleinerer geht das blitzschnell. Ein Wiegemesser tut es allerdings genauso gut. Natürlich brauchen Sie sich nicht auf *ein* Kraut zu beschränken; Mischungen müssen Sie einfach ausprobieren. Außerdem kann man auch noch rohe Zwiebeln oder etwas Knoblauch dazutun, die mit den Kräutern fein zerkleinert werden.

Selbst gemahlener Pfeffer läßt sich untermischen.

Damit die Nudeln ihre Festigkeit behalten und damit der Kräutergeschmack nicht alles übertönt, darf man auf 1 Ei mit der entsprechenden Menge Mehl wirklich nur eine kleine Prise Kräuter geben. Das ergibt einen Nudelteig mit einem naturfarbenen Grün, in dem sich viele kräftig-dunkelgrüne Sprenkel abheben. Selbst ganz fein gehackte Kräuter sind ja noch kein Pulver wie etwa Paprika; die kleinen Stückchen bleiben also immer sichtbar. Das sieht bei den Nudeln aber überaus appetitlich aus.

Je länger Sie den Teig mischen und kneten, um so gleichmäßiger wird seine Farbe. Zum Schluß bleibt nur ein Hellgrün ohne die Kräuterpunkte übrig. Bei Petersilie ist das Grün heller, bei Thymian dunkler. Natürlich spielt auch die Menge der Kräuter eine Rolle.

Frischkräuter enthalten immer eine ganze Menge Saft; und deshalb braucht man in dem Teig weniger Ei. Sind es nur wenige Kräuter, so genügt einfach etwas mehr Mehl, ansonsten lassen Sie – je nach Menge – einfach 1 bis 2 Eier weg. Am gebräuchlichsten ist das Grünfärben mit *Spinat*. Tiefgekühlter, feingehackter Spinat wird aufgetaut und in einem sauberen Baumwolltuch ausgepreßt; denn dieser Spinat enthält eine ganze Menge Saft, der den Nudelteig viel zu feucht machen würde. Für eine dunkelgrüne Färbung brauchen Sie folgende Mengen:

---

200 g tiefgekühlter Spinat
1 Ei
250 bis 300 g Weizenmehl
evtl. eine Prise Salz

An diesen Mengen sehen Sie schon, daß der Eigehalt dieser Nudeln doch wesentlich geringer ist.

Wenn Sie frischen Spinat verwenden, dann wird das Verhältnis von Ei zu Mehl wieder günstiger. Man wäscht die Blätter, gibt sie etwa 1 Minute in kochendes Wasser, entfernt dann die faserigen Stiele und preßt wieder mit Hilfe eines Baumwolltuches den Saft heraus. Hier die Mengen:

> 100 g frischer Spinat
> 1 Ei
> 200 bis 250 g Weizenmehl
> evtl. eine Prise Salz

Die gesunde Abwechslung: Vollkornnudeln

Das ist eine echte Spezialität, die Sie im Laden nur schwer bekommen werden. Nicht nur Müsli-Fans wird das Herz lachen, sondern allen, die inzwischen begriffen haben, daß Füllstoffe in der Nahrung sowie die Vitamine und Mineralien des gesamten Korns für die Gesundheit überaus wichtig sind.

Geeignet sind für die Vollkornnudeln die verschiedensten Getreidearten: Roggen, Gerste, Hafer, Buchweizen, Grünkern, Reis, Hirse und sogar die Bohnenart Soja. Wir haben all diese Sorten durchprobiert und dabei auch festgestellt, daß nicht jedes Mehl sich gleich

Abb. 19:   Unsere Nudelküche ist zu einer Mühle für Vollkornmehl geworden.

gut zur Nudelherstellung eignet. Wir haben ja vorn schon gesagt, daß nur das Weizenmehl das Klebereiweiß enthält, das für eine gute Festigkeit des Teiges nötig ist. Deshalb haben wir in verschiedenen Fällen Mischungen mit Weizenmehl ausprobiert, um weniger geeignete Mehlsorten zu verbessern.

Inzwischen bekommt man schon in verschiedenen Geschäften und vor allem in Bioläden fertiggemahlenes Roggen- und Sojamehl. Fast alle anderen Mehl-

sorten kann man sich entweder frisch beim Einkauf mahlen lassen, oder man beschafft sich sogar selbst eine *Getreidemühle*. Dann hat man wirklich die Gewähr, daß das Mehl wirklich frisch ist. Denn viele wichtige Stoffe halten sich nämlich nur für wenige Stunden.

29

Frisches Mehl aus der eigenen Mühle

Man muß ja nicht gleich ein Bio-Freak sein, um auf frischgemahlenes Vollkornmehl zu schwören. Wer nur ein bißchen auf seine Gesundheit achtet, weiß, daß es sich hier nicht nur um eine Mode handelt. So sind zum Beispiel die vielen Menschen, die an Verstopfung leiden, Opfer einer Ernährung, bei der ganz einfache Regeln mißachtet werden: Unsere Wohlstandsnahrung hat zu wenig Ballaststoffe. Das gilt auch für das blütenweiße Weizenmehl der Type 405, mit dem Nudeln ganz hervorragend gelingen, das aber nur aus dem weißen Stärkekörper des Korns besteht.

Vollkornmehl enthält sämtliche Bestandteile des Korns. Es ist deshalb nicht so fein und die Nudeln werden nicht ganz so glatt und geschmeidig. Und außerdem kann man dieses Mehl nicht überall kaufen. Da bleibt oft nur das Selbermahlen.

Wir haben eine ganze Reihe von Mühlen ausprobiert und uns bei der Auswahl von der Vorarbeit der *Stiftung Warentest* leiten lassen (im Maiheft 1984 von *test* sind 28 Mühlen ausprobiert worden). Wir haben uns auf einen Querschnitt von Geräten konzentriert, der in diesem Test die Note „gut" erhalten hat. Wir wollen hier diesen Test nicht wiederholen, sondern Ihnen nur weiterhelfen, indem wir Ihnen von unseren ganz praktischen Erfahrungen berichten.

Bei den Mühlen gibt es einen grundlegenden Unterschied, der sich hauptsächlich im Preis niederschlägt: das preiswertere Stahlkegel-Mahlwerk und das teurere Keramik-Mahlwerk, das den Naturstein in den großen Mühlen ersetzen soll. Ob Stahl oder Keramik besser ist, darüber streiten sich die Fachleute. Wir finden, daß es entscheidender ist, ob Sie sich für eine handbetriebene oder eine elektrische Mühle entscheiden. (Über die verschiedenen Modelle geben wir Ihnen im Anhang Auskunft). Bei einer handbetriebenen Mühle brauchen Sie doch eine ganze Menge Muskelkraft. Wer häufiger Mehl mahlen will, das ja auch zum Brotbacken hervorragend geeignet ist (die Anleitung dazu finden Sie im *Hobbythek-Buch 2* und im *Großen Hobbythek-Buch vom Essen/1),* der sollte sich doch für elektrischen Antrieb entscheiden. Und da gibt es nun verschiedene Modelle, die entweder als Vorsatzgerät zum elektrischen Fleischwolf konstruiert sind oder die an Mehrzweck-Küchenmaschinen angeflanscht werden können.

Während man eine handbetriebene Mühle schon für unter 100 DM bekommt, sind Mühlen als Vorsatzgerät zum Fleischwolf etwas teurer; so um die

Abb. 20: Handbetriebene Mühlen sind billig und trotzdem sehr leistungsfähig.

130 DM. Bei diesen Mühlen gibt es allenfalls beim Roggen Probleme, weil er häufig nicht vollständig getrocknet zu haben ist. Er verklebt dann leicht das Mahlwerk. Wir haben dieses Problem dadurch in den Griff bekommen, daß wir die Roggenkörner auf einem Backblech bei niedrigster Temperatur etwa 10 Minuten im Ofen trocknen ließen.

Bei den Mühlen, die man Mehrzweck-Küchenmaschinen anflanscht, haben wir sowohl solche mit Stahlkegel-Mahlwerk wie mit Keramik-Mahlwerk ausprobiert. Vor allem die Keramik-Mahlwerke sind doch ziemlich teuer, ohne daß sie deutlich besser arbeiten würden als die Kegelmahlwerke.

Wenn Sie Vollkorn mahlen wollen, müssen Sie berücksichtigen, daß auch der Kleieanteil – also Schale, Keimling und andere Randschichten des Korns – im Mehl enthalten sind. Diese Bestandteile lassen sich niemals so stark zerkleinern wie die Stärke im Inneren des Korns. Entsprechend gröber ist das Vollkornmehl und entsprechend weniger glatt wird die Oberfläche der Nudeln. Das muß man einfach akzeptieren. Wem die Vorteile für die Gesundheit besonders wichtig sind, der wird damit auch keine Probleme haben.

Trotzdem sollte man natürlich auch Vollkornmehl für die Nudelherstellung so fein wie möglich mahlen. Und da gibt es einen Trick, den wir Ihnen hier verraten wollen:

Möglichst feines Mehl erhalten Sie, wenn Sie die Getreidemühle zunächst etwas gröber einstellen und die Körner

Abb. 21:   *Links:* Mühlenaufsätze gibt es auch für eine bereits vorhandene Küchenmaschine; *rechts:* Getreidemühlenaufsätze gibt es inzwischen für viele Küchenmaschinen.

einmal durchlaufen lassen. Natürlich entsteht bei diesem Durchgang nur ein sehr grobes Mehl, das den Grieß oder dem vorhin schon genannten Dunst ähnlich ist. Erst in einem zweiten Mahlgang nehmen Sie die feinste Einstellung. Auf diese Weise wird das Mehl gleichmäßiger und insgesamt feiner, als wenn man es zweimal auf der feinsten Stufe mahlt. Dann entsteht nämlich beim ersten Durchlauf ein sehr ungleichmäßiges Mehl, bei dem die Schalenteilchen ziemlich grob und die Stärkebestandteile bereits sehr fein zerkleinert werden. Dieses ungleichmäßige Mehl würde auch beim zweiten Durchgang kaum feiner werden.

Mahlen Sie also beim ersten Mal grob und erst beim zweiten Mal fein.

Bei allen Mühlen hatten wir ein Problem beim Einstellen der Feinheit. Auf die Stufenangabe beim Reglerknopf kann man sich eigentlich nur selten verlassen. Drehen Sie also für die feinste Mahlstufe diesen Knopf einfach so fest wie möglich zu. Für die gröbere Ausmahlung dreht man ihn dann etwa eine halbe Umdrehung lockerer. Wenn Sie erst ein paarmal gemahlen haben, werden Sie bald selbst das nötige Gefühl für den Umgang mit diesen Maschinen bekommen.

Wenn Sie das Mehl mahlen lassen...

Möchten Sie Ihr Mehl beim Einkauf im Bioladen oder Reformhaus mahlen lassen, dann erkundigen Sie sich vorher, wie fein es wird. Oft gibt es nur Mühlen,

die das Vollmehl ziemlich grob mahlen, weil es die meisten Leute ohnehin nur zum Brotbacken verwenden. Sagen Sie, wofür Sie das feine Mehl brauchen. Außer Weizenmehl kann man übrigens auch sehr feines Roggenmehl fertig gemahlen kaufen. Es handelt sich allerdings um ein Mehl ohne Schale und Keimling, das also dem normalen Weizenmehl der Type 405 entspricht.

Noch ein Wort zum Sojamehl: Auch dieses Mehl gibt es fertig gemahlen zu kaufen. Es enthält keine Schalenteile, weil die bei den Sojabohnen nur sehr schwer verdaulich sind.

Nudeln aus Vollmehl

Auch für diese Nudeln gilt das Grundrezept, das wir auf *Seite 20* genannt haben. Allerdings gibt es bei diesem gröberen Vollkornmehl einen Unterschied:

Abb. 22: Aus Vollkornteig können Sie die schönsten Nudeln herstellen.

den sogenannten *Nachsteifungseffekt*. Er besteht darin, daß dieses Mehl nicht so schnell und gleichmäßig die Feuchtigkeit aufnehmen kann wie zum Beispiel das Weizenmehl 405. Man muß den Nudelteig zunächst also etwas feuchter machen. Wenn man ihn 5 bis 10 Minuten zugedeckt stehenläßt, saugen sich die größeren Mehlteilchen allmählich voll Feuchtigkeit und der Teig wird fester und trockener.

Natürlich kann man auch aus Weizenkörnern ein Vollmehl herstellen. Oder wie wäre es, wenn Sie statt des normalen Weizens einmal Dinkelweizen nehmen, eine alte Weizensorte, die heute wieder in Süddeutschland angebaut wird? Man bekommt ihn in Bioläden oder im Reformhaus. Er schmeckt ausgesprochen lecker. Das gilt auch für Grünkern. Das ist Dinkelweizen, der noch grün geerntet worden ist.

Wir sagten schon, daß dieser Teig nicht die gleiche Elastizität wie einer aus feinem Weizenmehl hat. Beim Kneten und Ausrollen mit der Nudelmaschine wird deshalb die Oberfläche auch nicht völlig glatt.

Wenn Sie beim Durchdrehen des Teiges durch die glatten Walzen der Nudelmaschine zusammenhängende Teigplatten erhalten, brauchen Sie nicht weiter zu kneten, sondern können gleich auf feinere Stufen gehen. Ist das Korn nicht fein genug gemahlen, so beginnen die Teigplatten beim letzten Ausrollen – das ist normalerweise die vorletzte Stufe am Regelknopf – zu reißen. Sie müssen sich dann einfach mit der nächstdickeren Stufe begnügen.

Alle übrigen Abläufe sind genauso wie oben beschrieben. Nur beim Kochen muß man berücksichtigen, daß die relativ großen Kornteilchen eine etwas längere Garzeit brauchen. Und da außerdem die Schalenteilchen an der Oberfläche der gekochten Nudeln leicht zum Kleben neigen, müssen Sie die Nudeln entweder abschrecken oder sofort mit Soße, Butter, Öl oder Sahne vermischen. Es hilft auch, wenn Sie etwas Öl ins Kochwasser geben.

Nudeln aus den verschiedensten Körnern

Roggennudeln

Roggen ist neben dem Weizen das zweitwichtigste Getreide für unser Brot. Da unterscheiden wir uns von den meisten Ländern, in denen es fast nur Weißbrot gibt. Dabei enthält Roggen ein vollwertigeres und für unsere Ernährung wertvolleres Eiweiß als der Weizen. Allerdings fehlt ihm – wie vorn schon gesagt – der Kleber. Das Roggeneiweiß selbst bindet nur wenig Wasser. Viel Wasser hingegen binden die sogenannten *Pentosane*. Das sind Schleimstoffe, die im kalten Wasser quellen und letzten Endes den Roggen mehr Feuchtigkeit aufnehmen lassen als Weizen. Deshalb erhöht sich die Mehlmenge auf ein Ei auf ungefähr 110 bis 140 g.

Diese Pentosane sind es auch, die die Oberfläche der Nudeln eventuell etwas schleimiger werden lassen als bei Weizennudeln. Das hat uns aber nicht weiter gestört.

Hafernudeln

Der Hafer ist unter allen Getreidesorten die ernährungsphysiologisch wertvollste Art. Er enthält besonders hochwertiges Eiweiß, und auch sein Fettgehalt liegt deutlich höher. Dieses Fett setzt sich zum großen Teil aus essentiellen Fettsäuren zusammen und es ist außerdem vitaminhaltig. Nicht zuletzt deshalb spielt Hafer eine besondere Rolle bei der Säuglingsernährung.

Hafer hat zwar auch keinen Kleber; allerdings wirkt das pflanzliche Eiweiß hier etwas bindend. Mit dem Hafer hatten wir deshalb nach dem Weizen auch die geringsten Schwierigkeiten.

Auch hier gibt man pro Ei etwa 110 bis 140 g Vollkorn-Hafermehl dazu.

Gerstennudeln

Gerste wird hauptsächlich zum Bierbrauen verwendet. Es gibt aber auch ein sehr wohlschmeckendes Gerstenbrot und schließlich die für manchen nicht ganz so attraktiven Graupen. Aus diesen Graupen kann man ein sehr gutes Vollkornmehl mahlen, aus dem sich recht gut Nudeln herstellen lassen.

Reisnudeln

Diese Nudeln haben einen sehr interessanten Geschmack. Allerdings sind diese Nudeln nicht ganz einfach herzustellen, da dem Reismehl so gut wie jeder Kleber fehlt. Es ist deshalb auch zum Backen ungeeignet.

Auch unsere ersten Versuche scheiterten, bis wir das Reismehl mit Weizen-

mehl mischten. Eine Halb-und-halb-Mischung aus Reis- und Weizenmehl läßt sich völlig problemlos verarbeiten. Da wir aber den Reisgeschmack besonders schätzen gelernt haben, wollten wir den Weizenanteil möglichst gering halten. Wir haben deshalb weiterprobiert und sind schließlich zu einem Teig aus 100 % Reismehl gekommen, den wir einfach mit Öl geschmeidig gemacht haben. Und schließlich haben wir 100 % Reismehl dadurch verarbeiten können, indem wir statt ganzer Eier nur Eidotter in den Teig gegeben haben. Davon allerdings entsprechend mehr.

Wichtig ist beim Reis, daß man nur *geschälten* verwendet. Mit ungeschältem Reis klappt es leider überhaupt nicht. Und hier die drei Grundrezepte.

1. Grundrezept für Reisnudeln:

200 g Reismehl
(aus geschältem Reis)
100 g Weizenmehl
3 Eier
1 Prise Salz

2. Grundrezept für Reisnudeln:

250 g Reismehl
(aus geschältem Reis)
2 Eigelb
1 ganzes Ei
4 bis 5 TL Speiseöl
1 Prise Salz

3. Grundrezept für Reisnudeln:

200 g Reismehl
(aus geschältem Reis)
5 Eigelb
1 Prise Salz

Abb. 23: Aus diesen Körnern kann man Vollkornmehl für Nudeln, aber auch für Kuchen und Brot mahlen. *Von links oben nach rechts unten:* Hafer, Roggen, Weizen, Reis, Hirse, Buchweizen.

Abb. 24:   Unsere Reisnudeln.

zu Mehl vermahlen. Da reines Hirsemehl einen sehr unelastischen Nudelteig ergibt, haben wir es halb und halb mit Weizenmehl vermischt. Natürlich kann man sich hier auch mit denselben Tricks behelfen, die wir bei den Reisnudeln angegeben haben.

Hirsenudeln schmecken relativ neutral, und sie lassen sich deshalb zu sehr vielen Rezepten verwenden. Für Salate sind sie hingegen weniger geeignet, weil sie da leicht zerfallen.

Buchweizennudeln

Genaugenommen ist Buchweizen gar keine Getreideart, sondern ein Knöterichgewächs. Er hat den Vorteil, auch in sehr trockenen Gebieten zu wachsen. Kaufen Sie Buchweizen als ganzes Korn mit Schale und mahlen Sie es in der Getreidemühle. Geschälter Buchweizen eignet sich nicht so gut. Das Grundrezept entspricht dem von Reisnudeln.

Sojanudeln

Auf die Vorzüge der Sojabohne sind wir im *Hobbythek-Buch 8* und im *Großen Hobbythek-Buch vom Essen/2* sehr ausführlich eingegangen. Sojabohnen bestehen zu einem guten Drittel aus hochwertigem Protein. Es enthält alle 8 lebenswichtigen Aminosäuren und ist dadurch in seiner Zusammensetzung dem tierischen Eiweiß ähnlich. Eine halbe Tasse Sojabohnen enthält ungefähr ebensoviel vergleichbares Eiweiß wie ein 150 g schweres Steak.

Natürlich wollten wir alle diese Vorteile auch für die Nudeln nutzen. Allerdings gibt es da ein Problem: Sojamehl ist im

Dieser Teig wird allerdings nicht so elastisch wie ein Nudelteig aus Weizenmehl.

Aber er läßt sich beim Ausrollen zu zusammenhängenden Teigplatten verarbeiten, die nicht reißen. Die übrige Verarbeitung geht wie oben beschrieben. Auch diese Nudeln können sofort gekocht oder zum Trocknen abgelegt werden.

Beim Kochen gibt es allerdings einen Unterschied, den Sie vom Reis her kennen. Ganz normaler Reis wird ja auch nur aufgekocht und dann zum Quellen heißgehalten. Das gilt auch für die Reisnudeln. Lassen Sie sie kurz aufwallen und anschließend 4 bis 5 Minuten garziehen. Getrocknete Reisnudeln müssen etwa 10 Minuten im heißen Wasser bleiben; das richtet sich auch etwas nach der Dicke. Im übrigen Reisnudeln beim Kochen und Anrichten möglichst wenig rühren. Sie brechen nämlich leicht. Aber wenn Sie erst einmal den wirklich aromatischen Geschmack dieser Nudeln probiert haben, dann werden Sie darauf nicht verzichten wollen.

Hirsenudeln

Da Hirse auch bei relativ großer Trockenheit und auf Sandböden wächst, ist sie in Afrika sehr verbreitet. Für unsere Rezepte haben wir geschälte Speisehirse

rohen Zustand nur sehr schwer verdaulich. In den genannten *Hobbythek-Büchern* sind wir darauf ausführlich eingegangen. Es kann uns hier genügen, daß man mit Hilfe eines ganz einfachen Tricks dieses Eiweiß für den menschlichen Körper nutzbar machen kann. Man röstet das Sojamehl einfach. Nun gibt es das auch zur Nudelherstellung geeignete Sojamehl bereits fertig gemahlen und geröstet in Bioläden oder Reformhäusern. Achten Sie aber darauf, daß Sie auf keinen Fall entfettetes Sojamehl bekommen, weil das in der Sojabohne enthaltene Öl bei der Nudelherstellung eine wichtige Rolle spielt. Es macht den Teig geschmeidiger. Und das brauchen wir auch, weil Nudeln aus Sojamehl nicht ganz einfach herzustellen sind.

Einen elastischen Teig erhalten wir durch Mischung mit Weizenmehl. Wenn Sie trotzdem Probleme haben, können Sie noch etwas Öl oder mehr Eigelb zum Teig geben. Den höheren Anteil von Flüssigkeit gleichen Sie durch Weizenmehl aus.

Hier das Grundrezept:

```
100 bis 120 g Sojamehl
(nicht entfettet)
100 bis 120 g Weizenmehl
2 Eier
1 Prise Salz
```

Je höher der Weizenmehlanteil wird, um so einfacher läßt sich der Nudelteig herstellen. Allerdings erreicht man schnell den Punkt, an dem man nicht mehr von Sojanudeln sprechen kann.

Auch über den Geschmack von Sojanudeln gibt es keine ganz einheitliche Mei-

nung. Da müssen Sie einfach selbst einmal probieren. Am besten schmeckten sie uns mit Käse überbacken und mit einer pikanten Soße serviert.

Rezepte, Rezepte...

Frische, selbstgemachte Nudeln schmecken so gut, daß man nur ganz wenige weitere Zutaten für eine komplette Mahlzeit braucht. Bei getrockneten Nudeln ist das anders; sie verlieren schon nach wenigen Tagen an Geschmack.

Deshalb raten wir: Nudelteig ausrollen, schneiden und kochen und dann *Butter* in der Pfanne schmelzen und unter die Nudeln mischen, evtl. gehackten *Knoblauch* mit in die Pfanne geben, oder *Zwiebeln* oder *Semmelbrösel* mitrösten. Sehr gut schmecken auch frische *Kräuter.* Oder wie wäre es mit einer Mischung aus *Öl* und *Knoblauch,* ein Rezept, das man italienisch „Olio ed Alio" nennt? Die Nudeln sehen wie gar nicht angemacht aus, haben es aber selbst für Feinschmecker in sich.

Auch *Champignonscheiben,* frische *Pfifferlinge* und andere Pilze kann man in Butter andünsten und mit den Nudeln vermischen. Und sehr gut schmecken blanchierte *Gemüse* wie Brokkoli, Auberginen, Zucchini, Tomaten, Paprikastreifen, Spinat usw.

Gerade bei solchen einfachen Gerichten ist das Aussehen besonders wichtig. Und da haben Sie bei den Nudeln ja viele Möglichkeiten. Grüne Nudeln und grüner Brokkoli sind gewissermaßen eine

Mahlzeit Ton in Ton. Helle rote und grüne Nudeln, gemischt mit Butter und gerösteten Semmelbröseln, sehen nicht nur herrlich aus, sondern schmecken auch so. Streuen Sie zum Schluß einige frische, gehackte Kräuter darüber. Auch hier gibt es vielfältige Möglichkeiten der Mischung.

Auch nicht zu verachten sind Würfel von durchwachsenem *Speck,* die man in der Pfanne ausläßt und mit den Nudeln mischt.

Eine wahre Delikatesse sind *Weinbergschnecken* aus der Dose, die man mit Knoblauch in Butter brät und mit hellen oder grünen Nudeln serviert, über die frische Kräuter gestreut werden.

Helles, festes *Fischfilet* in Stücke zerteilt, in Butter gebraten, mit Zitronensaft überträufelt und mit roten Nudeln gemischt – ein solches Gericht haben Sie sicher noch nirgendwo bekommen.

Man kann auch noch *Muscheln* oder *Krabben* dazugeben.

Statt Butter kann man natürlich auch süße *Sahne* in die Pfanne geben, etwas einkochen lassen, bis sie eine soßenartige Konsistenz hat. Gewürzt wird mit Salz, frischgemahlenem Pfeffer, evtl. Knoblauch und Kräutern.

Eine Sahnesoße kann man aber auch noch anders zubereiten: Die Zutaten vorher in Butter braten und dann in die eingekochte Sahnesoße geben.

Nudeln und Käse

Nudeln und Käse sind eine klassische Kombination. Bei den meisten italienischen Rezepten wird geriebener *Parmesankäse* über die Gerichte gegeben. Man kann aber auch andere Hartkäsear-

Abb. 25: Ein ebenso einfaches wie wohlschmeckendes Nudelgericht: Olio ed Alio (Nudeln mit Öl und Knoblauch).

ten dafür verwenden. Für den Parmesankäse gibt es spezielle Mühlen, mit
denen man den festen Käse frisch über
das Gericht reiben kann. So schmeckt
Parmesan nämlich am besten. Von dem
fertiggeriebenen Käse in Plastikbeuteln
kann man eigentlich nur abraten. Er ist
nicht nur teuer; er schmeckt auch nicht
besonders. In guten Käsegeschäften
kann man sich den Parmesan auch
frisch reiben lassen.

Aber probieren Sie doch auch einmal
andere Käsesorten aus. So schmeckt
z. B. frisch geriebener *Emmentaler* oder
auch *Gruyère* ganz ausgezeichnet.

Man kann den Käse entweder bei Tisch
über die Nudeln streuen – wie es in italienischen Restaurants üblich ist – oder ihn
auch im Backofen kurz überbacken.
Dann erhalten die Gerichte eine schön
aussehende und sehr gut schmeckende
Kruste.

Aus unserer Nudelsaucen-Küche

Saucen sind ohnehin die Krönung der
Küche. Aber bei Nudeln spielen sie eine
ganz besondere Rolle, und deshalb wollen wir hier den Saucen einen längeren
Abschnitt widmen.

Die klassischen Saucen zu Nudeln sind
die

Tomatensaucen

In Italien gibt es davon unzählige Rezepte. Nicht nur jede Gegend, sondern jede
Familie schwört auf ihr eigenes. Natürlich können Sie die verschiedenen Re-

Abb. 26: Nudeln und Käse – die klassische Kombination. Auf dem Tisch links sehen Sie eine praktische und zugleich schöne Reibe für Parmesankäse.

zepte, die wir Ihnen hier anbieten, nach
eigenem Geschmack variieren.

Der Unterschied fängt schon bei der Zeit
des Kochens an. Normalerweise heißt
es, daß eine Tomatensoße stundenlang
köcheln müßte, um die richtige Konsistenz und den klassischen Geschmack
zu bekommen. Das erfordert aber viel
Zeit und nimmt außerdem den Zutaten
ihre Vitamine. Allerdings hat der Geschmack tatsächlich einiges für sich.
Den Zeitgesichtspunkt kann man dadurch entschärfen, indem man die Sauce gewissermaßen auf Vorrat kocht und

portionsweise einfriert. Das geht nämlich bei diesen Tomatensaucen ausgesprochen gut.

Ein weiterer Punkt ist: *frische* Tomaten
oder Tomaten *aus der Dose*? Frische Tomaten sind durchaus eine gute Sache,
vorausgesetzt, daß sie aromatisch
schmecken wie z. B. rote Fleischtoma-
ten oder Eiertomaten oder gar Tomaten
aus dem eigenen Garten, die genügend
Sonne mitgekriegt haben.

Wenn Sie im Winter nur die etwas faden
Gewächshaus-Tomaten aus Holland bekommen, ist es immer noch besser, die

geschälten italienischen Tomaten aus der Dose zu verwenden. Sie sind nicht nur sehr aromatisch, sondern preiswert und bereits enthäutet, was die ganze Kocherei sehr vereinfacht.

Natürlich kann man auch frische Tomaten enthäuten, indem man sie kurz in kochendem Wasser ziehen läßt, hinterher mit einem Küchenmesser kreuzweise die Schale anritzt und abzieht, die Tomaten viertelt, die Kerne herausholt und das Fleisch kocht. Einfacher geht es, wenn man die frischen Tomaten geviertelt kocht und dann durch ein Sieb passiert. Die Kerne kann man freilich auch in der Sauce lassen.

Ein Wort noch zum *Öl:* Die echte italienische Tomatensauce wird natürlich mit Olivenöl zubereitet. Wer aber diesen Geschmack nicht mag, kann auch das neutrale Sonnenblumenöl, Distel- oder Keimöl nehmen oder sogar Butter.

Wenn Sie aber Olivenöl verwenden, dann nehmen Sie das aromatische kaltgepreßte. Selbst wenn man es nur zum Anbraten verwendet, verfeinert es die Sauce spürbar.

Schließlich ist das frische *Basilikum* in unseren Rezepten zu manchen Jahreszeiten ein Problem. Getrocknetes Basilikum schmeckt schärfer und pfeffriger als das Frische, das einen dezenteren und aromatischeren Geschmack hat. Im Sommer kommt man relativ leicht daran. Es gibt es in kleinen Töpfchen zu kaufen, die man in einer warmen und geschützten Ecke des Balkons oder Gartens sogar im Freien weiterwachsen lassen kann. Im Winter werden Sie sich auf getrocknetes Basilikum beschränken müssen.

Gekochte Tomatensauce

Hier die Zutaten für 4 Portionen:

1 EL Olivenöl
1 EL Butter
1 Zwiebel, fein gehackt
1 – 2 Knoblauchzehen, gepreßt
1 Dose enthäutete Tomaten (425 ml)
1 kleine Dose Tomatenmark (70 g)
2 Lorbeerblätter
½ Bund frische Petersilie oder Basilikum oder eine gute Messerspitze getrockneten Salbei
1 TL Zucker
Salz, schwarzer Pfeffer, frisch gemahlen, oder getrockneten grünen Pfeffer

Zwiebel und Knoblauch werden in Fett gebraten, geschnittene Tomaten, Tomatenmark, Lorbeerblätter, gehackte Kräuter und restliche Gewürze dazugeben. Die Sauce nur etwa 5 Minuten lang kochen. Dann die Lorbeerblätter herausnehmen und fertig ist die Sauce. *Eine Variante:* Speckwürfel anbraten, einen Teelöffel Kapern oder zwei Teelöffel Zitronensaft dazugeben, zwei bis drei Eßlöffel süße Sahne untermischen und mit zwei bis drei Eßlöffeln Weißwein abschmecken.

Sauce Bolognese (Fleischsauce)

Diese Sauce gehört zu dem wohl bekanntesten italienischen Gericht, zu den Spaghetti Bolognese. Von dieser Sauce gibt es die meisten Variationen. Hier die unsere für 4 Portionen:

50 g durchwachsener Speck, gewürfelt
1 EL Butter
1 EL Olivenöl
250 g Hackfleisch
1 Dose Tomaten (425 ml)
1 Zwiebel, gewürfelt
1 dünne Porreestange
1 Möhre
2 Lorbeerblätter
5 Blätter frisches Basilikum oder Salbei oder etwas frische Petersilie
1 gestr. TL Salz
1 Prise Zucker
Pfeffer, Muskatnuß
evtl. 2 EL Weißwein
evtl. 1 kleine Dose Tomatenmark (70 g)

Der Speck wird angebraten, Öl, Butter und Hackfleisch dazugeben und kurz weitergebraten. Fleisch aus der Pfanne holen, um Platz fürs Gemüse zu schaffen. Zwiebel, Porree, Möhre kleingeschnitten anbraten. Dann das Fleisch wieder dazugeben. Die Dosen-Tomaten aufschneiden, Kerne herausholen, das Tomatenfleisch mit dem Saft aus der Dose in die Pfanne geben. Zum Schluß die Gewürze unterrühren, die man je nach Geschmack auch noch um Oregano, Majoran oder Thymian ergänzen kann. Das Tomatenmark gibt man dazu, wenn die Sauce schön rot aussehen soll. Wir fanden, daß die Sauce sehr gut schmeckt, wenn man zum Schluß alles nur etwa 5 Minuten kochen läßt. Wer die Soße sämiger haben möchte, kann sie mit einem Pürierstab durchrühren.

Varianten: Man kann in die Fleischsauce auch verschiedene Gemüsesorten geben, wie z. B. Auberginen, Zucchini oder roten Paprika. Die Gemüse werden in größere Würfel oder Streifen geschnitten, mit Salz und Pfeffer gewürzt, angebraten und zum Schluß in die fertige Sauce gegeben. Kochen Sie die Gemüse nicht mit, damit sie nicht zu weich werden.

Sie können diese Sauce ruhig solange warm halten, bis die Nudeln gekocht und abgetropft sind.

Diese Fleischsauce ist eine Art Standardsauce, die auch sehr gut geeignet ist für Cannelloni, Lasagne und andere Aufläufe.

Und schließlich können Sie diese Sauce einfach mit gekochten Nudeln mischen, in eine feuerfeste Form geben, geriebenen Käse darüber streuen und das Ganze im Backofen überbacken.

Rohe Tomatensauce

Hier die Zutaten für 4 Portionen:

2 Dosen Tomaten (je 450 ml)
2 Knoblauchzehen
frisches Basilikum, Petersilie, Salbei oder Estragon
Salz
frischgemahlener schwarzer Pfeffer
1 Prise Zucker
1 EL geriebener Käse

Schütten Sie die Tomaten in ein Sieb und lassen Sie sie abtropfen. Dann aufschneiden und die Kerne herausschaben. Pressen Sie die Knoblauchzehen und hacken Sie die frischen Kräuter. An-

Abb. 27: Spaghetti Bolognese.

schließend kommt alles zusammen in den Mixer oder wird mit einem Pürierstab zerkleinert. Wenn Sie keinerlei Gerät haben, können Sie die Tomaten auch sehr fein würfeln und evtl. noch mit einem Kartoffelstampfer zerdrücken.

Die Sauce soll mindestens zwei Stunden ziehen. Serviert wird sie mit sehr heißen Spaghetti und geriebenem Käse. Ein vitaminreiches und zugleich sehr kalorienarmes Gericht.

Italienisches Pesto

Auch diese Sauce wird kalt angerührt und gegessen. Das berühmte italienische Pesto wird stets aus Olivenöl, Knoblauch, Parmesan, Pinienkernen und viel frischem Basilikum zubereitet. Hier die Zutaten des Original-Rezeptes:

---

3 Tassen Basilikumblätter
(20 Stiele)
2 – 3 Knoblauchzehen
20 g (= 2 EL) Pinienkerne
1 Tasse Olivenöl, kalt gepreßt
Salz
½ Tasse geriebenen Parmesankäse

Bei dieser Sauce müssen alle Zutaten möglichst fein zerkleinert werden; etwa so wie fertiger, tiefgekühlter Spinat. Man braucht also eigentlich einen richtigen Mixer mit einem hohen Kunststoffaufsatz für die Küchenmaschine. Zur Not geht es aber auch mit einem guten Mörser.

Das frische Basilikum wird gewaschen, mit einem sauberen Küchentuch trockengetupft und zusammen mit Knoblauchzehen und Pinienkernen fein zer-

Abb. 28: Farbige Bandnudeln mit Kalbfleischsauce.

kleinert. Dann gibt man Salz und Olivenöl dazu und zum Schluß den geriebenen Parmesankäse.

Pesto kann man in gut verschlossenen Gläschen mehrere Wochen lang im Kühlschrank aufbewahren. Man hat dann immer einen ganz hervorragenden Saucenvorrat, den man nur noch unter die frischgekochten Nudeln mischen muß.

Man braucht von dieser Sauce übrigens nur zwei bis drei Teelöffel pro Portion. Hier eine *Variante* für den Fall, daß Sie kein frisches Basilikum bekommen; getrocknetes eignet sich hier nämlich ganz und gar nicht:

---

2 Tassen frische Kresse
1 Tasse frische Petersilie
2 – 3 Knoblauchzehen
4 Walnüsse
1 Tasse Olivenöl, kalt gepreßt
½ TL Salz
2 EL geriebener Emmentaler

Das ist natürlich keine Basilikum-Sauce; wir finden aber, daß diese Variation ausgesprochen gut schmeckt.

Thunfischsauce

Auch diese Sauce ist ganz einfach zuzubereiten. Sie brauchen dafür:

---

150 g Thunfisch aus der Dose
1 EL Olivenöl
½ Zwiebel, gehackt
2 Knoblauchzehen, gepreßt
100 g Fenchelknolle, gehackt
1 Dose Tomaten (425 ml)

½ TL getrocknetes Basilikum
½ TL getrocknetes Oregano
1 TL Salz
frischgemahlenen Pfeffer
4 EL süße Sahne oder Wasser
1 gehäuften TL Speisestärke

Zwiebel, Knoblauch und Fenchel werden in heißem Öl angebraten, Tomaten einschließlich ihrem Saft dazugegeben, Thunfisch mit dem Öl aus der Dose zerkleinert und mit den Gewürzen gemischt. Alles in einen Topf geben.

Die Stärke rühren Sie mit der Sahne oder mit dem Wasser in einer Tasse an und gießen sie zum Andicken in die kochende Sauce. Nur kurz aufkochen, dann ist alles fertig. Streuen Sie zum Schluß noch frisch gehackte Petersilie oder Schnittlauch darüber, dann sieht es noch schöner aus. Übrigens passen auch Kapern in diese Sauce.

Da es Fenchel immer nur in ganzen Knollen zu kaufen gibt, können Sie aus dem Rest zusammen mit Tomaten einen frischen Rohkostsalat bereiten.

Fischsauce mit Muscheln

Diese Sauce mit weißem Fischfleisch schmeckt zarter als die Thunfischsauce; sie ist eine ausgesprochene Delikatesse. Die Zutaten für 4 Portionen:

---

300 g frisches Seelachsfilet
1 Dose nicht angemachte Miesmuscheln bzw. Vongole (250 ml)
100 ml süße Sahne
200 ccm Wasser
Saft einer halben oder ganzen

Zitrone
1 kleine Zwiebel
2 Knoblauchzehen, gepreßt
1 Möhre
½ Stange Porree
½ Fenchelknolle (200 g)
1 Lorbeerblatt
1 Messerspitze Thymian
1 gestrichener TL Zucker
1 gestrichener TL Salz
grüner getrockneter Pfeffer
frisch gemahlener schwarzer Pfeffer
1 gehäufter TL Speisestärke
frischgehackter Dill

Geben Sie in einen Topf das Wasser, die ganze geschälte Zwiebel und den Knoblauch. Möhre, Porree und Fenchelknolle kleinschneiden und alles zusammen mit den Gewürzen 15 bis 20 Minuten kochen lassen. Zum Schluß kommt der Zitronensaft dazu. Dieser Sud schmeckt noch sehr intensiv gewürzt und sauer, das gibt sich aber in der Mischung mit den anderen Zutaten. Topf vom Feuer nehmen, Zwiebeln und Lorbeerblatt herausfischen. Das Gemüse wird im Sud mit einem elektrischen Pürierstab zerkleinert. Es entsteht eine dicke, grünliche Sauce, die erhitzt wird und in die das Seelachsfilet gewürfelt hineinkommt. Das Filet soll nicht kochen, sondern nur in der heißen Sauce gar ziehen, damit der Fisch zart und aromatisch bleibt.

Nach etwa 5 Minuten schütten Sie die Miesmuscheln mitsamt ihrem Saft dazu. Rühren Sie nun mit einigen Eßlöffeln Sahne die Stärke an und geben Sie sie in die kochende Flüssigkeit. Die restliche Sahne unterrühren, alles einmal kurz aufkochen lassen und fertig ist die

Sauce. Nur noch den frischgehackten Dill darüber streuen. Nehmen Sie davon nicht zuviel, weil er leicht bitter schmeckt.

Zur weiteren Garnierung kann man noch einige Krabben in die Sauce geben.

Indische Nudelsauce

Diese Sauce ist besonders pikant durch die Kombination von süßen Früchten und scharfem Curry. Das könnte Ihre Lieblings-Sauce werden.

Die Zutaten für 4 Portionen:

```
100 – 200 g Hühnerbrustfilet
1 EL Butter
1 Knoblauchzehe, gepreßt
½ Zwiebel, fein gehackt
1 Apfel
150 g Ananasstücke
½ Tasse Ananassaft
1 gehäufter TL Curry
1 gehäufter TL Honig
½ TL gekörnte Brühe
1 gehäufter TL Salz
150 ml süße Sahne
evtl. Pfeffer
```

Lassen Sie die Butter in der Pfanne zergehen und geben Sie Knoblauch und Zwiebel dazu. Das Hühnerfilet in kleine Würfel schneiden, kurz anbraten und wieder aus der Pfanne nehmen, damit es nicht zäh wird. Dann den geschälten und klein gewürfelten Apfel und die Ananasstückchen, die Sie möglicherweise auch noch einmal durchschneiden, mit den Gewürzen und der Sahne in die Pfanne tun. Zusammen mit dem Hühnerfleisch noch einmal aufkochen lassen.

Zu dieser Sauce passen blättrig geschnittene Mandeln, die man vorher in der Pfanne oder im Backofen leicht anröstet.

Man kann aber auch noch Gemüse hinzufügen, z. B. gedünstete Champignons oder grünen Paprika. Auch mit anderen Fleischsorten oder hellem Fischfilet läßt sie sich kombinieren; Sie sehen, daß diese Sauce vielfältig abwandelbar ist.

Tagliatelle oder Fettucien mit Steinpilzen

Diese wunderbare Sahnesauce hat uns *Bepi* verraten, der Inhaber des gleichnamigen italienischen Restaurants in Köln.

```
350 g frische Steinpilze oder
30 – 50 g getrocknete Steinpilze
2 – 3 EL Olivenöl
1 – 2 Zwiebeln
2 – 3 Knoblauchzehen
125 g süße Sahne
200 g gekochter Schinken
2 EL frische Petersilie
375 g getrocknete Nudeln oder
300 – 375 g Mehl
3 Eier
```

Wenn Sie getrocknete Steinpilze nehmen, müssen diese 1 bis 2 Stunden vor dem Kochen in warmem Wasser eingeweicht werden. Das Einweichwasser wird anschließend weggeschüttet.

Die gehackten Zwiebeln werden in heißem Öl glasig gedünstet. Dann den Knoblauch, die Steinpilze, süße Sahne und den in Streifen geschnittenen Schin-

ken dazugeben. Die Sahne etwas einkochen lassen. Anschließend wird die Sauce mit den frischgekochten Nudeln vermischt, gehackte Petersilie darübergestreut und serviert.

Natürlich kann man statt Steinpilzen auch andere Pilze verwenden, obwohl das spezielle Steinpilzaroma zu diesem Gericht besonders gut paßt. Wenn Sie nach unserer Anleitung Pilze selber züchten (vergleiche das *Große Hobbythek-Buch vom Essen/2),* dann können Sie natürlich auch Austernsaitlinge oder den überaus schmackhaften Shiitake-Pilz verwenden (kann man nur selbst züchten). Sehr gut schmecken auch Pfifferlinge; und wenn gar nichts anderes zu bekommen ist, nehmen Sie halt Champignons.

Weiße Sauce (Bechamel)

Diese klassische Sauce ist hervorragend für Aufläufe und andere überbakkene Nudelgerichte geeignet. Man verwendet sie vor allem für Lasagne und Cannelloni (vgl. ab *Seite 45).*

Die Zutaten:

```
2 EL Butter
2 EL Mehl
1 Tasse Milch
1 Tasse Sahne
2 gestrichene TL gekörnte Brühe
Salz
frisch gemahlener Pfeffer
Muskatnuß
2 TL Zitronensaft
```

Zunächst wird eine sogenannte Mehlschwitze zubereitet. Zerlassen Sie dazu

Butter in der Pfanne und verrühren Sie darin das Mehl mit einer Gabel. Anschließend Milch und Sahne (es geht auch mit 2 Tassen Milch) dazugeben und unter kräftigem Rühren aufkochen lassen. Gewürze dazugeben und das Ganze warmhalten.

Diese Bechamel-Sauce hat den Nachteil, daß sie leicht fade schmeckt, wenn man sie nicht richtig würzt. Je nach Geschmack können das eine Knoblauchzehe, Schnittlauch oder Estragon sein. Ausgezeichnet schmeckt auch Sauerampfer, den man allerdings nur im Frühjahr und im frühen Sommer bekommt.

Wenn Sie in diese Sauce klein gewürfelten Gorgonzola rühren, wozu Sie die Pfanne vom Feuer nehmen müssen, dann erhalten Sie eine ausgezeichnete Käsesauce.

Grüne Bandnudeln mit Kalbfleisch

300 g Kalbfleisch
1 EL Butter
1 EL Öl
1 TL Speisestärke
1 Tasse Weißwein
½ Stange Porree
300 g Champignons
je eine Messerspitze Estragon
und Salbei
Salz und Pfeffer
250 g süße Sahne oder
Crème fraîche

Das Kalbfleisch in dünne, mundgerechte Scheiben schneiden. In einer Schüssel verrühren Sie 3 – 4 Eßlöffel von dem Weißwein mit der Stärke (Mondamin),

Salz und Pfeffer. Vermischen Sie diese Marinade mit den Fleischstückchen und lassen Sie sie 5 Minuten ziehen.

Dann Fett in der Pfanne erhitzen, Fleisch hineingeben und kurz anbraten. Anschließend alles aus der Pfanne nehmen. Kleingeschnittenen Porree und Champignonscheiben andünsten, Weißwein, Gewürze und Sahne hinzufügen, alles einige Minuten kochen, um die Flüssigkeit zu reduzieren. Das Fleisch hineingeben und abschmecken. Eventuell mit kalt angerührter Stärke etwas andicken.

Mit den Kräuternudeln vermischt servieren.

Spaghetti Carbonara

200 g durchwachsener,
geräucherter Speck
200 g süße Sahne
2 Eier
50 g geriebener Hartkäse
50 g Butter
schwarzer Pfeffer

Den Speck kleinschneiden und in der Pfanne anbraten. Sahne und Pfeffer dazugeben und aufkochen lassen. In einer Schüssel 2 Eier schlagen und mit dem Käse vermischen.

350 g getrocknete Spaghetti oder eine entsprechende Menge frisch kochen, abtropfen lassen, in die Pfanne mit dem Speck und der Sahne geben und kurz erhitzen. Pfanne vom Feuer nehmen und die Butter mit der Ei-Käsemischung dazurühren. Das Ei soll dabei leicht stok-

ken. Nach Geschmack evtl. mit Salz und Pfeffer nachwürzen.

Bamie Goreng

Dies ist eine ostasiatische Abwandlung in der Reihe unserer Nudelgerichte. Sie brauchen für 4 Portionen:

250 g getrocknete grüne
Eiernudeln (Bandnudeln)
4 EL Öl
2 Knoblauchzehen, gepreßt
450 g Schweinefleisch
4 Frühlingszwiebeln
eine frische rote Chilischote
1 Stengel Staudensellerie
200 g Paprika, rot und grün
300 g Chinakohl
1 Prise Zucker
6 EL Sojasauce
Salz und Pfeffer
gehackten Schnittlauch

Das Öl erhitzen und darin das gewürfelte Fleisch mit dem Knoblauch kurz anbraten. Alles aus der Pfanne tun und statt dessen kleingehackte Frühlingszwiebeln, entkernte und kleingehackte Chilischote, in feine Streifen geschnittenen Staudensellerie und Paprika hineingeben und 2 Minuten dünsten. Feingeschnittenen Chinakohl oder ersatzweise Spitzkohl dazugeben und mit den Gewürzen kurz garen.

Für dieses Gericht nimmt man grüne Bandnudeln. Sie werden gekocht, abgegossen und noch in der Pfanne mit der Sauce gemischt. Vor dem Servieren können Sie über das Nudelgericht frische, kleingehackte Kräuter streuen.

Aufläufe und Überbackenes

Aufläufe schmecken mit frisch zubereiteten Zutaten natürlich am Besten. Aber man kann durchaus auch Dinge verwenden, die man auf Vorrat hat oder die vielleicht als Rest übriggeblieben sind. Außer frischen Nudeln kann man natürlich auch getrocknete nehmen; und statt einer frisch gekochten Fleischsauce kann man den Rest einer Sauce-Bolognese verwenden, den man eingefroren hat. Wenn Sie also einmal überraschend etwas kochen müssen, bei dem man die Improvisation nicht merken soll, dann sind Aufläufe und Überbackenes immer geeignet.

Lasagne

Lasagne ist ein klassisches italienisches Nudelgericht. Es besteht aus mehreren Schichten rechteckiger Teigplatten mit einer Saucenfüllung, die später überbacken wird. Wenn man alles frisch bereiten will, braucht man eine gewisse Vorbereitungszeit.
Sie benötigen mindestens zwei Saucen. Am besten eignen sich unsere *Fleischsauce* (vgl. *Seite 39*) und die *Bechamel-Sauce* von *Seite 43*. Wir können uns hier also ganz auf die Herstellung der Teigplatten und die Zubereitung konzentrieren.
Sie brauchen für den Teig:

| 500 g Mehl |
| 4 Eier |

Wenn Sie aus optischen Gründen oder auch wegen des Geschmacks grüne,

Abb. 29: Eine Lasagne wie beim „Italiener".

rote oder anders eingefärbte Teigplatten haben wollen, dann müssen Sie dem Grundrezept die entsprechenden Zutaten beimengen (vgl. *Seite 27*). Die Teigplatten-Herstellung geht so: Die Zutaten werden gemischt wie beim Grundrezept beschrieben und mit der Nudelmaschine ausgerollt. Stellen Sie evtl. eine Stufe dicker als bei Bandnudeln ein, weil die großen Lasagneplatten leicht einreißen. Die Breite der Streifen können Sie so lassen, wie sie aus der Maschine kommen. Die Länge schneidet man entsprechend der Größe der Auflaufform zurecht.

Die Teigplatten werden in sprudelndem Salzwasser gekocht. Geben Sie ruhig 1 bis 2 Teelöffel Öl dazu, weil die Platten wegen ihrer großen Oberfläche leicht zusammenkleben können. Sollte das tatsächlich einmal geschehen, dann trennen Sie die Platten noch im Kochwasser vorsichtig mit einem Pfannenwender oder Schaumlöffel. Nach dem Kochen und Abgießen sofort mit kaltem Wasser abschrecken und die Platten nebeneinander auf ein Tablett legen. Für eine normale Lasagne benötigen Sie nun sowohl eine *Fleischsauce* wie auch eine *Bechamel-Sauce*. Das auf *Seite 39*

45

Abb. 30: Auch der Rand der Form wird vor dem Füllen mit Nudelteig ausgelegt.

angegebene Rezept für die Fleischsauce müssen Sie verdoppeln, damit Sie bei einer Lasagne aus 500g Mehl und mit 4 Eiern zurechtkommen. Diese Menge entspricht dann einer Mahlzeit für 4 – 6 Personen. Die Bechamel-Sauce wird nach den Mengenangaben von *Seite 43* zubereitet.

Legen Sie nun die gefettete Auflaufform mit den gekochten Teigplatten so aus, daß sie auch den äußeren Rand bedekken und noch überlappen. Machen Sie das möglichst sorgfältig, damit später

keine Sauce herauslaufen kann. Auf diese erste Schicht von Nudelteig füllt man eine dünne Schicht Fleischsauce und darüber wieder Nudelteigplatten. Nun kommt eine dünne Schicht Bechamel-Sauce auf den Teig, darüber wieder Lasagne-Platten, wieder eine Schicht Fleischsauce, Lasagne-Platten, Bechamel-Sauce usw.

Eine richtige Lasagne sollte 5 – 8 Schichten Nudelteig enthalten. Wenn Sie noch höher aufschichten, dann dau-

ert es zu lange, bis der Auflauf im Backofen fertig ist.

Bei der letzten oberen Nudelschicht werden die am Rand überlappenden Teigrechtecke zur Mitte hin eingeklappt, wodurch die Lasagne komplett geschlossen wird und Sauce nicht mehr herauslaufen kann. Wichtig ist, daß die Abschlußschicht unbedingt von *Bechamel-Sauce* gebildet wird. Zum Schluß wird noch etwas geriebener Käse darüber gestreut, damit sich im Backofen eine schöne Kruste bildet. Bedeckt man die oberste Schicht nicht mit Sauce, dann würde sie beim Backen völlig austrocknen, steinhart und möglicherweise sogar dunkelbraun verbrannt sein.

Je nach Größe liegt die Backzeit des Auflaufs zwischen 30 und 60 Minuten bei einer Temperatur von 200° C. Stellen Sie nach dem Überbacken die Form heiß aus dem Backofen auf den Tisch. Topflappen und Untersetzer aber nicht vergessen.

Für Lasagne gibt es eine Menge *Variationen.* Hier ein paar zur Anregung:

Man kann zwischen die Schichten zusätzlich kleingehackte *Käsewürfel* oder geriebenen Käse streuen. Gut schmekken auch Streifen aus *gekochtem Schinken,* die man einfach dazwischenlegt.

Schließlich kann man die Fleischsauce aus *Rind-, Kalb-, Schweine-* oder *Hühnerfleisch* zubereiten.

Eine weitere Variante erzielt man durch verschiedene *Gemüse,* die man kleingeschnitten dazwischenlegt, wie z. B. Auberginen oder Zucchini oder blanchierten Spinat. Auch angebratene frische Champignons schmecken sehr gut. Nicht zu vergessen die frischen Kräuter, die auch eine Lasagne sehr individuell würzen können.

Cannelloni

Auch dies ist eine italienische Spezialität, die aber noch etwas feiner ist und
die man durchaus als Sonntagsessen
für die ganze Familie anbieten kann.
Hier ist die Teigmenge für etwa 4 Personen:

---

375 g Mehl
3 Eier
1 Prise Salz

Den Nudelteig wie bei Lasagne ruhig eine Stufe dicker ausrollen als etwa Bandnudeln und die Streifen in Quadrate mit
einer Kantenlänge von etwa 8 – 10 cm
abschneiden. Auf keinen Fall größer
schneiden als die Auflaufform breit ist;
denn auch Cannelloni werden überbak-
ken. Vorher die Platten wie bei Lasagne
kochen.
Zur Füllung – wir beschreiben gleich, wie
es geht – brauchen Sie wieder Saucen.
Da wäre zunächst die *Tomatensauce*,
die wir auf *Seite 39* beschrieben haben.
Sie müssen die dort angegebene Menge
verdoppeln.
Außerdem brauchen Sie noch die *Bechamel-Sauce* von *Seite 43*. In derselben Menge wie dort angegeben.
Und schließlich brauchen Sie noch eine
Füllung aus folgenden Zutaten:

---

1 EL Butter
1 EL Olivenöl
1 Knoblauchzehe, gepreßt
1 Zwiebel, fein gehackt
500 g Hackfleisch
200 g gefrorenen Spinat
2 Eier
100 g süße Sahne

Abb. 31: Cannelloni; die „Rollen" aus gekochten Teigplatten und der Füllung werden in die Form gelegt und dann mit Bechamel-Sauce übergossen.

---

80 g geriebener Käse
1 – 2 EL frische, feingehackte
Petersilie
Salz, Pfeffer, Muskatnuß
evtl. 2 EL Weißwein

Lassen Sie den gefrorenen Spinat auftauen, geben Sie ihn in ein Tuch und
drücken Sie das Wasser heraus.
Knoblauch, Zwiebel und Fleisch anbraten und den Spinat dazugeben.
Zwischendurch mit einem elektrischen

Handrührer Ei und Sahne verrühren.
Diese Mischung wird mit dem Hackfleisch und den anderen vorgebratenen
Zutaten vermischt.
Geben Sie etwas von dieser Füllung auf
das untere Drittel der Teigquadrate, die
Sie dann zusammenrollen. Anschließend ⅔ der Tomatensauce in die Auflaufform geben, die gerollten Cannelloni
darauflegen, Bechamel-Sauce darüber-
gießen. Wenn sie Ihnen zuviel Arbeit
macht, dann können Sie sie notfalls
auch weglassen. Darüber kommen das

restliche Drittel der Tomatensauce und 2 Eßlöffel geriebener Käse.

Die Cannelloni werden bei 200° C etwa 15 bis 30 Minuten lang im Backofen gebacken. Wenn Sie es an Ihrem Herd einstellen können, dann zum Schluß nur mit Oberhitze. Sie werden sehen, daß diese Cannelloni ganz wunderbar schmecken. Natürlich ist der Aufwand nicht gerade gering. Für den, der es eilig hat, haben wir deshalb auch noch eine einfachere Form ausprobiert.

Sie können sich zum Beispiel das Zubereiten der Tomatensauce sparen, und schichten die Cannelloni-Rollen statt dessen auf Gemüse, das z. B. aus blanchiertem Spinat oder gedünsteten Zucchini, Auberginen oder frischen Tomatenscheiben bestehen kann. In diesem Fall werden die Cannelloni mit Bechamel oder Käse bedeckt.

Aber es gibt auch noch andere *Variationen* für Cannelloni, die allerdings nicht arbeitssparend wirken: Für die Füllung kann man Fleisch vom Rind, Schwein, Huhn, Kalb, Lamm und sogar Leber verwenden. Auch Speck oder Schinken sind geeignet. Herstellen können Sie auch eine Mischung aus 400g Fleisch und 250g Gemüse. Auch Pilze schmecken in Cannelloni sehr gut.

Wer sich's ganz einfach machen will, der nimmt als Füllung einfach eine Sauce-Bolognese.

Maccheroni Gratinati

Auch dieses Rezept haben wir von *Bepi,* dem Inhaber des gleichnamigen italienischen Restaurants in Köln. Er verwendet folgende Zutaten:

½ Glas Olivenöl
1 Zwiebel, fein gehackt
2 Knoblauchzehen, gepreßt
1 Rosmarinzweig
1 Salbeizweig
1 Bund Petersilie
1 TL Oregano
500g Tomaten, geschält
250g süße Sahne
250g gekochter Schinken
Hartkäse zum Überbacken
Salz, Pfeffer
500g Makkaroni, getrocknet

Bräunen Sie im heißen Öl die Zwiebel und den Knoblauch an, geben Sie gehackte Kräuter dazu und die zerschnittenen Tomaten sowie Salz und Pfeffer. Diese Mischung etwa 15 Minuten kochen lassen. Dann unter Rühren die Sahne dazufügen und etwas einkochen lassen, bis die Sauce leicht andickt. Die *al dente* gekochten Nudeln und den in Streifen geschnittenen Schinken in die Pfanne geben und aufkochen lassen. Anschließend alles in eine Auflaufform füllen, mit dem Käse bestreuen und im Backofen möglichst nur mit Oberhitze einige Minuten überbacken.

Überbackene Nudeln mit Spinat à la Hobbythek

Für die Nudeln brauchen Sie:

375g Mehl
3 Eier

Und für die Sauce:

600g gefrorener Spinat
150g Crème fraîche oder Mozzarella
3 Eier
3 EL geriebener Käse
Salz, Pfeffer, Muskatnuß

Die Nudeln nicht zu weich kochen, den Spinat auftauen und überschüssige Flüssigkeit in einem sauberen Tuch auspressen.

Die drei Eier für die Sauce schlagen, und mit der gewürzten Crème fraîche und dem Spinat vermischen. In einer feuerfesten Form über die Nudeln gießen, Käse darüberstreuen und 30 bis 60 Minuten im Backofen backen.

Überbackene Nudeln mit Fleischsauce

Hier die Zutaten für den Nudelteig:

---

300 – 375g Mehl
3 Eier

---

und für die Sauce:

300g Hackfleisch
2 EL Olivenöl
1 – 2 Knoblauchzehen
1 Dose Tomaten (425ml)
2 EL Weißwein
frische Petersilie, fein gehackt
2 EL geriebener Käse

Abb. 32: Maccheroni Gratinati.

Nudeln kochen, Hackfleisch mit Knoblauch in heißem Öl anbraten. Auch die
geschnittenen Tomaten aufkochen,
Weißwein und Kräuter hineingeben und
alles mit den gekochten Nudeln mischen.

Füllen Sie die Mischung in eine gefettete, feuerfeste Form, überstreuen Sie sie
mit Käse und überbacken Sie alles im
Backofen bei 200° C.
Im Grunde ist diese Sauce eine verein-
fachte Bolognese. Auch dieses Gericht

können Sie natürlich noch variieren
durch Gemüsearten wie Auberginen
oder durch Pilze.

Überbackene Nudeln mit Bechamel und Schinken

Der Nudelteig:

300 – 375g Mehl
3 Eier

Zutaten und Zubereitung der Bechamel-Sauce können Sie auf *Seite 43* nachlesen.

Hinzu kommen noch:

250g gekochter Schinken
1 Dose Erbsen
frische Petersilie, fein gehackt
2 EL geriebener Käse

Kochen Sie die Bechamel-Sauce nach Anweisung und geben Sie die Erbsen dazu, den in Streifen geschnittenen Schinken, die gekochten Nudeln und zum Schluß die gehackten Kräuter. Alles im Backofen bei 200° C überbacken. Natürlich kann man auch hier statt der Erbsen z. B. blanchierten Brokkoli, Spargel, Schwarzwurzeln, gedünsteten Porree oder auch Pilze verwenden.

Süßer Nudelauflauf mit Eischnee

Dieser süße Auflauf dürfte nicht nur Kindern schmecken; denen aber wohl doch besonders. Man kann ihn in kleinerer Menge auch als Nachtisch servieren.

Die Nudelzutaten:

300 – 350g Mehl
3 Eier

Außerdem:

3 Eigelb
3 EL Butter
4 EL süße Sahne
3 EL Zucker
2 kleine Dosen Mandarinen
3 Eiweiß

Abb. 33: Süßer Nudelauflauf mit Eischnee.

Wenn Sie keine selbstgemachten Nudeln haben, sondern gekaufte verwenden, können Sie diesen Nachteil ein wenig dadurch ausgleichen, daß Sie die Nudeln in Milch kochen. Die Milch können Sie anschließend der Katze geben, wenn Sie eine haben.
Eigelb, Butter, süße Sahne, Zucker werden verrührt und schaumig geschlagen. Die abgetropften Mandarinen aus der Dose dazugeben und mit den noch heißen, gekochten Bandnudeln vermischen. Schlagen·Sie das Eiweiß zu steifem Schnee und heben es darunter. Alles in eine gefettete Auflaufform füllen, Butterflöckchen oben darauf und bei 200° C etwa 40 Minuten backen.
Probieren Sie zur Variation auch andere Obstsorten wie z. B. Himbeeren (tiefgekühlt oder besser noch frisch) oder Apfelscheiben mit Rosinen und Zimt.

Tortellini, Ravioli, Teigtaschen & Co.

Nach den einfachen Nudeln mit Sauce und den schon etwas komplizierteren Aufläufen wollen wir uns jetzt mit dem raffiniertesten Teil der Nudelküche beschäftigen.
Bevor wir Ihnen die Rezepte für die verschiedensten Füllungen geben, hier noch ein paar Worte zur Herstellung von Teigtaschen.
Sie sehen nicht nur durch ihre Form schön aus; Sie können sie auch durch verschiedene Färbungen noch besonders interessant machen. Sie wissen ja, ein gutes Essen soll nicht nur ein Zungenschmaus, sondern auch ein Augenschmaus sein. Diesen Gerichten ist unmittelbar anzusehen, daß sie mit viel Sorgfalt und Liebe zubereitet sind.

Ravioli

Bei den Ravioli können Sie sich viel Arbeit durch einen entsprechenden Zusatz an Ihrer Nudelmaschine sparen. Es gibt nämlich zu den meisten Modellen einen speziellen Ravioli-Vorsatz.
Beginnen Sie damit, daß Sie den Nudelteig wie gewohnt mit der Maschine aus-

rollen. Versuchen Sie dabei, möglichst lange Teigstreifen herzustellen. Nach einiger Übung fällt das gar nicht schwer. Diese Streifen werden dann mit einem speziellen Rädchen, das zum Ravioli-Vorsatz mitgeliefert wird, auf entsprechende Breite geschnitten. Der so vorbereitete Teigstreifen wird dann etwa mit der Mitte doppelt in den Ravioli-Vorsatz gesteckt, so daß es aussieht, als kämen 2 Teigstreifen aus der Maschine.

Zwischen diesen Streifen gibt man nun etwas von der Füllung, die durch die vorgeformten Walzen gleichmäßig verteilt wird. Unten zieht man dann die fertigen Ravioli heraus. Eine wirklich sehr einfache Sache.

Allerdings hat das Gerät einen Nachteil: Man kann es nicht verwenden, wenn Sie z. B. in jedes Ravioli eine Krabbe oder etwas ähnliches stecken wollen. Da müssen Sie dann noch mit der Hand arbeiten.

Aber auch das ist keine Hexerei. Man gibt auf einen ausgebreiteten Teigstreifen in entsprechendem Abstand nebeneinander kleine Portionen der Füllung, legt dann über das Ganze einen zweiten, etwas längeren Teigstreifen, drückt ihn in den Zwischenräumen leicht an und rollt mit einem gezackten Teigrädchen die Ravioli aus. Natürlich können Sie dann auch Ravioli in anderer Form als der üblichen machen, z. B. dreieckige, runde oder ausgefallene Phantasieformen.

Abb. 34: Selbstgemachte Ravioli und Tortellini in verschiedenen Farben.

Tortellini

Für Tortellini kann man zwar dieselben Füllungen wie für Ravioli verwenden; die Herstellung geht aber ganz anders und auch nicht mit einer Maschine. Dafür sehen diese Tortellini auch noch wesentlich hübscher aus. Wenn Sie sie zu zweit herstellen, dann dauert es auch nicht allzu lange, und außerdem macht die Arbeit mehr Spaß.

Zunächst werden wie beim Plätzchenbacken aus dem Teig kreisrunde Stücke ausgestochen. Sie können dafür eine Plätzchenform oder auch ein nicht zu dickwandiges Glas verwenden. Auf *Abbildung 36* haben wir Ihnen in einzelnen Phasen dargestellt, wie es dann weitergeht.

Auf eine Hälfte des Kreises legen Sie ein wenig von der Füllung, klappen die andere Teighälfte darüber, daß der untere Rand noch etwa 2 mm hervorschaut. Dadurch wird der Rand schöner.

Nun nehmen Sie mit den beiden Zeigefingern und Daumen die beiden Ecken der Taschen und ziehen sie zusammen. Dadurch wird die ursprünglich gerade Seite der Tortellini ringförmig zusammgedreht, während sich entlang der halbrunden Schnittkante eine Falte bildet. Zugleich wölbt sich der Rand nach oben. Dieses Zusammendrehen der Tortellini muß man möglichst bald machen, damit der Teig noch elastisch ist. Sie haben sicher schon gemerkt, daß Nudelteig besonders schnell antrocknet und spröde wird. Bei der Tortellini-Herstellung würde das dazu führen, daß der sich hochwölbende Rand reißt oder bricht.

Die beiden zusammengeführten Enden kann man vor dem Zusammendrücken mit etwas Wasser anfeuchten, dann gehen sie beim Kochen nicht wieder auseinander.

Im übrigen ist das Herstellungsprinzip dieser Tortellini ganz ähnlich wie bei den chinesischen Wan-Tan, die wir im *Hobbythek-Buch 8* und in *Das große Hobby-* *thek-Buch vom Essen/2* beschrieben haben.

Wichtig ist, daß die gefüllten Teigtaschen spätestens wenige Stunden nach der Herstellung gekocht werden, weil sonst der Nudelteig durch die Füllung aufgeweicht wird. Wenn Sie die Teigtaschen längere Zeit vorher zubereiten müssen, dann heben Sie sie mindestens im Kühlschrank auf.

Und wie ißt man diese Teigtaschen?

Man kann sie nach dem Kochen einfach mit Butter oder einer zusätzlichen Sauce servieren. Man kann sie aber auch als Suppeneinlage auf den Tisch bringen.

Schließlich kann man die Teigtaschen auch braten und sogar fritieren. Fürs Fritieren sollten Sie die Ravioli oder Tortelli-

ni aber etwas größer machen und die Füllung auch kompakter anrühren. Damit sich diese Taschen beim Fritieren nicht prall aufblasen oder gar platzen, sollten Sie sie einmal leicht mit einem Küchenmesser anstechen. Sie erhalten dann sehr appetitlich aussehende Häppchen.

Mit einer süßen Füllung – mehr dazu gleich – ergibt das sogar eine Art von exquisiten Plätzchen.

Nach derselben Methode kann man auch *große Teigtaschen* herstellen, die entweder im Backofen gebacken oder in der Pfanne gebraten werden. Durch den hauchdünnen Teig und die Füllung entstehen wahre Delikatessen. Wir fanden bei unseren Probemenues jeden-

Abb. 35:   *Links:* Auf die Teigplatten wird zunächst die Füllung in Häufchen aufgesetzt, *rechts:* dann eine zweite Teigplatte darübergelegt und die einzelnen Ravioli mit einem Rädchen ausgeschnitten.

falls, daß diese Taschen besser als gefüllte Pfannkuchen oder Crêpes schmeckten.

In *süße Teigtaschen* kann man jedoch nicht nur die verschiedenen Saucen füllen, die wir Ihnen gleich noch vorstellen werden, sondern auch Früchte. Sehr gut schmeckt zum Beispiel eine Apfeltasche, in die fein geschnittene Apfelscheiben hineingehören, unter die man Zimt, Rosinen und vielleicht sogar noch etwas Honig mischt. Man kann Teigtaschen aber auch mit Kirschen, Aprikosen oder Pfirsichen füllen. Auch süß angemachter Frischkäse schmeckt ganz herrlich.

Füllungen für Ravioli und Tortellini

Für die Füllung dieser Teigtaschen können Sie die meisten Saucen verwenden, die wir weiter vorn bei den Nudelgerichten und auch bei den Aufläufen beschrieben haben. Sie müssen die Saucen dann möglichst dickflüssig zubereiten. Das Besondere unserer Teigtaschen sollten Sie aber auch dadurch unterstreichen, daß Sie besondere Füllungen verwenden. Nehmen Sie die folgenden Tips zur Anregung.

Zuvor aber noch ein Wort zu den Mengen:

Sie sind berechnet für Ravioli, die mit dem Spezialvorsatz an der Nudelmaschine hergestellt werden. Die Füllung reicht für eine Nudelmenge aus zwei Eiern und der entsprechenden Menge Mehl aus. Machen Sie aus diesem Nudelteig Tortellini, dann brauchen Sie etwas weniger Füllung. Mit Sauce serviert ergeben diese Mengen Portionen für 2 Personen.

Abb. 36: Links: In die kreisrunden Teigstükke kommt zunächst die Füllung; *Mitte:* die halbrund gefaltete Teigtasche wird dann an den beiden Ecken zusammengezogen; *rechts:* zum Schluß den hochgefalteten Rand zu einer Art Hütchen zusammendrücken.

Hackfleischfüllung

```
1 EL Öl
1 Knoblauchzehe, gepreßt
½ Zwiebel
200 g Hackfleisch
70 g Tomatenmark
Pfeffer, Salz, getrockneter
Thymian
```

Das Hackfleisch wird mit dem Knoblauch und der Zwiebel im Öl angebraten. Dann das Tomatenmark dazugeben und diese Mischung würzen.

Hackfleischfüllung mit Gemüse

```
100 g Hackfleisch
100 g Auberginen
100 Champignons
1 EL Öl
1 Knoblauchzehe, gepreßt
½ Zwiebel, gehackt
Pfeffer, Salz, frisch gehackte
Kräuter
2 EL Emmentaler, gerieben
```

Die Auberginen werden fein gehackt und mit Salz gut gemischt. Eine Weile stehen lassen. Währenddessen auch die Champignons fein hacken.

Das Hackfleisch mit dem Knoblauch und der Zwiebel anbraten, Auberginen und Champignons dazugeben und alles zusammen noch einmal eine Weile braten lassen. Aus der Pfanne nehmen und erst jetzt die frisch gehackten Kräuter unterrühren. Wenn die Füllung schon etwas abgekühlt ist, wird auch der Käse

Abb. 37: Teigtaschen mit unterschiedlichen Füllungen: herzhaft pikant oder süß mit Obst.

darunter gemischt, der erst beim Kochen in den Ravioli oder Tortellini schmelzen soll.

In der Hackfleischfüllung oder auch in dieser Füllung lassen sich sehr gut Reste unterbringen. So z. B. kaltes Fleisch von Geflügel oder Rind; sogar Leber ist geeignet. Dies alles sehr fein schneiden. Auch kalte Gemüsereste können Sie verwenden. Da sie bereits gekocht sind, brauchen Sie sie nur mit geriebenem Käse zu vermischen und mit frischen Kräutern zu würzen. Fertig ist eine leckere Füllung. Sollte diese Mischung zu trocken sein, dann können Sie entweder süße Sahne, Crème fraîche oder Bechamel-Sauce oder einfach Tomatenmark hinzugeben. Sehr gut läßt sich eine solche Füllung auch anmachen und würzen mit selbstgemachtem Ketchup (Eine Fülle von Rezepten dazu finden Sie im *Hobbythek-Buch 7* bzw. im *Großen Hobbythek-Buch vom Essen/1*).

Käsefüllung mit Spinat
Sie brauchen dafür:

100 g Schichtkäse oder Quark
100 g Frischkäse (Doppelrahm)
200 g tiefgefrorenen Spinat
2 Eier
2 Stiele frische Petersilie
Pfeffer und Salz

Der Spinat wird aufgetaut und die überflüssige Flüssigkeit abgegossen. Die Petersilie fein hacken. Anschließend werden sämtliche Zutaten gleichmäßig vermischt, was am besten mit einem elektrischen Handrührer geht.

Erfinden Sie Ihre eigenen Füllungen

Das Rezept mit der Käsefüllung mit Spinat können Sie in vielfältigster Weise abwandeln. Statt Spinat können Sie z. B. gewürfelte frische *Champignons mit Knoblauch* nehmen, oder auch *Paprikawürfel*. Und warum nicht einfach nur Kräuter, aber davon etwas mehr?
Sehr gut schmecken auch Füllungen, die nur aus Käse bestehen. Das kann geriebener Hartkäse oder auch Gorgonzola sein. Sehr gut schmecken auch Camembertwürfel.
Kleingeschnittener gekochter *Schinken* mit oder ohne geriebenen Käse kann man ebenso gut verwenden wie gedünstetes und fein gehacktes *Gemüse*.
Besonders gut schmecken *Krabben* oder *Muscheln*, die man in Ravioli oder Tortellini hineinpackt. Zu den Muscheln paßt übrigens sehr gut unsere Thunfisch-Sauce von *Seite 42*. Krabben-, Muscheln- und Fischravioli eignen sich bestens als Einlage in eine klare Fisch- oder Algenbrühe.
Damit sie nicht nur durch ihren Geschmack, sondern auch durch ihr Aussehen hervortreten, kann man sie aus grüngesprenkeltem Kräuter-Nudelteig zubereiten.

Süße Kirschfüllung

200 g Schichtkäse
4 EL Schattenmorellen
4 – 6 EL süße Sahne
1 Ei (Eigelb und Eiweiß getrennt)
2 TL Zucker
2 TL Rosinen

Abb. 38: Teigtaschen mit Kirschfüllung.

Abb. 39:   Auch Frühlingsrollen lassen sich aus Nudelteig bereiten.

Füllung für eine Frühlingsrolle

Mit Frühlingsrollen und mit der ostasiatischen Küche überhaupt haben wir uns in einem ganz ausführlichen Kapitel in *Hobbythek-Buch 8* und im *Großen Hobbythek-Buch vom Essen/2* beschäftigt. Diese ostasiatische Küche ist nicht nur abwechslungsreich, sondern besonders leicht bekömmlich und im ganzen doch gesünder als der Durchschnitt der europäischen Küche. Mehr dazu können Sie dort nachlesen.

In diesem Nudelkapitel wollen wir eine Variante der Frühlingsrolle vorstellen, die besonders delikat ist. Als Umhüllung nehmen wir Nudelteig, in den eine Füllung aus folgenden Zutaten eingewikkelt wird:

---

100 g Geflügelbrustfilet
150 g Sojabohnensprossen
50 g Paprika, in Streifen geschnitten
3 EL helle Sojasauce
1 EL Sake oder Weißwein
1 EL Öl
1 Knoblauchzehe, gepreßt
1 Prise Zucker
Pfeffer und Salz

Kirschen aus dem Glas nehmen und abtropfen lassen. Rosinen in heißem Wasser einweichen. Schichtkäse, Sahne, 1 Eigelb und Zucker verrühren, Rosinen dazugeben. Das Eiweiß von einem Ei mit Zucker zu einem steifen Schnee schlagen und die Hälfte davon unter die Mischung geben.

Aus 100 bis 125 g Mehl und einem Ei wird ein Nudelteig bereitet. Machen Sie daraus Teigplatten, aus denen Sie Teigstreifen von etwa 10 – 12 cm Breite und etwa doppelter Länge schneiden. Je zwei dieser Teigstreifen bilden eine Tasche. Auf einen Teigstreifen Füllung und Kirschen geben, einen anderen Teigstreifen darüber legen, die Ränder anfeuchten und fest zusammendrükken. Diese Taschen werden entweder in der Pfanne mit Butter gebraten oder im Backofen bei 200° C überbacken. Bei der Backofenmethode wird auf die Teigtaschen etwas Eischnee gegeben, damit sie beim Backen nicht austrocknen. Sie können sie aber auch mit Butter oder Quarkmasse bestreichen.

Sehr gut für eine solche Füllung eignen sich auch Stachelbeeren, Himbeeren, Johannisbeeren, zerkleinerte Mandarinenscheiben und andere Früchte.

Das Geflügelfleisch fein zerschneiden und mit dem Knoblauch kurz anbraten, aus der Pfanne nehmen und beiseite stellen.

Dann den in Streifen geschnittenen Paprika und die Sojasprossen 2 Minuten lang braten.

Restliche Zutaten mischen und in die Pfanne geben, das gebratene Fleisch hinzugeben, durchrühren, abschmekken, aufkochen und fertig ist die Füllung für eine Frühlingsrolle.

Statt der frischen Sojasprossen kann man auch kleingeschnittenen Chinakohl oder Spitzkohl nehmen.

Frühlingsrollen werden fritiert oder gebraten. Man serviert sie mit Tomatensauce oder mit süß-saurer Sauce mit Tomaten (vgl. die oben genannten *Hobbythek-Bücher*).

Pizza aus Nudelteig

Mit Nudelteig kann man endlos viel machen, wie Sie sicher inzwischen gemerkt haben. Beim Herumprobieren sind wir auf die seltsamsten Gerichte gestoßen, wie das Beispiel mit der Frühlingsrolle zeigt. Wir haben bei diesen Versuchen nicht nur ins Blaue experimentiert, sondern auch Gerichte ausprobiert, die man normalerweise auf einer anderen Teiggrundlage zubereitet. Zum Beispiel Würstchen im Schlafrock. Haben Sie diesen Schlafrock schon einmal aus Nudelteig gemacht? Es geht ganz einfach und es schmeckt ausgezeichnet.

Ein anderes Beispiel ist die *Pizza*. Der Pizzaboden wird normalerweise aus einem ganz einfachen Hefeteig oder auch aus Brötchenteig hergestellt; in Restaurants, die es ganz fein machen möchten, nimmt man auch Blätterteig. Wir haben ausprobiert, daß eine Pizza auf der Basis von Nudelteig ganz hervorragend schmeckt. Im Grunde ist der Nudelteig ja auch ein sehr einfacher Teig, wenngleich er durch den Eianteil wesentlich

Abb. 40: Versuchen Sie einmal eine Pizza auf einer Nudelteiggrundlage.

gehaltvoller als ein Brötchenteig ist, der nur aus Mehl, Wasser und Hefe besteht. Aber nun zur Pizza.

Der ausgerollte Nudelteig hat den Vorteil, daß er einen wirklich hauchdünnen Pizzaboden ergibt, der entsprechend kalorienarm ist. Das wird freilich in der Regel wieder wettgemacht durch eine opulente Garnierung dieses Teigs.

Für einen runden Pizzaboden von entsprechendem Durchmesser braucht man zwei ausgerollte Teigstreifen, die nebeneinander auf ein Brett gelegt werden. Sie müssen sich etwa 1 cm breit überlappen. Rollt man jetzt mit einem

normalen Nudelholz kräftig über die Nahtstelle, so verbinden sich beide Teigstreifen. Auf die so entstandene Teigplatte legen Sie einfach einen Teller und schneiden mit einem Messer einen Kreis aus. Fertig ist der Pizzaboden.

Der Boden wird auf ein gefettetes oder mit Backpapier ausgelegtes Kuchenblech gelegt und so garniert, wie Sie es am liebsten mögen.

Auf einer Pizza lassen sich eine Menge Reste unterbringen, ohne daß das Ganze wie ein Notbehelf wirkt. In den Restaurants werden Pizzen oft recht lieblos bestreut und zum Beispiel auf Farbzusammenstellungen kaum geachtet. Das kann man natürlich zu Hause in aller Ruhe vorbereiten.

Wichtig ist bei einer Pizza, daß der gesamte Boden mit Belag bedeckt wird. Auch der Rand soll möglichst schmal sein. Dies macht man nicht nur, damit es besser schmeckt, sondern damit der Boden beim Backen nicht hart wird.

Als Pizzabelag eignen sich Schinkenstreifen, Salamischeiben, Thunfisch, Krabben usw. Dazu passen Gemüse wie etwa Tomatenscheiben, frische Paprika-

sogar Schichtkäse, den man je nach Geschmack würzen kann. Auch Camembert und Gorgonzola eignen sich. Eine Pizza wird nicht nur mit Salz und gegebenenfalls Pfeffer gewürzt, sondern auch mit Oregano, Basilikum und anderen Kräutern.

Einige Löffel dickflüssige Tomatensauce schmecken zu den meisten Kombinationen. Oder wie wäre es mit einer Spinatpizza, auf die obendrauf etwas Bechamel-Sauce und geriebener Käse kommt?

Nudelsalate

Eigentlich sind Nudelsalate nichts Besonderes. Man findet sie auf jeder Party und sie schmecken meistens etwas fad. An diese berüchtigten Nudelsalate sollten Sie jetzt einmal nicht denken. Bei unseren Rezepten benutzen wir die Nudeln nicht, um einen Salat zu strecken, sondern um ihn überhaupt erst sozusagen aufzubauen. Auch für den Nudelsalat gilt, daß er nur so gut sein kann wie

Abb. 41: Da die Breite der Nudelmaschinen begrenzt ist, muß man den Teigboden aus zwei Stücken zusammensetzen.

streifen oder Champignons, eingelegte Peperonischoten und als Gewürz Kapern. Schließlich gehört über eine Pizza natürlich Käse. In der feinen italienischen Küche nimmt man den auch bei uns inzwischen sehr verbreiteten Mozzarella. Man kann aber auch geriebenen Hartkäse über den Belag streuen und

Abb. 42: Der Nudelsalat der Hobbythek.

seine Zutaten. Und da sind selbstgemachte Nudeln den meisten gekauften Sorten eben doch überlegen. Nicht zuletzt durch die Farbe. Hier ein Rezept, das wir für Sie ausprobiert haben. Es ergibt eine ziemlich große Schüssel voll Salat, die Sie bei Ihrer nächsten Fête ausprobieren können. Sie brauchen dafür:

---

400 – 600 g Schweinefleisch
4 EL Sherry
2 EL Weinessig
2 EL Sojasauce
1 TL Zucker
Salz, Pfeffer (schwarz und rot)
Zwiebel, in dünne Scheiben
geschnitten

Das Schweinefleisch wird in hauchdünne Scheiben in mundgerechter Größe geschnitten, was Sie sich notfalls beim Metzger mit einer Maschine erledigen lassen können. Aus den übrigen Zutaten wird eine Marinade bereitet, in die die Fleischscheiben mindestens eine Stunde, besser jedoch 10 Stunden gelegt werden. Stellen Sie die Schüssel mit dem marinierten Fleisch in den Kühlschrank.

Bevor Sie das Fleisch in den Salat tun, holen Sie es aus der Marinade heraus und braten es kurz von beiden Seiten an.

Für diesen Salat brauchen Sie rote und grüne Nudeln. Beide Sorten werden aus jeweils 200 bis 250 g Mehl und je 2 Eiern hergestellt. Wie Sie grünen und roten Nudelteig machen können, haben wir ab *Seite 27* beschrieben.

Der Teig wird nun ausgerollt und mit einem Kuchenrädchen in kleine Rechtek-

Abb. 43: In unserer Sammlung von Nudelfarben und -formen finden Sie auch die schleifenförmigen Nudeln, die dem Nudelsalat ein besonders originelles Aussehen geben.

ke von etwa 3 cm Länge zerschnitten. Diese Rechtecke werden in der Mitte zusammengedrückt, wie man es auf *Abbildung 43* sieht. Sie sehen etwa wie Schleifen aus. Solche Nudeln lassen sich schlecht aufheben, weil sie im getrockneten Zustand leicht zerbrechen. Deshalb sollten Sie sie lieber frisch zubereiten und gleich kochen.

Das Fleisch und die Nudeln werden nun mit folgenden weiteren Zutaten vermischt:

---

1 große Dose sehr feine Erbsen
1 Dose Ananasstücke (425 ml)
1 große Dose Champignons (man
kann statt dessen auch frischen

Sellerie nehmen, der gewürfelt
und gedünstet wird)
1 Glas Tomatenpaprika
2 – 3 Äpfel, geschält und gewürfelt
150 g Haselnüsse, gerieben
2 Knoblauchzehen, gepreßt
frische Kräuter wie Petersilie,
Schnittlauch, Kresse, Sauerampfer,
Estragon, fein gehackt
300 – 400 g saure Sahne oder
Crème fraîche
Salz und Pfeffer

All diese Zutaten in einer Schüssel vermischen und abschmecken. Dann das gebratene Fleisch und die gekochten Nudeln dazugeben. Noch einmal mischen und ziehen lassen. Sie werden sich schon beim Lesen vorstellen können, daß das nicht der übliche, fade Partysalat ist.

Die Krönung der Nudelküche: Spätzle

Spätzle sind eine ganz besondere Sache. Schwäbische Hausfrauen werden bei diesem Thema vielleicht lächeln. Aber sie beherrschen diese Kunst ohnehin, und jede von ihnen hat da ihre Spezialitäten. Es ist auch gar nicht unser Ehrgeiz, diese Künstlerinnen der Nudelzubereitung zu übertreffen.

Wir wollen hier nur versuchen, dem Rest der Welt in möglichst kurzen Worten zu

Abb. 44: Spätzle können es an Farbenpracht mit roten oder grünen Nudeln nicht aufnehmen; aber im Geschmack sind sie kaum zu übertreffen.

erklären, was es mit Spätzle auf sich hat. Der Spätzleteig ist etwas flüssiger als der normale Nudelteig. Er wird in einer Schüssel angerührt; und das muß sehr gründlich geschehen. Währenddessen können Sie in einem Topf Salzwasser erhitzen.

Einen Teil des Teiges gibt man auf ein Brett, das man leicht schräg über den Topfrand hält. In dieser Phase der Spätzleherstellung zeigt sich, ob Sie die richtige Teigbeschaffenheit getroffen haben. Der Teig soll nämlich nicht nach allen Seiten vom Brett fließen, sondern sich nur langsam in Topfrichtung bewegen. Mit einem geraden Messer oder einem Teigschaber schabt man nun schmale Teigstreifen am Ende des Brettes ab, die in das kochende Wasser fallen. Der nachfließende Teig wird immer wieder abgeschabt.

Am praktischsten geht das natürlich, wenn man einen möglichst breiten, flachen Topf hat. Und das aus zwei Gründen. Zum einen fällt beim Schaben nichts daneben und zum anderen schwimmen die bereits fertigen Spätzle oben auf dem Wasser. Wenn die frisch geschabten neuen darauf fallen würden, könnten sie leicht miteinander verkleben.

Schon nach etwa 2 Minuten Kochzeit kann man die fertigen Spätzle mit einem Schaumlöffel aus dem Wasser holen.

Und hier das Grundrezept für 5 Personen:

```
500 g Mehl
5 Eier
125 – 250 ccm Wasser
(etwa 1 – 2 Tassen)
1 Prise Salz
```

Abb. 45:   Und so werden Spätzle geschabt.

Die Wassermenge haben wir deshalb so ungenau angegeben, weil sie sich nach der Größe der Eier richtet.

Sämtliche Zutaten müssen sehr gut miteinander verrührt werden, was in einer Schüssel geht, weil dieser Teig ja nicht so fest wie der normale Nudelteig wird. Natürlich gibt es für die Spätzle-Fans eine Menge Zubehör. Da kann man z. B. Spätzle-Bretter bekommen. Sie haben eine abgeflachte Kante, damit sich der Teig besser abschaben läßt. Wir haben jedoch herausgefunden, daß es für die ersten Versuche durchaus genügt, ein ganz normales Holz- oder Kunststoffbrett zu nehmen.

Schließlich gibt es als weitere Hilfsgeräte noch einen Spätzle-Hobel oder sogar eine Spätzle-Presse. Für den Hobel muß der Teig etwas fester angerührt werden, was durch weniger Wasser zu erreichen ist. Die Geräte muß man vorher in kaltes Wasser tauchen.

Wir haben aber herausgefunden, daß sich eine Spätzlepresse eigentlich erst ab 4 Portionen lohnt, denn die Dinger kosten nicht nur Geld, sondern sie müssen nach jedem Gebrauch auch gereinigt werden. Das ist bei einem einfachen Brett natürlich wesentlich einfacher. Außerdem kann man Spätzle für 2 Portionen immer noch schneller mit der Hand schaben als mit einer Maschine. Die Spätzleherstellung müssen Sie einfach erst einmal ausprobieren. Dann riskieren Sie nicht, Ihre Gäste oder die Familie mit einem mißglückten Teigkloß beglücken zu müssen.

Natürlich kann man auch bei Spätzle den Teig noch verfeinern. Man kann ihn zum Beispiel mit frisch gehackten Kräutern mischen, was grüne Spätzle ergibt. Spätzle sind besonders geeignet als Beilage zu Fleisch und Gemüse, wobei

man Spätzle selbst mit zerlassener Butter mischen kann. Eine sehr interessante Variante ist auch, sie mit in Butter gerösteten Semmelbröseln anzurichten.

Schließlich lassen sich Spätzle sehr gut nach dem Kochen in der Pfanne anbraten oder im Ofen überbacken.

Zum Schluß noch ein kleines Rezept:

Käsespätzle

Bereiten Sie Spätzle aus 400 g Mehl und 4 Eiern zu. Nach dem Kochen werden sie mit 300 g geriebenem Emmentaler in eine gefettete Auflaufform geschichtet. Obendrauf gibt man noch etwas Käse und ein paar Butterflöckchen. Bei 200° C wird dieser Auflauf 20 Minuten lang im Backofen gebacken. Ein sehr einfaches Gericht, das aber wunderbar schmeckt.

Guten Appetit.

Nudeln Sie noch einfacher

In dem vorangegangenen Nudelkapitel haben wir Ihnen durchweg Rezepte für *Frisch-Ei-Nudeln* mit sehr hohem Eigehalt dargeboten. Diese Nudeln können Sie mit haushaltsüblichen Zutaten, die es in jedem Supermarkt oder auch Bioladen oder Reformhaus gibt, herstellen.

Nach unseren neuesten Erkenntnissen sind wir heute sogar in der Lage, Ihnen auch Nudelrezepte ganz ohne Ei vorzustellen. Das ist sicherlich interessant für all diejenigen von Ihnen, die aus gesundheitlichen oder geschmacklichen Gründen lieber auf Eier verzichten. Auch für reine Vegetarier bieten wir damit eine interessante Abwechslung. Beachten Sie allerdings die Hinweise zur *Zöliakie* (siehe *Seite 79*).

Normalerweise sind Eier für die Nudelherstellung unbedingt erforderlich, damit ein elastischer Teig entsteht. Wir empfehlen Ihnen nun, es statt dessen doch einmal mit einem pflanzlichen Klebstoff zu versuchen, dem natürlichen Weizenkleber. Eine ausführliche Beschreibung finden Sie auf *Seite 78*. Unter der Bezeichnung *Weizenkleber HT* können Sie dieses Produkt in allen Läden, die die Hobbythek-Zutaten führen (vgl. *Bezugsquellennachweis*), bekommen.

Eine weitere wichtige Zutat für einen Nudelteig ohne Ei ist das Reinlecithin-Pulver, das als natürlicher Emulgator die verschiedenen Rohstoffe miteinander verbindet (vgl. *Seite 80*).

Nudeln mit Ballaststoffen

Auf *Seite 33 ff* haben wir ausführlich beschrieben, wie trickreich man vorgehen muß, wenn man Eiernudeln aus Reismehl herstellen will. Durch Zugabe von *Weizenkleber* und *Lecithin* wird dies nun – sogar ohne die Zugabe von Eiern – zum Kinderspiel. Das gilt für alle Getreidearten, d.h. Sie können sogar Vollkornmehl aus ungeschältem Reis verwenden. Der Vorteil ist, daß Sie sowohl die in der Schale der Körner enthaltenen lebenswichtigen *Mineralstoffe* und *Vitamine* erhalten können als auch den Hauptbestandteil der Schale, die *Cellulose*, die anregend auf die Darmtätigkeit wirkt. So können Sie also sogar Nudeln mit Ballaststoffen herstellen. Auch die beiden exotischen Getreidesorten Quinoa und Amaranth lassen sich feingemahlen problemlos zu Nudeln verarbeiten, am besten in Mischungen mit anderen Mehlen. Probieren Sie es doch einfach einmal aus. Eine ausführliche Beschreibung der Nudelherstellung finden Sie auf den nächsten Seiten.

Nudeln ohne Ei

Zunächst haben wir einige Grundrezepte für Sie erarbeitet. Wir beginnen mit den drei Getreidesorten, die auch zur Herstellung von Eiernudeln besonders geeignet sind. Anstelle des Eies müssen Sie hier nun 10 g *Weizenkleber* hinzugeben.

Abb. 46 links: Vollkornnudelteig mit ganzen Körnern; *rechts:* normaler Nudelteig

Hafer-, Gerste-, Roggennudeln

100 g Hafer-, Gerste- oder Roggenmehl, feingemahlen 10 g Weizenkleber HT 80 ml Wasser

Mehl und Weizenkleber mit einem Schneebesen trocken in der Schüssel vermischen. Dann Wasser unterrühren. Dabei einen Rest des Wassers zunächst zurückbehalten und erst prüfen, ob der Nudelteig auch nicht zu feucht wird. Wie schon auf *Seite 22* beschrieben, soll er so trocken wie möglich sein, damit er sich gut durch die Nudelmaschine rollen läßt und nicht zwischen den Walzen hängenbleibt.

Kneten Sie den Teig zunächst bei Stufe 1 – also dem größten Walzenabstand – gründlich durch, dann verringern Sie den Abstand jedesmal um eine Stufe und geben die Teigplatte immer wieder durch, die natürlich jedesmal feiner und länger wird. Walzen Sie das Teigstück ganz zum Schluß höchstens bei vorletzter Stufe durch. Es kann eher noch etwas dicker bleiben. Bei der letzten Stufe der Nudelmaschine ist der Walzenabstand so gering, daß die Nudeln zu dünn werden. Sie verlieren dann an Elastizität, werden brüchig und unappetitlich.

Die so erhaltenen Teigplatten werden in gleich große Stücke geschnitten und kurze Zeit liegengelassen, bis der Teig etwas trockener geworden ist. Dann dreht man die Teigplatten durch die Schneidewalzen, wobei entweder schmale oder breite Bandnudeln entstehen.

Werden die Teigplatten in zu feuchtem Zustand geschnitten, kleben die Nudeln nachher aneinander. Aber keine Bange: wie es am besten funktioniert, merken Sie sehr schnell, wenn Sie Ihre ersten Nudeln selbstgemacht haben.

Nun zum einfachsten Rezept überhaupt:

Weizennudeln

> 100 g Weizenmehl Type
> 405, 550–1050
> ca. 50 ml Wasser

Mehl und Wasser zu einem Teig verkneten. Nudeln herstellen wie oben beschrieben. Wenn Sie Weizenmehl mit genügend *Kleber* haben, lassen sich diese Nudeln wirklich so einfach zubereiten. Sollte es mit schlechteren Weizensorten weniger gut funktionieren, so geben Sie einfach 5 g *Weizenkleber HT* zum Mehl, wie beim nächsten Rezept angegeben.

Weizenvollkornnudeln

> 100 g Weizenvollkornmehl
> 5–10 g Weizenkleber HT
> ca. 50–60 ml Wasser

Herstellung wie oben beschrieben.
Diese Weizenvollkornnudeln lassen sich auch ohne Weizenkleber herstellen, dann sind sie jedoch etwas brüchiger und unelastischer.
Beim Vollkornmehl müssen Sie immer ein wenig ausprobieren, wieviel Wasser Sie zugeben können. Wird der Teig zu

feucht, fügen Sie einfach etwas mehr Mehl hinzu.
Ein wichtiger Tip zur Herstellung: Ist der Nudelteig zu feucht, wälzen Sie ihn jedesmal in Mehl, bevor Sie ihn durch die Nudelmaschine drehen, und streuen Sie vor allen Dingen einfach Mehl auf die Nudelmaschine. So verhindern Sie, daß der Teig die Maschine verklebt.
Das nächste Rezept gilt für alle die Getreidesorten, die normalerweise nur schwer einen Teig bilden. Durch Zugabe von *Weizenkleber* und *Lecithin* läßt sich dieses Problem jedoch meistern. Sogar aus Sojamehl lassen sich so Nudeln zubereiten. Zu den einzelnen Getreidesorten, insbesondere Quinoa und Amaranth, siehe auch *Seite 70 ff.*

Reis-, Hirse-, Quinoa- und Sojanudeln

> 100 g Reis-, Hirse-, Quinoa- oder Sojamehl
> 15 g Weizenkleber HT
> 2 Meßl. Reinlecithin P
> 60–80 ml Wasser

Sie können sowohl ungeschälten Langkornreis als auch Rundkornreis verwenden. Da Nudeln aus reinem Quinoamehl z. B. etwas herb schmecken können, sollten Sie es auch einmal mit Mischungen aus verschiedenen Mehlsorten versuchen. Auch der reine Sojageschmack ist nicht jedermanns Sache. Sehr empfehlenswert deshalb auch hier das Mischen von Mehlsorten, zum Beispiel Sojamehl und Weizenmehl.

Mais- und Amaranthnudeln

> 100 g Mais- oder Amaranthmehl
> 20 g Weizenkleber HT
> 2 Meßl. Reinlecithin P
> 70–80 ml Wasser

Da Mais bei der Teigherstellung besonders problematisch ist, müssen Sie hier etwas mehr Weizenkleber zugeben, wodurch wunderbare, sehr wohlschmeckende Nudeln entstehen. Sie müssen allerdings unbedingt *Maismehl* kaufen, keinen Grieß, der ist zu grob. Mais in der eigenen Mühle zu mahlen, ist weniger empfehlenswert, weil er sehr hart ist und einige Getreidemühlenhersteller den Hinweis geben, auf das Mahlen von Mais in Haushaltsmühlen zu verzichten.
Amaranthmehl läßt sich dagegen sehr leicht mahlen, braucht aber ebenfalls mehr Kleberzusatz. Amaranthnudeln schmecken besonders gut, wenn sie 50 % Weizenmehl enthalten, also 50 g Amaranthmehl und 50 g Weizenmehl.
Das obenstehende Rezept mit 20 g Weizenkleber HT läßt sich auch mit anderen Mehlarten zubereiten. Es entstehen stets besonders elastische Nudeln, die sich gut kochen lassen und nicht so leicht brechen.

Weitere Rezepte für Eiernudel-Fans

Natürlich lassen sich die Vorteile des *Weizenklebers* und der Geschmack der

Abb. 47: Einige Beispiele von Nudelformen für Ihre Vorratshaltung. Die kleinen Suppennudeln können Sie ganz einfach mit einem Trichter o. ä. ausstechen oder mit dem Messer rautenförmig ausschneiden.

Abb. 48: Ausgewalzte Teigplatten können in schmale Streifen geschnitten und so einfach hübsch geformt werden.

wesentlich bruchsicherer und stabiler. Reine Eiernudeln brechen in getrocknetem Zustand sehr schnell (vgl. *Seite 26*). Hier das Rezept für Weizennudeln:

> 100 g Weizenmehl Type 405–1050
> 10 g Weizenkleber HT
> 2 Meßl. Reinlecithin P
> ca. 60 ml Wasser oder
> 1 Ei und 1–2 EL Wasser

Bei Verwendung von Weizenvollkornmehl können 15 g Weizenkleber zugefügt werden.

Kräuternudeln

Die auf *Seite 28* beschriebenen Kräuternudeln lassen sich mit Weizenkleber wesentlich leichter herstellen. Geben Sie einfach weniger Wasser zum Teig, weil die gehackten Kräuter bereits Feuchtigkeit enthalten. Wollen Sie Ihre Nudeln sowieso auf Vorrat herstellen, können Sie auch bereits getrocknete Kräuter verwenden, die als Variation vorher im Mörser pulverisiert werden können. Oder – besser noch – nehmen Sie gefriergetrocknete Kräuter. Diese sind farblich und geschmacklich den herkömmlich getrockneten vorzuziehen.

Tomatennudeln

Wenn Sie Weizenkleber HT zu Ihrem Nudelteig hinzufügen, können Sie einen Teil des Wassers durch Tomatenmark ersetzen.

Eiernudeln auch kombinieren. Gehen Sie dann nach folgendem Rezept vor:

> 100 g Mehl (beliebig)
> 10–15 g Weizenkleber HT
> 1–2 Meßl. Reinlecithin P
> 1 Ei
> 1–2 EL Wasser oder mehr

Mehl, Weizenkleber und das Lecithin-Pulver mit dem Schneebesen vermi-schen, das Ei mit dem Wasser verrühren und alles zusammen zu einem Teig kneten. Weitere Herstellung wie auf *Seite 63*.

Hier noch ein Tip zur Aufbewahrung:

Wenn Sie Ihre selbstgemachten Nudeln auf Vorrat herstellen und aufbewahren möchten, geben Sie auf jeden Fall Weizenkleber zu, dann werden die Nudeln

Neues vom Kleine-Brötchen-Backen bis zum deftigen Brot

Abb. 1: Brote und Brötchen aus unterschiedlichen Mehlsorten.

Bereits 1975 haben wir diesem Thema eine unserer ersten Hobbythek-Sendungen gewidmet – zu einer Zeit, als das Selberbacken von Brot noch als viel zu kompliziert und nicht lohnend galt. Ein Besuch in der *Bundesforschungsanstalt für Getreideverarbeitung* in Detmold hatte uns auf den Geschmack gebracht: Wissenschaftler und dort in der Versuchsbackstube wirkende Bäckermeister und Gesellen gaben uns die entscheidenden guten Tips. Gleichzeitig vermittelten sie uns soviel an Hintergrundwissen, daß wir, damit gespickt, eine Vielzahl von interessanten Rezepten entwickeln konnten. Damals schien uns besonders das *Sauerteigbrot* mit *Vollkorn-Roggen* und *Vollkorn-Weizen* reizvoll. Das alles, wie gesagt, zu einer Zeit, als dies noch lange nicht in Mode war (s. dazu Hobbythek Essen 1).

Erst später stürzten sich etliche Buchautoren auf das Thema, unter anderem eine bekannte Filmschauspielerin. Mittlerweile ist es in vielen Haushalten zur Selbstverständlichkeit geworden, Brot selbst zu backen.

Einige von Ihnen werden sich fragen, warum wir jetzt dieses Thema noch einmal aufgreifen. Was kann es da noch Neues geben? Nun, ich denke, wir können Sie eines Besseren belehren.

Wieder einmal waren wir in der Bundesforschungsanstalt in Detmold und sind mit neuen Ideen zurückgekommen. Mit Hilfe einiger zusätzlicher Tips von Ernährungswissenschaftlern und Backtechnologen ist es uns nun – wie vorher schon bei dem Thema Nudeln – gelungen, nicht nur klassische Getreide wie *Weizen* und *Roggen* zu verarbeiten. Dabei haben wir uns praktisch an alle anderen, für die menschliche Ernährung so wichtigen Großgrassamen herangewagt, nämlich an *Gerste*, *Mais*, *Hafer*, *Hirse* und *Reis*, ja sogar an *Buchweizen*, der, wie Sie auf *Seite 35* nachlesen können, eigentlich gar kein echtes Getreide ist. Hinzu kommen zwei Getreidesorten aus dem Indianischen, die in letzter Zeit von Naturkostbefürwortern auch bei uns ins Gespräch gebracht wurden und auf die wir später noch eingehen wollen.

Mehrkornbrote sind in letzter Zeit ja auch beim Bäcker ganz groß in Mode, aber wir haben es erstmals geschafft, diese unterschiedlichen Getreidesorten nicht nur in Mischungen, sondern auch einzeln zu verbacken. Als Beispiele seien das *Gersten-*, das *Hafer-*, das *Reis-* und das *Hirsebrot* genannt. So etwas bekommen Sie in der Regel auch beim bestsortierten Bäcker nicht zu kaufen. Es gibt dort zwar Brotsorten wie z.B. Gerstenbrot, aber wenn Sie glauben, dieses bestünde vorwiegend aus Gerstenmehl, dann sind Sie schief gewickelt. Nach der offiziellen Vorschrift reichen bereits 20 % des namengebenden Getreides aus, um ein Brot so nennen zu dürfen.

Nun, alles in allem haben wir viele Versuche realisiert. Unser Labor und auch unsere Küche zu Hause sowie die Küchen von etlichen Hobbythek-Mitarbeitern und -Mitarbeiterinnen wurden wochen-, teils sogar monatelang zu Backstuben umfunktioniert.

Als Neuerung haben wir uns diesmal auch an das Verbacken von reinem Weizenmehl herangewagt, d.h. an *Weißbrot*, *Toastbrot* und *Brötchen*, insbesondere aber auch an die allseits bekannten und beliebten französischen Brotstangen mit Namen *Baguette*, *Flute* oder *Ficelle*. Gerade diese waren uns vor 14 Jahren gänzlich mißlungen, weshalb wir seinerzeit auf die Präsentation in der Sendung und im Buch bewußt verzichtet haben. Diesmal klappte es dank der klugen Ratschläge der Detmolder Fachleute und der Tips, die wir von französischen und luxemburgischen Bäckern bekamen, wesentlich besser. Heute wissen wir, worauf es ankommt:

1. auf die Art der Teigführung;
2. auf die Methode des Backens speziell im Küchenherd (siehe *Seite 83*);
3. auf die Mehlart, inklusive etlicher sinnvoller Zutaten (siehe *Seite 86 f.*).

Wir haben dies alles so zusammengebracht, daß es dadurch unseres Erachtens nach möglich wird, solche Brotarten selbst zu backen – und das mit geringem Aufwand.

Wie groß das Interesse daran ist, haben Supermärkte längst erkannt: Vorgebackene, halbfertige Brötchen und Baguettes sind derzeit – trotz unverschämter Preise – der Renner. Dem Verbraucher, der diese manchmal sogar chemisch konservierten und kunststoffverpackten Teigrudimente zu Hause einfach nur in den Backofen schieben muß, wird die Illusion des Selberbackens und der Frische vorgegaukelt. Wir meinen, daß diese Verfahrensweise mit Selberbacken nicht mehr viel zu tun hat. Probieren Sie es doch lieber einmal mit unserer Variante – es macht Spaß und ist, wenn die erste Schwelle überwunden ist, erstaunlich einfach und keineswegs besonders zeitraubend. Die Routine stellt sich sehr schnell ein. Besonders attraktiv ist dabei, daß Sie mit unseren Rezepten auch unmittelbar vorher frischgemahlenes Korn verwenden können, ganz nach den Prinzipien der Vollwerternährung.

Aber zunächst wollen wir noch mal einiges über das Getreide an sich und über die theoretischen Grundlagen des Backens einfügen.

Inhaltsstoffe
der Getreide

Das Korn ist der Samen des Getreides. Es sorgt für seine Vermehrung und muß die ersten Wachstumsphasen der aufkeimenden Pflanze gewährleisten. Nach der Aussaat bildet sich unter Einfluß von Wärme und Feuchtigkeit durch Zellteilung zunächst eine Art Embryo. Für die ersten Tage der Wachstumsphase dieses Embryos müssen alle benötigten Rohstoffe und die notwendige Energie von vornherein im Samen enthalten sein, denn die Pflanze hat keine Nabelschnur und kann deshalb noch keine Nährstoffe aus dem Boden oder der Luft aufnehmen.

Erst wenn die heranwachsende Pflanze Wurzeln und Blätter ausgebildet hat, wird ein solcher Nachschub möglich. Dann kann über die Wurzeln Dünger aufgenommen werden, und die Blätter können die Energie der Sonne sammeln und über die Photosynthese umsetzen. Dabei atmen sie Kohlendioxid ein und Sauerstoff aus. Das ist genau anders herum als bei Tieren und Menschen, die den Sauerstoff benötigen und Kohlendioxid ausatmen. In dieser Hinsicht ergänzen sich Pflanzen und Tiere bzw. Menschen geradezu ideal.

Das ist aber auch noch in einer anderen Weise der Fall, denn die vom Korn in seinem Innern angelegten Vorratslager kann sich der Mensch als Nahrungsquelle zunutze machen, und das tut er schon seit Menschengedenken (siehe *Bibel*).

Was für Stoffe sind es nun im einzelnen, die wir im Getreidekorn finden?

Besonders kalorienreich sind zunächst einmal die *Pflanzenfette*.

Nicht umsonst kann man wertvolle Öle aus Korn oder aus anderen Samen gewinnen, wie zum Beispiel Weizenkeimöl, Maiskeimöl usw. Öle besitzen den höchsten spezifischen Kaloriengehalt mit ca. 900 kcal (3767 kJ) pro 100 g.

Vom Kaloriengehalt her stehen die *Kohlenhydrate* an zweiter Stelle.

Kohlenhydrate, das sind unter anderem die Stärke und der Zucker, wobei hier mit Zucker sowohl Saccharose (Haushaltszucker) als auch Malzzucker, Milchzucker usw. gemeint ist (vgl. Hobbythek-Buch *„Süßigkeiten"*, Seite 25 ff.).

Etwa gleichviel Kalorien beinhaltet das *Eiweiß*, das ebenfalls in beträchtlicher Menge im Korn enthalten sein muß, denn die Pflanze braucht es als wesentlichen Baustein, als strukturbildende Substanz. 400 kcal (1674 kJ) pro 100 g schlagen auch bei diesem Stoff zu Buche.

Bleiben noch *Mineralstoffe* und *Spurenelemente* wie Natrium (Na), Kalium (K), Magnesium (Mg), Calcium (Ca), Mangan (Mn), Kupfer (Cu), Zink (Zn), Kobalt (Co), Phosphor (P) usw. (Zur gesundheitlichen Bewertung dieser Mineralien vgl. Hobbythek-Buch *„Gesundheit mit Kräutern und Essenzen"*, Seite 179 ff.)

Eine besondere Bedeutung kommt dem Phosphor zu, der für den Aufbau von Eiweißkörpern und für die Bausteine, aus denen die wichtigen Zellmembranen entstehen, entscheidend ist. Diese Zellhäutchen bestehen aus sogenannten *Phospholipiden*, besser bekannt als *Lecithin*. Beispielsweise ist im Vollkornweizen pro 100 g Getreide etwa 0,65 g Lecithin enthalten.

Eigentlich müssen auch die Eiweißsubstanzen noch untereinander unterschieden werden, denn Eiweiß ist nicht gleich Eiweiß. Die Grundbausteine für den Aufbau des Eiweißes, das ja auch *Protein* genannt wird und das für den menschlichen Körper sehr wichtig ist, heißen *Aminosäuren*. Von diesen gibt es mindestens 20 Arten. Manche davon müssen wir dem Körper über unsere Nahrung von außen zuführen. Besonders wichtig sind die sogenannten *essentiellen* Aminosäuren. Essentiell heißt, daß sie lebensnotwendig sind. Im Gegensatz zu manchen anderen kann der Körper sie selbst nicht synthetisieren, also aufbauen. Dazu gehören insbesondere das Lysin, aber auch das Methionin, das Phenylalamin, das Leucin, das Isoleucin, das Valin und das Tryptophan. Andere Aminosäuren, wie das Arginin und das Histidin, kann der Organismus zwar synthetisieren, aber in Wachstumsphasen, also bei Säuglingen und Kindern, reicht das Produktionsvermögen des Körpers nicht aus. In dieser Lebensphase müssen diese beiden Substanzen deshalb ebenfalls zu den essentiellen Aminosäuren gerechnet werden.

Bei anderen Aminosäuren wie Glutamin, Serin, Glycin usw. ist eine Zufuhr von außen nicht unbedingt erforderlich, da hilft die körpereigene Chemie in ausreichendem Maße nach, um sie zu synthetisieren. Trotzdem sollten auch diese Eiweißbestandteile in der Nahrung vorkommen. Es kommt stets auf eine gute Ausgewogenheit an. Kombinationen von diesen Eiweißstoffen spielen außerdem beim Backen aus physikalischen Gründen eine Rolle (siehe dazu Kapitel *Klebereiweiß, Seite 77 ff.*).

Damit Sie einmal die unterschiedlichen Zusammensetzungen der Getreidesor-

In 100 g Körnern oder Mehl sind an eßbarem Anteil enthalten:

in g	Wasser	Eiweiß	Fett	Kohlenhyd. insges.	davon Stärke	Rohf./Ballastst.	Mineralstoffe	kcal	KJ
Weizen									
volles Korn	13,2	11,5	2,0	60	59	10,6	1,8	309	1291
Mehl: Type 1700	12,6	12,1	2,10	60,4	58,7	7,9	1,7	316	1323
Type 1050	13,7	12,1	1,75	65,1	63,0	4,8	1,0	332	1388
Type 550	10,7	10,6	1,13	71,3	70,6	3,7	0,5	344	1439
Type 405	13,9	10,6	0,98	72,8	72,5	3,5	0,4	349	1458
Dinkelweizen/ Grünkern volles Korn	12,5	11,6	2,7	62,4	61	8,8	2,0	327	1370
Roggen									
volles Korn	13,7	8,7	1,7	53,5	52,7	13,7	1,90	269	1126
Mehl: Type 1740	14,3	9,7	1,3	56,6	55,8	10,0	1,70	283	1182
Type 815	14,3	6,9	1,0	70,5	70,0	6,6	0,82	304	1272
Gerste									
volles Korn	11,7	10,6	2,1	71,8	70,6	1,55	2,25	299	1249
Graupen	12,2	10,4	1,36	74,1	72,5	0,7	1,2	309	1292
Hafer entspelzt, ganzes Korn	13,0	12,6	7,0	62,9	59,0	1,6	2,85	368	1540
Haferflocken	10,0	13,5	7,0	66,4	60,0	1,35	1,75	371	1554
Mais volles Korn	12,5	9,2	3,8	71,0	69,5	2,15	1,3	338	1414
Reis									
unpoliert (Natur)	13,1	7,4	2,2	75,4	73,0	0,67	1,2	335	1475
poliert	12,9	7,0	0,62	78,7	78,2	0,24	0,53	351	1469
Buchweizen geschält	12,8	9,77	1,73	72,4	72	1,58	1,72	346	1447
Soja									
Bohne (Schrot)	8,5	36,9	18,1	6,1	6,0	1,0	4,7	357	1493
Mehl o. Flocken	9,1	37,3	20,6	3,1	3,0	0,5	4,4	370	1548
Quinoa poliert	12,65	13,81	5,01	59,07	?	8,52	3,4	350	1545
Amaranth	9,35	15,31	7,12	63,5	?	2,89	2,61	391	1633

Abb. 2: Inhaltsstoffe verschiedener Getreidesorten. Alle Angaben sind Mittelwerte, die je nach Lebens- und Wachstumsbedingungen schwanken können.

ten vergleichen können, haben wir die nebenstehende *Tabelle* zusammengestellt. Die Werte stammen weitgehend aus den Nährwerttabellen, die im Auftrag des *Bundesministeriums für Ernährung, Landwirtschaft und Forsten* und der *Deutschen Forschungsanstalt für Lebensmittelchemie* erstellt wurden. Anhand der Tabelle wird auch deutlich, warum Vollkorn gleichzeitig auch Vollwertnahrung ist: es ist erheblich ballast- und mineralstoffreicher als ausgemahlene Mehle.

Was bei den verschiedenen Getreidesorten die Zusammensetzung der Aminosäuren anbelangt, so muß gesagt werden, daß der Gehalt an dem *essentiellen Lysin* bei fast allen Getreidesorten geringer als bei Fleisch, Ei und Milchprodukten ist. Das müssen Menschen berücksichtigen, die pflanzliche Nahrung bevorzugen. Sich nur von Getreideprodukten zu ernähren, kann leicht zu Mangelzuständen führen. Wissenswert ist dabei, daß Roggen, Hafer und Reis und mit Abstrichen auch Gerste und Hirse etwa doppelt soviel Lysin enthalten wie Weizen und Mais. Gegenüber tierischen Produkten liegt auch der Gehalt an *essentiellem Methionin* bei den meisten Getreidearten wesentlich niedriger, eine kleine Ausnahme bilden da Reis und Hirse.

Mittlerweile wird versucht, durch spezielle Züchtung den Gehalt an essentiellen Aminosäuren auch in Getreideprodukten zu steigern. Gelungen ist dies bei lysinreichen Gersten- und Maissorten. Aber man braucht eigentlich gar keine neuen Züchtungen, denn es gibt ja zum Beispiel die Sojabohne, die hochwertige Eiweißsubstanzen in Hülle und Fülle bietet. Sie besitzt einen vier- bis fünfmal höheren Lysin- und Methioningehalt als

Weizen, Roggen und klassische Gersten- und Maissorten.

Soja ist allerdings kein Getreide, und es ist nur dann gut verdaulich, wenn es längere Zeit erhitzt wird. Dies ist beim Bakken der Fall. Als Backzugabe ist Sojaschrot deshalb durchaus empfehlenswert. In Gerichten, die nur kurzzeitig erhitzt werden, oder in Rohprodukten, wie zum Beispiel einem Müsli, ist es schwer verdaulich und deshalb nicht zu empfehlen.

Es gibt allerdings auch Getreide, die eine ähnlich hohe Eiweißwertigkeit besitzen wie Soja. Diese Getreide haben die Indianer seit Jahrtausenden genutzt. Erst in der Neuzeit sind sie in Vergessenheit geraten. Die eine Sorte ist das sogenannte *Quinoa*, die andere das *Amaranth*.

Quinoa – das Wunderkorn der Indianer

Die Inkas schrieben der Quinoapflanze besondere Kräfte zu, und das gar nicht zu Unrecht, wie die moderne Ernährungswissenschaft mittlerweile nachgewiesen hat. Diese Körnerfrucht war für die Inkas das Hauptnahrungsmittel neben Kartoffeln und Mais. Darüber hinaus spielte sie eine große Rolle in ihren indianisch-religiösen Kulten. Deshalb verboten die spanischen Eroberer den Anbau unter Todesstrafe. Sie glaubten, die Inkas schöpften ihre Kraft und Widerstandsfähigkeit aus dieser Pflanze.

Zwar haben auch die Spanier den Wert dieses Getreides sehr schnell erkannt, doch Versuche, es in Spanien anzubauen, scheiterten sowohl im damaligen

Spanien als auch in Zeiten von Lebensmittelknappheit in den Jahren der Französischen Revolution und des Ersten Weltkriegs in Deutschland. Einigen mutigen Indios in abgelegenen Andenhochtälern ist es letztlich zu verdanken, daß es Quinoa heute noch gibt, und seit Mitte der siebziger Jahre zeichnet sich für diese Getreidefrucht eine Wende ab.

Die unter wirtschaftlichen Schwierigkeiten leidenden Länder Bolivien und Peru bemühen sich seit einigen Jahren um die Entwicklung einer eigenen Landwirtschaft, wodurch alte einheimische Produkte wie Quinoa und auch Amaranth (siehe *Seite 74*) wieder mehr Aufmerksamkeit finden. Die Förderung des traditionellen Anbaus dieser Getreidesorten, die neben Kartoffeln fast die einzigen nährstoffreichen Früchte sind, die in diesen Höhen gedeihen, könnte für die Andenbevölkerung die Nahrungsmittelsituation verbessern. Außerdem verspricht ein verstärkter Anbau ein lohnenswerter landwirtschaftlicher Erwerbszweig zu werden, denn mittlerweile scheint die Ökoszene auch in der Neuen Welt diese Körner entdeckt zu haben. Zur Zeit werden die ersten Versuche unternommen, sie hier in Bioläden und Reformhäusern einzuführen. Das geschieht bis jetzt hauptsächlich durch die deutsche *Gesellschaft für technische Zusammenarbeit (GTZ)*, die sich für die beiden Getreidearten einsetzt; sie hofft, damit süd- und mittelamerikanischen Bergbauern zu einem besseren Einkommen zu verhelfen.

Bisher leben diese Bauern fast ausschließlich von Schaf-, Lama- und Alpaka-Zucht. Ob die Rechnung der GTZ aufgeht, ist eine zweite Frage; es ist zuerst einmal wichtig, daß die Menschen diese nährstoffreiche Pflanze selbst nutzen. Aber leider führten die Versuche von Experten, die Indios zur Selbstnutzung zu führen, bisher kaum zum Erfolg. Die Ressentiments der Indios könnten darin begründet liegen, daß die einstige Geringschätzung und Verachtung der Spanier für dieses „Indiofutter" die einheimische Bevölkerung beeinflußt hat. Durch das „Gringosyndrom", d. h. die Überzeugung, was Amerikaner und Europäer essen, muß gut und begehrenswert sein, und durch die Tatsache, daß der Verkauf das nötige Geld einbringt, um bessere Anbauflächen beanspruchen zu können und bessere Technologien zu bezahlen, könnten die Bauern eventuell zu einem verstärkten Anbau gebracht werden.

In den USA sind Quinoa und Amaranth bereits dabei, sich einen Liebhaberkreis zu erobern. Besonders Biokreise schätzen mittlerweile die Körner sehr, und auch die deutsche Bioszene bemüht sich, in Deutschland genügend Nachfrage dafür zu schaffen, wie das zum Beispiel mit dem wilden Reis bereits erfolgt ist. Nun, die Hobbythek will sich dem nicht verschließen.

In der Tabelle auf *Seite 70* sehen Sie, daß Quinoa mit 350 Kalorien pro 100 g einen relativ hohen Kaloriengehalt besitzt.

Quinoa hat außerdem den höchsten Proteinanteil aller Getreidesorten.

Der Fettanteil liegt mit 5 % ebenfalls hoch und wird nur noch vom Amaranth, vom Hafer und von der Sojabohne übertroffen – daher auch der stramme Kalorienwert.

Bei den Kohlenhydraten liegt das Quinoakorn etwa im Mittel aller Getreide. Gleiches gilt auch für die Mineralstoffe.

Bei der Betrachtung der Eiweißstoffe, der Proteine, fällt der hohe Anteil der essentiellen Aminosäuren besonders auf. Lysin und Methionin liegen pro 100 g doppelt bis dreifach höher als bei allen anderen Getreiden (vgl. *Abb. 3*). Eine Ausnahme bildet nur die Sojabohne, aber das liegt daran, daß diese mit circa 37 % einen extrem hohen Gesamtproteingehalt besitzt.

Wo soviel Licht ist, gibt es leider auch Schatten, d.h. wir müssen auch auf einen kleinen Nachteil hinweisen: Im Hochland ist die Quinoapflanze stark dem Insekten- und Vogelfraß ausgesetzt. Sie schützt sich davor mit einer Substanz, dem *Saponin*. Saponin kennt man auch von anderen Kräutern, zum Beispiel hat es dem Seifenkraut seinen Namen gegeben. Saponine sind natürliche Seifenstoffe, die unter anderem

stark schäumen und pharmakologische Wirkungen aufweisen (vgl. dazu Hobbythek-Buch *„Gesundheit mit Kräutern und Essenzen", Seite 49*).

Nun, wie man weiß, schmeckt Seife nicht besonders gut, jedenfalls verleiht dieses Saponin dem Korn einen etwas bitteren Beigeschmack, und manchmal sorgt es auch für Verdauungsbeschwerden. Dem kann aber abgeholfen werden, denn das Saponin befindet sich vorwiegend in der Samenschale, und da es sehr gut wasserlöslich ist, kann es ausgewaschen oder aber durch Abreiben bzw. Abschleifen der Schale entfernt werden. In dieser saponinarmen Form kommt es bei uns auch in den Handel.

Der geringe Rest an Saponingehalt sollte nach bisherigem Wissen unbedenklich sein. Gewisse Vorsichtsmaßnahmen sprechen allerdings gegen eine Verwendung von Quinoa für die Säuglingsernährung. Übrigens: Saponine sind in geringen Mengen auch in bestimmten Gemüsen, zum Beispiel im Spinat, in der Roten Beete, im Spargel und auch in der Sojabohne enthalten, aber durch gründliches Waschen und Kochen mit reichlich Wasser und anschließendem Abgießen werden sie fast völlig ausgespült.

Anteil pro 100g	Quinoa geschält	Amaranth geschält	Weizen Vollkorn	Roggen Vollkorn	Gerste Vollkorn	Reis ungesch.	Hafer Vollkorn	Hafer-flocken	Mais/Mehl Vollkorn	Hirse geschält	Soja (Schrot)
Lysin	0,91	1,31	0,37	0,39	0,41	0,31	0,59	0,54	0,31/0,26	0,30	2,08
Methionin	0,33	0,4	0,22	0,14	0,19	0,17	0,15	0,26	0,20/0,17	0,27	0,64
Phenyl-alanin	0,48	0,75	0,63	0,46	0,64	0,43	0,75	0,84	0,5/0,4	0,5	2,15

Abb. 3: Gehalt an den essentiellen Aminosäuren Lysin, Methionin, Phenylalanin in den unterschiedlichen Getreidesorten.

Abb. 4: oben: Quinoa; *Mitte:* Amaranth; *unten:* gepufftes Amaranth.

Saponine kommen auch in grünen Teeblättern und in Erdnüssen vor.

Zur Zeit laufen noch Untersuchungen bezüglich der biologischen Wirkungen der Quinoa-Saponine, so daß in Zukunft mit mehr Klarheit gerechnet werden kann. Das heißt aber nicht, daß Quinoa nicht schon heute als empfehlenswertes Nahrungsmittel anzusehen ist. Immerhin haben sich damit ganze Völker über Jahrtausende ernährt.

Seine Eigenschaften machen es allerdings als Brotgetreide nicht besonders geeignet. Bestenfalls kann man es in geringem Prozentsatz dem Mehl beifügen, wenn man Mehrkornbrot backen will. Dann sollte man seinen Anteil auf 5 bis 10 % begrenzen. Aber das ist Geschmackssache, manche finden den Geschmack durchaus reizvoll. Den europäischen Eßgewohnheiten entsprechen wahrscheinlich eher Rezepte, in denen Quinoa wie Reis gekocht wird. Quinoa gart allerdings schneller und nimmt auch mehr Wasser auf als Reis. Es sollte stets mit genügend Wasser gekocht werden, dann werden zusätzlich noch geringe Restbestände von Saponin ausgewaschen.

Quinoa entfaltet beim Kochen einen typischen Geruch. Unter den gelblichen Körnern befindet sich immer ein gewisser Anteil dunkler Körner, die jedoch keinen Einfluß auf die Qualität haben.

Sie können Quinoa auch sehr gut im Nudelteig mit verwenden. Mahlen Sie die Körner dann mit den übrigen Getreidesorten in der Getreidemühle aus. Hier können Sie ohne weiteres den Quinoa-Anteil auf 50 % und mehr bringen. (Quinoa-Rezepte siehe *Seite 64* und *Seite 99*.)

Amaranth

Ähnlich wie das Quinoa eines der Hauptnahrungsmittel der Inkas war, bildete das Amaranth in alter Zeit die Ernährungsgrundlage der mexikanischen Azteken. Auch Amaranth geriet über 500 Jahre lang in Vergessenheit, und zwar ebenfalls wegen der spanischen Eroberer, die das Aztekenreich im 16. Jahrhundert zerstörten. Einer der Gründe für die Ächtung dieses Getreides durch die Spanier ist zusätzlich darin zu suchen, daß die Azteken es bei ihren rituellen Menschenopfern einsetzten. Ebenso wie beim Quinoa haben die Agrarforscher die Vorteile dieser Nutzpflanze jetzt wieder entdeckt.

Bei uns ist eine Unterart des Amaranths allenfalls als buntes Ziergewächs bekannt: der Fuchsschwanz.

Das Amaranth der Azteken ist widerstandsfähig gegen Trockenheit, Hitze, rauhes Gebirgsklima und Schädlinge und könnte, in Mittelamerika, aber auch in den südamerikanischen Anden angebaut, eine wichtige Rolle für die zukünftige Ernährung der Weltbevölkerung spielen. Dieser Ansicht ist jedenfalls ein Ausschuß des *Amerikanischen Nationalen Forschungsrates*.

Die Körner des Amaranths sind ebenso klein wie die des Quinoas. Sie werden in oft über ein Meter langen Blütenständen gebildet und enthalten hochwertiges Eiweiß mit einem gegenüber Quinoa leicht erhöhten Anteil von circa 16 %.

Amaranth war nicht nur den alten Azteken bekannt. Auch in Asien liegen wichtige Anbaugebiete. Sie erstrecken sich über die Bergländer des Himalaya bis Südostchina und schließen auch Teile Südindiens ein. Die westliche Grenze reicht bis nach Afghanistan und Persien. Eine bestimmte Form des Amaranths (Amaranthus tricolor = Dreifarbenamaranth) läßt sich auch als Gemüse verwerten, und zwar sowohl Blätter als auch Stengel. Es ähnelt dann unserem Spinat. Dieses Gemüse wird seit Jahrtausenden in Indien und Südchina kultiviert.

Die Hoffnung, mit dem Korn Amaranth die Ernährungssituation der Welt zu verbessern, wird vorerst durch die hohen Produktionskosten gedämpft. Das ist darauf zurückzuführen, daß die Körner nicht gleichzeitig reifen und daher in der Regel von Hand geerntet werden müssen, was der heutigen Landwirtschaft nicht sehr entgegenkommt. Allerdings gibt es Versuche, bestimmte Sorten dahingehend zu züchten, daß die Reifung einigermaßen gleichzeitig erfolgt und diese Sorten dann maschinell geerntet werden könnten.

Das Getreide Amaranth darf übrigens nicht verwechselt werden mit der synthetischen roten Lebensmittelfarbe gleichen Namens, die unter der EG-Nummer E 123 in letzter Zeit ins Gerede gekommen ist. Es handelt sich dabei um eine Azofarbe, die von der chemischen Industrie synthetisch hergestellt wird. E 123 kann unter anderem Hautausschlag hervorrufen und sollte von Menschen gemieden werden, die gegen Aspirin allergisch sind, ebenso von Kindern. Dies alles trifft nicht auf das Getreide zu. Im Gegenteil, es ist äußerst gesund und kann genauso wie Quinoa als Vollwertnahrung bezeichnet werden.

Eine Eigenschaft des Amaranths wird es für Ihre Kinder attraktiv machen: Es läßt sich sehr leicht durch Hitze, zum Beispiel in der Pfanne, ähnlich wie *Popcorn* aufschließen und ist dann eine hervorragende Zutat zum morgendlichen Müsli.

Es kann in dieser Form auch unter Brotteig gemischt werden. Puffen Sie Amaranth und Popcorn selbst, das Rezept dazu ist denkbar einfach:

**Gepufftes Amaranth und Popcorn
Probieren Sie es aus!**

Nehmen Sie einen Kochtopf, eine Kasserolle oder eine Pfanne mit nicht zu dünnem Boden, damit die Hitze sich gleichmäßig über die ganze Bodenfläche verteilt. Geben Sie soviel Amaranthkörner hinein, daß der Boden gerade bedeckt ist. Dann heizen Sie die elektrische Kochplatte Ihres Küchenherdes kurz auf Stufe 2 vor. Stellen Sie den Topf darauf, und bewegen Sie die Körner leicht hin und her. Legen Sie sich einen Deckel bereit, denn ab einer bestimmten Temperatur beginnen die Körner zu platzen. Schließen Sie dann das Gefäß sofort mit dem Deckel, denn sonst würden die Körner herausspringen. Innerhalb von Sekunden haben Sie aufgepufften Amaranth, den Sie so, wie er ist, schon essen können. Sie können ihn natürlich auch mit Fruchtmus vermischen, was ganz hervorragend schmeckt.
Übrigens: Sollten Sie es noch nicht wissen – in einigen Supermärkten und Reformhäusern erhalten Sie auch speziellen Mais, mit dem Sie das gleiche machen können, nur daß Sie dann *Popcorn* erhalten, wie Sie es beispielsweise vom Jahrmarkt her kennen. Allerdings müssen Sie hierbei zuerst einen Stich Butter in den Topf geben, dann ebenfalls den Mais maximal in einer Lage in den Topf füllen, und ihn dann unter permanentem leichtem Rütteln und Schütteln erhitzen.
Vergessen Sie auch dabei nicht, einen Deckel auf den Topf zu tun, denn die

Maiskörner platzen noch stärker auf als die Amaranthsamen. Sie könnten weit aus Ihrem Topf herausspringen. Erhitzen Sie das Ganze nicht zu stark, sonst brennt der aufgepuffte Mais an und beginnt sich zu bräunen. Dieses Popcorn schmeckt unvergleichlich besser als auf dem Jahrmarkt, ganz besonders, wenn man es frisch verzehrt.
Auch hier sei zu erwähnen, daß es hervorragend als Zutat zu Müsli geeignet ist oder aber auch mit Fruchtmus vermischt werden kann.
Um Ihnen vergebliche Versuche zu ersparen: Mit *Reis* funktioniert dies nicht. Der *Puffreis* wird unter hohem Druck und Hitze aufgebläht. Es geht auch nicht im Dampfkochtopf. Probieren Sie es deshalb nicht aus, denn es wäre ganz einfach zu gefährlich. Begnügen Sie sich mit aufgepufftem Amaranth und mit Popcorn.

Alte und neue
Backzutaten

Als unsere Vorfahren anfingen zu backen, benutzten sie nur Mehl und Wasser. Daraus wurden dann auf heißen Steinen und später in großen tönernen Gefäßen oder Steinbacköfen, die mit Holzkohle vorgeheizt wurden, *Fladen* gebacken. Diese Fladenbrote waren ganz flach. Manchmal aber blähten sie sich an bestimmten Stellen etwas auf, weil der durch die Hitze entstehende Wasserdampf unregelmäßige Blasen im Teig bildete, die durch die äußere Kruste verfestigt wurden. In vielen Ländern werden heute noch solche Fladenbrote geback-

ken. Bei uns z. B. können Sie sie in indischen Restaurants finden, wo sie nach altem Brauch in tonnenähnlichen Keramiköfen, die nach oben hin offen sind, gebacken werden.
Mehl und Wasser, das war das jahrtausendealte Reinheitsgebot des Brotes. Die Ägypter brachen als erste mit dieser Tradition und wurden darum von anderen Völkern verachtet. Weil dieses neue Brot jedoch so gut schmeckte, wurde es in Ägypten zu dem beliebtesten Nahrungsmittel. Spöttisch wurden die Ägypter daher von ihren benachbarten Völkern das Volk der Brotfresser genannt.
Das Brot der Ägypter unterschied sich von den herkömmlichen Fladenbroten, weil man durch irgendeinen Zufall darauf gekommen war, daß übriggebliebener und über Nacht sauer gewordener Teig bessere Backeigenschaften entwickelte als frisch angerührter. Es bildeten sich beim Backen feine Bläschen in der *Krume* (das ist die Fachbezeichnung für das weiche Innere des Brotes im Gegensatz zur äußeren verfestigten *Kruste*). Diese Bläschen machten das Brot wesentlich lockerer. Es war zwar immer noch nicht vergleichbar mit den heutigen Broten, aber ein Anfang war gemacht.
Heute wissen wir, daß die neue Eigenschaft durch *natürliche Hefen* entstanden war. Diese Hefen vermehren sich durch *Hefesporen*, die im Getreide von Natur aus vorkommen, ebenso wie *Milchsäure-* und *Essigbakterien*. Beim Liegenlassen in heißem Klima vermehrten sich diese Mikroben relativ schnell, so daß über Nacht einerseits sowohl die *Säuerung* durch die Milchsäure- und Essigsäurebakterien, andererseits aber auch die Durchdringung des Teigs mit Hefekulturen erhebliche Ausmaße annahmen.

Abb. 5: Justus von Liebig.

Abb. 6: Louis Pasteur in seinem Laboratorium.

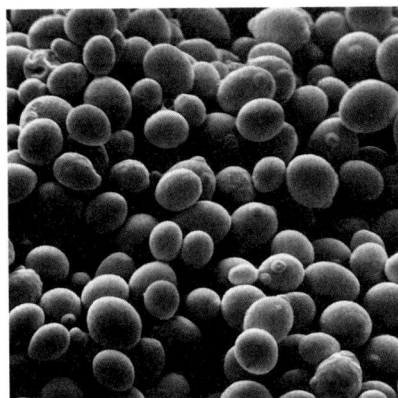

Abb. 7: Hefezellen unter dem Rasterelektronen-Mikroskop.

Die benachbarten Völker, insbesondere die Juden, hielten dies, wie wir aus der Bibel wissen, für unsauber. Für sie war dieser Teig gefault. Deshalb verbannten sie gesäuertes Brot aus ihren Tempeln und Synagogen. Die Nachwirkungen davon sind bis heute sichtbar: Das Abendmahl der Christen wird mit ungesäuertem Brot, insbesondere mit Hostien zelebriert, die ausschließlich aus Wasser und Weizenmehl als Symbol der Reinheit und des Leibes Christi hergestellt werden.

Hefe

Diese Sicht der Dinge verbaute den Juden die Erkenntnis, daß das ägyptische Brot wesentlich besser schmeckte und auch eine ansprechendere Konsistenz hatte als die langweiligen Fladenbrote. Der Grund dafür war, daß die sich bei der Ruhezeit gebildete Milch- und Essigsäure das Brot aromatischer machte

und daß die Hefe, wie wir heute wissen, dafür sorgte, daß die Krume aufgehen konnte. Die Hefe erzeugt mit dem im Mehl vorkommenden Zucker eine Art Gärung, und dabei bildet sich Kohlendioxid, was zu der feinen Bläschenbildung führt. Heute sind wir auf den Sauerteig nicht mehr angewiesen, weil wir als Backzutat die Hefe in konzentrierter Form zufügen können.

Doch das ist noch gar nicht lange der Fall. Die wissenschaftlichen Erkenntnisse über die Vermehrung und Wirkung der Hefezellen stammen eigentlich erst aus der Mitte des vorigen Jahrhunderts. Sie entfachten seinerzeit einen richtigen Gelehrtenstreit zwischen den berühmten Wissenschaftlern *Justus von Liebig (1803–1873)* und *Louis Pasteur (1822–1895)*. Der Franzose Louis Pasteur kann für sich in Anspruch nehmen, auch den deutschen Bäckern zu einer wesentlichen Arbeitserleichterung verholfen zu haben. Eigentlich hatte er einen Auftrag der französischen Bierbrauer angenommen: Sie wollten wissen, warum das

deutsche Bier besser als das französische schmeckte. Bei seinen Arbeiten untersuchte Pasteur die Rohstoffe und die Gärverfahren und stieß bei diesen Forschungen auf die Grundlagen der Wirkungsweisen von Hefen. Seine Erkenntnisse wurden eine wichtige Voraussetzung für die Herstellung von biologisch reiner, haltbarer und qualitativ gleichmäßiger Frischbackhefe. Doch bis in die 30er Jahre dieses Jahrhunderts wurde die beste Hefe immer noch von den Bierbrauern geliefert, erst später bildeten sich dann eigene Hefefabriken.

Seit den 20er Jahren dieses Jahrhunderts wird Hefe von Ernährungsberatern auch wegen anderer wichtiger Inhaltsstoffe empfohlen, nicht zuletzt zur Vorsorge gegen mögliche Schäden durch einseitige Ernährung. 1923 etwa war bereits in einer *„Modernen Illustrierten Zeitschrift"* zum Inflationspreis von 200 Reichsmark pro Exemplar folgendes zu lesen: *„Die teuren und knappen Lebensmittel machen eine Umstellung der Küchenführung notwendig. Prüft man die*

76

Nahrungsmittel nach Nährwert und Kosten, so ergibt sich, daß man im Mehl für das wenigste Geld den meisten Nährstoff erhält. Trotz der Teuerung kann man es vorteilhaft ausnutzen, weil man es in verschiedenen Formen dem Körper zugänglich machen kann. Durch die Verwendung von Hefe zu Mehlspeisen und Backwaren erzielt die Hausfrau nicht bloß die ergiebigste Teigform des Mehls, sondern auch Wohlgeschmack und Verdaulichkeit und Verbilligung der Kosten. Die Hefe schützt auch vor Schäden einseitiger Ernährung, weil sie reich an Vitaminen ist."

Heute wissen wir, daß Hefe besonders reich an Mineralstoffen, aber auch an Vitaminen, insbesondere der B-Gruppe, ist. Hier eine Aufstellung: In 100 g Bäckerhefe sind ca. 1,43 mg Vitamin B_1, 2,31 mg Vitamin B_2, 17,4 mg Nikotinamid, 3,46 mg Pantothensäure, 0,81 mg Vitamin B_6, 33 mg Biotin und 1,02 mg Folsäure enthalten.

Erwähnt werden muß allerdings auch, daß einige Menschen gegen Hefe allergisch sein können. Wenn Sie nach dem Genuß von Hefegebäck häufig Magen- und Darmbeschwerden bekommen, dann sollten Sie den Arzt aufsuchen. Ansonsten ist Hefe äußerst gesund. In der Naturheilkunde werden bei Vitaminmangel sogar Hefekuren empfohlen.

Fürs Backen ist es wichtig zu wissen, daß die Hefe unbedingt *Zucker* für ihren Stoffwechsel benötigt. Deshalb werden Sie in unseren Rezepten stets eine Prise Zucker – auch fürs Brot – finden, aber keine Angst, es wird dadurch nicht süß. Beim Aufgehen des Teigs wird dieser Zucker umgesetzt: Die Hefe braucht ihn als Nahrung und setzt ihn, wie schon erwähnt, in *Kohlendioxid*, das den Teig hochtreibt, und in *Alkohol*, der sich beim Backen verflüchtigt, um. Ist der Zucker verbraucht, wird die Stärke verstoffwechselt.

Sauerteig

Während bis ins vorige Jahrhundert die Sauerteigherstellung eine Wissenschaft für sich war, denn der Teig mußte so geführt werden, daß sowohl die Säuerung als auch die Hefebildung einwandfrei funktionierten, ist dies heute kein Problem mehr. Dadurch, daß die Hefe von außen zugeführt wird, kann man sich jetzt vorwiegend auf die Vermehrung von säurebildenden Bakterien konzentrieren. Ja, man kann sogar bestimmen, ob man eine Betonung der *Milchsäurebakterien* (bei höherer Sauerteigführungstemperatur) oder der *Essigbakterien* (bei etwas niedrigerer Temperatur) erreichen will. In der Regel wird die Milchsäure bevorzugt, weil sie etwas milder im Geschmack ist.

Während beim Weizenmehl der Sauerteig nicht unbedingt erforderlich ist, kann man beim Verbacken von Roggenmehl nicht darauf verzichten. Zwar sind im Roggenmehl schleimbildende Stoffe enthalten, die sogenannten *Pentosane*, welche dafür sorgen, daß sich die Kohlendioxidgase, die sich durch den Gärprozeß bilden, zu kleinen Bläschen formen. Gleichzeitig sind im Roggen aber auch *Enzyme* enthalten, die diese Pentosane relativ schnell abbauen, so daß der Teig in sich zusammenfällt. Die Säuerung bremst die Wirkung der pentosanabbauenden Enzyme, so daß mit Roggenmehl die gleichen Backergebnisse erzielt werden können wie mit Weizenmehl.

Im Weizenmehl sorgt das von Natur aus enthaltene *Klebereiweiß* für stabile Bläschenbildung. Dieses *Klebereiweiß* ist in anderen Getreidesorten, wie schon erwähnt, zu wenig enthalten. Deshalb haben wir von der Hobbythek – ebenso wie viele Bäcker – zu dem Trick gegriffen, das Klebereiweiß, das bei der Stärkeherstellung aus Weizen in gesonderter Form anfällt, nachträglich zuzufügen. Dies ermöglicht uns, letztlich alle Mehle zu verbacken, sogar Roggenmehl, ohne daß unbedingt eine Sauerteigführung erforderlich wird.

Das Klebereiweiß

„Wer suchet, der findet!"

Ich deutete schon an, daß uns vor einigen Jahren das Backen von französischen Baguettes gänzlich mißlang. Heute wissen wir, warum. Zum Backen dieser Delikatesse verwenden die französischen Bäcker ein spezielles Mehl, das es damals bei uns hier in Deutschland nicht gab. Es wird aus einer bestimmten Hartweizensorte gemahlen, dem sogenannten *Manitobaweizen*. Eine kleine Hilfe: Manitoba ist eine kanadische Provinz im amerikanischen Norden, wo diese Hartweizenart besonders gut gedeiht. Manitobaweizen gehört zu den sogenannten *Durum-Weizen*. Neben Kanada wird er in den USA, in der UdSSR und in Südeuropa angebaut. Er braucht kalte Winter und heiße Sommer, deshalb wächst er bei uns nicht so gut, und ist daher recht teuer (vgl. *Seite 13*). Der Unterschied zu unserem Weichweizen ist aber nicht erheblich. Er besteht eigentlich nur in dem Anteil des sogenannten Klebereiweißes, häufig auch als *Gluten* bezeichnet, der im Hartweizen

Abb. 8: Weizenkleber.

Abb. 9: Wenn Sie Mehl, das wenig Klebereiweiß enthält, mit Wasser mischen, fällt der Teig auseinander (*links:* Maismehl; *rechts oben:* Roggenmehl; *rechts unten:* Weizenmehl).

erheblich größer ist. Heute stellt dies für uns jedoch kein Problem mehr dar, auch nicht für unsere Bäcker, denn mittlerweile haben diese Mehlkünstler gelernt, sich des Klebereiweißes zu bedienen. Das Klebereiweiß bzw. Gluten wird ganz einfach zum Weizenmehl hinzugefügt. Das geschieht teils bereits in der Mühle, teils durch den Bäcker.

Daß so manches selbstgebackene Brötchen oder Toastbrot immer noch nicht im heimischen Herd gelingt, das liegt also häufig am falschen Mehl, in dem nicht genügend Klebereiweiß vorhanden ist. Die ‚Supermarkt-Type' 405 ist besonders schlecht geeignet. Besser ist schon die Type 550. Aber diesem Problem kann nun Abhilfe geschaffen werden, denn Sie können sich jetzt ihr Mehl auch nach Bedarf zurechtmischen. Wir haben dafür gesorgt, daß Sie das Klebereiweiß bzw. Gluten unter der Bezeichnung *„Weizenkleber HT"* in den Läden erhalten können, die die Hobbythek-Zutaten führen (siehe *Bezugsquellenverzeichnis*). Dasselbe gilt für Mehl Type 550.

Unser Weizenkleber HT ist ein garantiert natürliches Produkt. Es fällt als Nebenprodukt bei der Gewinnung von Stärke aus Weizen an. Dabei wird der Eiweißanteil auf rein physikalischem Wege aus dem Weizenmehl getrennt, nämlich durch Zentrifugierung. Chemie ist nicht im Spiel.

Vor dem Mahlen und Trennen wird übrigens der Weizenkeim vom Korn entfernt. Das ist notwendig, da im Keim vorwiegend das *Weizenkeimöl* konzentriert ist. Es würde fein ausgemahlenes Mehl klebrig machen. Zu Ihrer Erinnerung: Im Vollkornmehl bleibt selbstverständlich alles das inklusive Vitamine und Mineralstoffe enthalten (vgl. *Seite 13 ff.*).

Die Klebereigenschaft enthält das Weizenkorn durch eine bestimmte Kombination von *Aminosäuren*: Es besitzt einen relativ hohen *Glutamin-* und *Prolinanteil*. Diese Eiweißarten gehören nicht zu den essentiellen Aminosäuren. Der Anteil der essentiellen Eiweißbausteine (Lysin, Methionin und Phenylalanin) ist demgegenüber geringer. Dafür beschert das Klebereiweiß dem Brotteig hervorragende Backeigenschaften. Und das gilt nicht nur für Brot, sondern ebenso für Nudeln (vgl. *Seite 62 f.*).

Das Klebereiweiß ist in allen anderen Getreidearten entweder in wesentlich geringeren Anteilen enthalten, z.B. in Roggen, Gerste, Hafer und Hirse, oder gar nicht, wie bei Reis und Mais. Diese Tatsache können Sie selbst ganz einfach feststellen:

Versuchen Sie doch einmal, Mehl aus den verschiedenen Getreidesorten mit Wasser zu vermengen. Sie werden feststellen, daß sich aus Weizenmehl ein elastischer Teig kneten läßt, aus Roggen, Hafer und Gerste läßt sich nur noch ein Kloß formen, der aber leicht auseinanderbricht, und aus Maismehl und Wasser läßt sich gar kein Teig formen (vgl. *Abb. 9*).

Um dem entgegenzuwirken, müssen Sie eben zusätzlich Weizenkleber HT hinzufügen. In der Regel reichen 10 % der Mehlmenge aus, die Sie dann ganz einfach unter das Mehl mischen können (vgl. Rezepte *Seite 95*). Dieses Vermischen ist unproblematisch, da der Weizenkleber fast die gleiche Konsistenz hat wie das Mehl und äußerlich kaum davon zu unterscheiden ist. Erst wenn Sie eine

Prise auf die Zunge geben, merken Sie den Unterschied, und Sie merken dann auch, warum der Kleber Kleber genannt wird.

Der Weizenkleber hilft uns also beim Brotbacken durch seine günstigen physikalischen Wirkungen. Außerdem verleiht er dem Brot einen frischeren Geschmack, hält es etwas länger frisch und macht es vor allen Dingen besser bestreichbar. Das gilt sogar für nicht geröstetes Toastbrot.

Eine Einschränkung in der Anwendung des Klebereiweißes ist zu erwähnen. Etwa 0,1 % der Europäer, das sind in Deutschland ca. 60.000 Menschen, vertragen diese oder verwandte Getreideeiweißstoffe nicht. Sie wissen das in der Regel, denn mit dieser Krankheit, *Zöliakie* genannt, wird man geboren. Es scheint eine Erbkrankheit zu sein, die insbesondere bei Angehörigen der weißen Rasse auftritt, weniger bei Afrikanern und Ostasiaten.

Die Krankheitssymptome vollziehen sich vor allen Dingen in der Schleimhaut des Dünndarms. Diese wird durch eine falsche Reaktion des Immunsystems gegen die Glutenstoffe geschädigt und entzündet sich. Wird diese Veranlagung nicht frühzeitig erkannt, dann kann sie durch permanente Schädigung der Infektabwehr zum Tode führen.

Bei Neugeborenen ist die Veranlagung schwer unmittelbar auszumachen. Deshalb empfiehlt die *Deutsche Gesellschaft für Kinderheilkunde* generell, glutenhaltige Lebensmittel erst ab dem vierten Lebensmonat an Säuglinge zu verfüttern; besondere Vorsicht ist geboten, wenn es in der Verwandtschaft bereits Zöliakiekranke gibt.

Vergleichbar mit einer Allergie können schon kleinste Mengen von Gluten

schädigen, deshalb muß der Zöliakiekranke alle Getreidesorten meiden, in denen Gluten selbst in geringsten Spuren vorkommt, d.h. nicht nur Weizen, sondern auch Roggen, Hafer und Gerste.

Da Inhaltsstoffe dieser Getreide in einer Vielzahl von Lebensmitteln enthalten sind, auch in denen, in denen sie der Laie kaum vermuten würde, ist ausführliche Beratung notwendig. Bei Fachärzten für innere Krankheiten oder über die *Deutsche Zöliakie-Gesellschaft (7000 Stuttgart 70, Filderhauptstr. 61)* können Listen von industriell hergestellten glutenfreien Lebensmitteln angefordert werden. Dort erhalten Sie auch spezielle Rezepte.

Ungeeignete Lebensmittel sind neben den aus Weizen-, Roggen-, Gersten- und Hafermehl hergestellten Broten auch Produkte wie Graupen, Grieß, Flocken, Keime, Kleie und Schrot aus diesen Getreiden, ebenso wie Grünkern, aber auch Kaffee-Ersatz (Malzkaffee), Malzzucker, Bier, ja sogar Wurstwaren und Buletten und Klöpse, in denen häufig Mehl und Weizenstärke enthalten sein können. Gleiches gilt für eingedickte Suppen, Soßen, Süßigkeiten und bestimmte Puddingarten, Konserven usw. Zur Ernährung geeignet sind Fleisch, Fisch, Eier, Milch, Honig, Zucker, Süßstoffe außer Aspartam, Obst, Gemüse und Kartoffeln. Aber auch Getreide wie Mais, Reis, Hirse, Buchweizen, Quinoa, Amaranth und Sojabohnen sind glutenfrei, ebenso wie Stärke aus Mais und Reis.

Erlaubt ist selbstverständlich auch unser Lecithin, und damit können Sie, wenn Sie wollen, sogar viele unserer Brotrezepte auf glutenfreiem Mehl aufbauen (Mais-, Reis-, Hirse-, Buchweizen-, So-

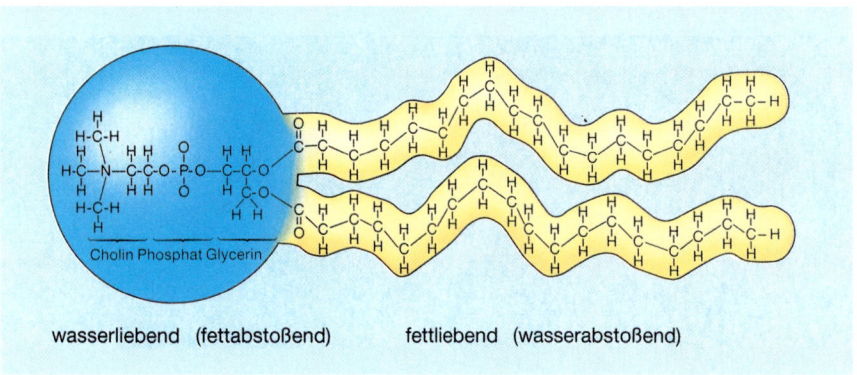

Cholin Phosphat Glycerin

wasserliebend (fettabstoßend)   fettliebend (wasserabstoßend)

Abb. 10: Der Aufbau eines Phospholipids (Cholinphospholipid).

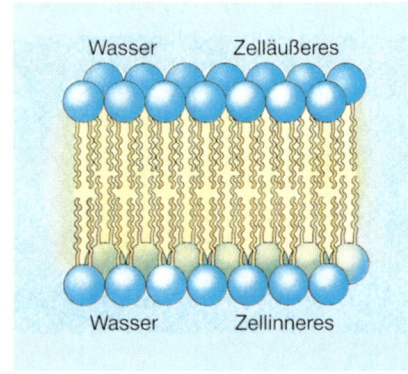

Wasser   Zelläußeres

Wasser   Zellinneres

Abb. 11: Ein Stück Zellmembran, bei dem die wasserliebenden Köpfe nach außen und die fettliebenden Schwänze nach innen weisen.

ja-, Amaranth- und Quinoamehl). Sie können selbstverständlich auch daraus Nudeln herstellen, gegebenenfalls ersetzen Sie das Gluten durch etwa halb so viel Eipulver.

Übrigens: Zöliakie-Kranke, die sich strikt an ihre Diät halten, verlieren ihre Beschwerden in der Regel völlig und können unbehelligt alt werden.

Lecithin als Backzutat

Lecithin ist ein Stoff, dem in der Natur eine überragende Bedeutung zukommt. Es handelt sich dabei um eine Gruppe von Substanzen, die fachmännisch „Phospholipide" genannt werden. Wer sich darüber ganz genau informieren will, dem empfehlen wir unser Hobbythek-Buch „Gesundheit mit Kräutern und Essenzen"; auf Seite 40–43 und von Seite 190–215 haben wir alle gesundheitlichen Wirkungen und praktischen Anwendungsmöglichkeiten dieser Wunderstoffe ausführlich dargestellt.

Lecithin hat dem Leben sozusagen die Hülle gegeben, denn ohne die Phospholipide gäbe es keine Zellmembranen. Membranbildend wirken Phospholipide deshalb, weil in ihren Molekülen zwei Eigenschaften vereint sind, die sonst eher als Gegensätze wirken. Sie sind einerseits fettfreundlich, andererseits aber auch wasserfreundlich. Das ist deshalb möglich, weil ein Teil des jeweiligen Moleküls wasserliebend ist, was gleichzeitig fettabstoßend bedeutet, der andere Teil aber fettliebend und dementsprechend wasserabstoßend (vgl. Abb. 10). Geraten Phospholipide in Wasser, in dem etwas Öl in Tröpfchenform vorhanden ist, dann ordnen sie sich sozusagen in Reih und Glied zu einer Membran (vgl. Abb. 11). Diese Eigenschaft ist für das Backen außerordentlich nützlich, denn Lecithine können sozusagen Fett bzw. Öl und Wasser zueinander führen. Sie bilden eine Brücke, wodurch sich Öl und Wasser miteinander vertragen. Eine solche Mischung nennt man im übrigen Emulsion, Lecithin ist also ein hervorragender Emulgator. (Aus diesem Grunde haben wir mit Lecithin auch tolle Naturcremes entwickelt; vgl. Hobbythek-Buch „Gesundheit mit Kräutern und Essenzen", Seite 194–202.)

Im Teig muß oft Fett mit Wasser zusammengebracht werden. Das gilt sogar dann, wenn Fett im Rezept explizit gar nicht ausgewiesen ist, z.B. beim Brotbacken. Wie Sie in Abb. 2 (vgl. Seite 70) erkennen können, ist im Mehl stets auch Fett enthalten, und zwar ist der Fettanteil um so höher, je weniger das Mehl ausgemahlen ist. Deshalb bringt Lecithin gerade beim Backen mit Vollkornmehlen erhebliche Vorteile. Noch empfehlenswerter ist die Zugabe von Lecithin, wenn Sie Ölsaaten mit einbacken wollen, wie Nüsse, Sesam, Sojaschrot, Leinsamen usw.

Auch der Müller – und vor allen Dingen der Bäcker – weiß heute die Zutat Lecithin sehr zu schätzen. Dafür hat unter anderem das Backmittelinstitut e.V. in

Abb. 12: Lecithin-Pulver; im Hintergrund Sojabohnen.

Bonn gesorgt, das sich als Forschungs- und Informationszentrale für Brot und feine Backwaren versteht und die Bäcker direkt berät. Es schreibt dem Lecithin ebenfalls *„wesentliche Gebäckverbesserungseigenschaften zu, es soll die Teige plastischer machen, die Gärstabilität* (beim Gehenlassen des Teigs) *erhöhen und damit das Gebäckvolumen steigern. Außerdem verlangsamen Emulgatoren das Altbackenwerden der Brotkrume und dienen damit auch der Frischhaltung des Gebäcks."*

Dieser Griff in die Geheimschatulle der Fachleute soll Ihnen, verehrte Leser, auch zeigen, daß die meisten Bäcker Substanzen verwenden, die durchaus ohne Kritik akzeptiert werden können; Chemie ist bei diesen Waren weniger im Spiel, als überkritische Bürger häufig annehmen. Im übrigen besitzt Korn allgemein die Eigenschaft, Fremdsubstanzen nur in geringem Maße anzunehmen und zu speichern, so daß beim Getreide Hiobsbotschaften nicht angebracht sind. In jedem Fall verdient der Bäcker Ihr Vertrauen, zumindest was den Bäcker um die Ecke anbelangt. Was in großen Brotfabriken erfolgt, ist eine zweite Sache. Hier sollten man durchaus wachsam sein, auch wenn die Lebensmittelkontrolle beim Grundnahrungsmittel Brot besonders streng ist. Für nicht akzeptabel halten wir die immer noch gelegentlich zu beobachtende Unsitte, Brot zu konservieren. Dies ist ein Sakrileg, das Gott sei Dank heute nur noch bei geschnittenem und verpacktem Brot vorkommt. Achten Sie beim Kauf unbedingt auf die ausdrückliche Kennzeichnung *„ohne Konservierungsstoffe"*.

Der Bäcker verwendet übrigens eine etwas andere Lecithinaufbereitung, als wir sie Ihnen empfehlen. Er setzt *Rohlecithin*

Abb. 13: Vitamin C (L-Ascorbinsäure) ist in Zitronen, aber auch in vielen anderen Früchten enthalten. Zum Backen sollten Sie es in Pulverform verwenden.

oder sogar Skorbut auslösen. Eine Überdosierung ist in keinem Fall schädlich.

Diese Tatsache erwähnen wir hier nur, um zu zeigen, daß es sich um einen unverdächtigen Zusatzstoff handelt, der ohne Bedenken eingesetzt werden kann.

Beim Backen kommt es allerdings weniger auf die gesundheitlichen Wirkungen an. Das Vitamin C ist für uns ein reines Backhilfsmittel, das außerdem preiswert ist. Es stabilisiert das Weizenklebergerüst im Teig, d. h. geringste Mengen lösen bereits Enzymreaktionen aus, die eine Kleberverfestigung bewirken.

Dadurch wird die Oberfläche des fertigen Backguts trockener und krosser. Außerdem wird das Gashaltevermögen des Teigs verbessert, was wiederum bewirkt, daß der aufgegangene Teig nicht so schnell in sich zusammenfällt. Das ist von Vorteil, wenn man den vorgefertigten Teig nicht direkt verarbeiten will, sondern ihn vielleicht für den nächsten Tag im Kühlschrank aufbewahren oder sogar einfrieren möchte (vgl. *Rezepte, Seite 94 f*).

Die Kunst des Backens

In unserem *„Hobbythek-Buch vom Essen I"* haben wir sehr ausführlich die theoretischen Grundlagen zur Herstellung von klassischen Sauerteigbroten mit Roggen und Weizen beschrieben. Deshalb wollen wir uns hier weitgehend mit ergänzenden Hinweisen begnügen und uns auf Tips für die Praxis konzentrieren.

Backen bedeutet nichts anderes, als daß ein Teig im Backofen dem Einfluß erstens von Hitze und zweitens von

in zähflüssiger Form ein, das vergleichbar ist mit unserem *Rohlecithin 63 %*, das neben dem Lecithin noch 36 – 37 % Sojaöl beinhaltet.

Wir empfehlen unser *„Reinlecithin P"* (P = Pulver), das zu fast 100% aus Lecithin besteht, unter anderem in hohem Anteil (23%) aus dem hochwertigsten *Cholinlecithin*. Da Reinlecithin P in Pulverform angeboten wird, läßt es sich einfach mit dem Mehl vermischen, genau wie das Klebereiweiß.

Vitamin C

Auch Vitamin C – fachmännisch *L-Ascorbinsäure* genannt – kann die Backeigenschaften eines Teigs verbessern. Generell ist L-Ascorbinsäure ein wichtiges Vitamin, das dem Körper bei der Abwehr von Infektionskrankheiten hilft und wichtig für Zahn-, Knochen- und Blutbildung sowie für die Zellatmung und die Eisenverwertung ist. Vitamin-C-Mangel kann in extremen Fällen ständige Müdigkeit

Feuchtigkeit ausgesetzt wird. Letzteres wird beim Backen im Küchenherd oft übersehen, deshalb endeten bisher viele Versuche, Brot oder Brötchen zu Hause zu backen, in einem Fiasko. Daß dies nicht sein muß, das wollen wir Ihnen beweisen.

Temperatur und Feuchtigkeit bewirken im Teig während des Backprozesses sowohl physikalische als auch chemische Vorgänge: Zunächst quillt die *Stärke*, die im Mehl enthalten ist, auf. Gleichzeitig gerinnt bei höheren Temperaturen das *Eiweiß* und verfestigt sich (das gilt insbesondere für das Klebereiweiß). Weiterhin erfolgt eine Reaktion von Stärke und Zucker mit den Hefezellen, sie bilden *Kohlendioxid* (das ist das gleiche Gas, was aus dem Mineralwasser herausperlt).

Dieses Gas bildet, wie bereits erwähnt, feine Bläschen, während aus Stärke, Eiweiß und Lecithin Membranen gebildet werden, die sich ebenfalls durch die Hitze verfestigen. Auf diese Weise stabilisiert sich die Krume zu dem weichen Brotinneren, wie wir es kennen.

Bei der äußeren Kruste verkleistern sich Stärke und Klebereiweiß fast vollständig miteinander. Wenn das allerdings die einzige Reaktion wäre, dann bliebe die Kruste blaß und weißlich, und sie würde steinhart. Dies haben Sie bestimmt schon einmal bei vergeblichen Brotbackversuchen in Ihrem Ofen festgestellt. Es passiert immer dann, wenn die Backofenatmosphäre zu trocken ist.

Um das zu verhindern, bläst der Bäcker in seinen Profi-Backofen regelmäßig heißen Wasserdampf hinein. Diese Backöfen haben dafür eine spezielle Vorrichtung. In den Wasserdampfschwaden verbindet sich durch die hohe Luftfeuchtigkeit das Klebereiweiß besser che-

misch mit der Stärke des Mehls, und außerdem werden Teile dieser Stärke von im Mehl enthaltenen *Enzymen* in Zucker aufgespalten, der dann an der Oberfläche karamelisiert. Dies wiederum führt zur typischen Krustenbräunung.

Fehlt die Feuchtigkeit in der Backofenluft, dann können diese chemischen Prozesse nicht ablaufen, die Brotkrume verfestigt sich zwar, wird aber nicht braun, und dann hilft nicht einmal starkes Aufheizen des Ofens mehr, denn die Braunfärbung ist nicht, wie man glauben könnte, auf Rösten zurückzuführen, sondern nur auf das Karamelisieren an der Brotoberfläche.

Bei gezuckertem Teig (Kuchen, süße Semmel usw.) ist das anders. Dort braucht der Zucker sich ja nicht an der Oberfläche zu bilden, er ist bereits im Teig vorhanden. Deshalb ist es da kein Problem, die Oberfläche braun zu bekommen. Manchmal hilft man noch mit einer Zucker- oder Eiweißglasur nach, das empfiehlt sich besonders bei zuckerarmem oder mit Süßstoff versehenem Feingebäck.

Beim Brot wäre dies allerdings eine üble Pfuscherei. Deshalb geben wir Ihnen für das Selberbacken einen Tip: Füllen Sie in die Fettpfanne Ihres Backofens Wasser, und zwar in ausreichender Menge (siehe *Seite 89*). Damit beim Aufheizen des Ofens einerseits nicht schon zu viel Wasser verdunstet, andererseits der Ofen durch späteres Eingießen von kaltem Wasser nicht zu sehr abkühlt, geben Sie kurz vor dem Einschieben des Brotteigs das Wasser kochendheiß in die Pfanne.

Jetzt brauchen Sie nur noch die richtigen Rezepte (siehe *Seite 86ff.*), die richtige Backtemperatur und die entspre-

chende Backzeit – natürlich sind unsere Angaben nur Richtwerte, die unter anderem von Ihrem Backofen abhängen. Leider stimmen die Temperaturangaben des Backthermostats nicht immer mit den tatsächlichen Celsiusgraden überein.

Auch für die Bildung des *Back-* und *Brotaromas* sind natürlich ablaufende chemische Prozesse verantwortlich. Die Hefe- bzw. die Sauerteigführung liefert das *Gäraroma*. Der Backprozeß sorgt für das *Krustenaroma*.

Diesen erwünschten Umwandlungen stehen leider auch einige nicht ganz so erfreuliche gegenüber. Während die Mineralstoffe des Mehls weitgehend erhalten bleiben, ist das Backen, genauer das Erhitzen, mit einem Verlust an Vitaminen verbunden – allerdings sind die Verluste geringer als beim Kochen oder Einwekken, denn die Temperatur im Innern des Brotes erreicht selten 100 °C, und wenn doch, dann nur ganz kurzzeitig.

Die wichtigen Vitamine der B-Gruppe verlieren unterschiedlich an Wirkung. *Thiamin (Vitamin B_1)* verliert etwa 20–50 %, *Riboflavin (Vitamin B_2)* 6–14 %, *Pyridoxin (Vitamin B_6)* 0–15 %. Vitamin C geht bis zu 50 % verloren, und bei Vitamin E muß man mit 11–20 % Verlust rechnen.

Übrigens: Bei frischgemahlenem (geschrotetem) Korn ist der Vitamingehalt stets wesentlich höher als bei Fertigmehl, die Verluste durch Lagerung sind oft höher als die durch das Backen. Besonders vitaminreich sind Getreidekörner, die etwa 10–12 Stunden vor dem Backen bei 25–30 °C (auf der Heizung) eingeweicht und als volles Korn unter den Teig gemengt werden. Wasser und Wärme beleben das Korn, es beginnt zu keimen, dabei bilden sich zusätzliche Vitamine, und zwar insbesondere die der B-Gruppe.

Weizensauerteig

Im *„Hobbythek-Buch vom Essen I"* haben wir die Herstellung des Sauerteigs aus Roggenmehl nach der *Detmolder Methode* vorgestellt. Inzwischen erfuhren wir, daß Sauerteige in genau gleicher Weise auch aus *Weizenmehl* oder aus *Weizenschrot* gewonnen werden können. In einer ausführlichen Analyse (veröffentlicht in der Schrift Nr. 5805 der *Bundesforschungsanstalt für Getreide und Kartoffelverarbeitung Detmold*) zeigen die Autoren *Dr. Brummer* und *Herr Morgenstern*, daß das Backen mit Weizensauerteigen selbst bei reinen Weizenbroten, die ja eigentlich einer Säuerung wegen ihres vorhandenen Weizenklebers gar nicht bedürfen, eine geschmackliche Verbesserung mit sich bringt.
Wir haben uns diesen Tip zu eigen gemacht und verwenden ihn in unserem Kastenbrotrezept (vgl. *Seite 97 f.*). Dort arbeiten wir mit einem Sauerteiganteil (bezogen auf die Mehlmenge) von 20 %. Sie können den Anteil allerdings je nach persönlichem Geschmack verringern.
Wenn Sie einen Sauerteig aus *Weizenvollkornmehl* verwenden wollen, brauchen Sie im Rezept immer etwas weniger Sauerteig.
Selbstverständlich können Sie ebenfalls bei Kleingebäck (Brötchen, Baguette usw.) mit Sauerteig arbeiten, allerdings empfiehlt es sich dort, einen Anteil von höchstens 10 % zu nehmen. In unseren Rezepten haben wir das nicht ausführlich vermerkt. Wir überlassen es Ihnen,

es einmal auszuprobieren, aber es lohnt sich ganz bestimmt.

Hier nun das Rezept:

Sauerteig Universal à la Hobbythek

Wir empfehlen Ihnen, stets eine größere Menge Sauerteig anzusetzen, da die Qualität sich dadurch verbessert. Wenn Sie relativ häufig backen, können Sie den Sauerteig ganz einfach im Kühlschrank aufbewahren. Er hält sich darin 3–4 Tage. Für eine längere Zeitspanne empfiehlt es sich, ihn einzufrieren oder in Form von *„Krümelsauer"* zu konservieren (vgl. *Seite 86*).
Im Prinzip können Sie alle Weizenmehle ab Type 550 und alle Roggenmehle zum Ansatz verwenden. Später, bei der Vermehrung, ist es sogar möglich, die Mehle beliebig zu wechseln. Starter- und Sauerteig müssen nicht aus der gleichen Mehlsorte und Mehltype bestehen.
Zunächst einmal gilt es also, den Sauerteigansatz zu gewinnen. In vielen Backbüchern wird behauptet, die eigene Sauerteigherstellung sei zu schwierig. Statt dessen wird empfohlen, zum Bäcker zu gehen oder den Sauerteig als *Trockensauerteig* oder *Flüssigsauerteig* in Reformhäusern oder Drogerien und bestimmten Lebensmittelgeschäften zu kaufen. Dies ist aber nicht billig und unseres Erachtens nach nicht erforderlich. Wer sich der Mühe des Selbstherstellens eines Sauerteiges nicht unterziehen will, kann auch auf *gefriergetrocknete Sauerteigbakterien* zurückgreifen, die es in einigen der Geschäfte gibt, die die Hobbythekzutaten führen.
Im Prinzip aber sind diese Bakterien von Natur aus im Getreide, d. h. auch im

Mehl enthalten. Wir müssen sie nur entsprechend sachkundig vermehren. Das dauert etwa drei Tage. Wenn man aber den ersten Sauerteigansatz einmal hat, dann lassen sich in 12–24 Stunden aus den Resten immer wieder neue Mengen von Sauerteig herstellen.

Der Sauerteig wird in drei Stufen angesetzt

1. Stufe:

> 100 g Mehl (Weizenmehl Type 550,
> 812, 1050, 1200, 1700,
> 2000 = Vollkornmehl) oder
> Roggen Type 815, 997, 1150,
> 1590, 1800 = Vollkornmehl)
> 100 g Wasser (= 0,1 l). Das Wasser
> muß auf jeden Fall etwa 40 °C
> warm sein, wenn Sie es
> zugeben.

Wir haben den Sauerteig häufig mit Weizenmehl Type 1050 hergestellt. Weizenvollkornmehl säuert schneller und besonders intensiv.
Mehl und Wasser werden in einer Plastikschüssel verrührt. Dann wird das Ganze mit einer Plastikfolie oder einer übergestülpten kleineren Plastikschüssel abgedeckt und an einem warmen Ort abgestellt. Sie können es zum Beispiel auf eine mit Alufolie bespannte Styroporplatte, die direkt auf die Heizung gelegt wird, stellen, dann kann die Temperatur nie zu warm werden. Auf keinen Fall dürfen mehr als 35 °C erreicht werden.
Mit der Temperatur können Sie auch den Geschmack ein wenig bestimmen: niedrige Temperaturen begünstigen die Ver-

mehrung der von Natur aus im Korn vorkommenden *Essigbakterien*, höhere Temperaturen eher die der *Milchsäurebakterien*. Aber das ist im Grunde genommen Theorie. Beides erzeugt einen guten Sauerteig, nur daß es bei niedrigen Temperaturen länger dauert. Bei etwa 25–30°C brauchen Sie höchstens einen Tag, bei Lagerungen bei Zimmertemperatur müssen Sie mit anderthalb bis zwei Tagen rechnen.

Der Säuerungsprozeß beginnt zunächst durch Umwandlung der Stärke und geht dann weiter, wobei diese Stärke in die Zuckersubstanz *Glucose* und schließlich entweder zu *Alkohol* und *Essigsäure* oder aber in *Milchsäure* umgewandelt wird. Daneben entstehen auch noch Aromastoffe, die für den guten Geschmack sorgen.

Diese Säuerungsstufe reicht aber noch nicht aus, deshalb muß der Sauerteigansatz noch zwei weiteren Säuerungsstufen unterzogen werden.

2. Stufe:

Nehmen Sie wieder

> 100 g Mehl (siehe Stufe 1) und
> 100 g Wasser (40°C).

Mehl und Wasser werden in den ersten Ansatz eingerührt, der jetzt bereits leicht säuerlich riecht. Das Ganze wieder abdecken und 24 Stunden stehen lassen. Steht der Sauerteig relativ warm, kann die 2. Stufe auf 12–20 Stunden verkürzt werden.

Der Säuerungsprozeß geht nun automatisch weiter, weil das neue Mehl den Säurebakterien frische Nahrung gibt.

3. Stufe:

Nehmen Sie nun

> 200 g Mehl (siehe Stufe 1) und
> 200 g Wasser (40°C).

Mehl und Wasser wieder verrühren, mit den Ansätzen der Stufe 1 und 2 vermischen und ebenfalls noch mal 24 Stunden abgedeckt bei 25–30°C stehen lassen. Sollte die Säuerung noch nicht ausreichend sein, dann war die Temperatur zu kalt, und Sie müssen gegebenenfalls noch etwas nachsäuern lassen. Sie können diese Säuerung deutlich schmecken.

Die 3. Stufe kann auf 12 Stunden verkürzt werden, wenn der Sauerteig nach der 2. Stufe schon sehr sauer riecht und schmeckt und Blasen bildet.

Insgesamt haben Sie jetzt 400 g Mehl und 400 g Wasser, also etwa 800 g Sauerteig als Gesamtmenge.

Je nachdem, wieviel Brot Sie backen wollen, behalten Sie stets etwas übrig. Das ist gut so, denn diesen Rest kann man sehr gut für spätere Backversuche verwenden. Wenn Sie in den nächsten 3–4 Tagen wieder backen wollen, dann bewahren Sie etwa die Menge, die Sie bei der nächsten Sauerteigvermehrung benötigen, im Kühlschrank auf, den Rest können Sie im Tiefkühlfach einfrieren.

Die Sauerteigvermehrung

Dafür brauchen Sie, wenn wir mal davon ausgehen, daß Sie 200 g Sauerteig für Ihr Rezept benötigen,

> 50 bis 60 g fertigen Sauerteig
> 80 g Mehl (siehe Ansatz 1)
> 80 g Wasser (40°C).

Natürlich können Sie, wenn Sie größere Sauerteigmengen brauchen, die Angaben entsprechend vervielfältigen. Nehmen wir an, Sie brauchen 300 g Sauerteig, dann nehmen Sie

> 75–85 g fertigen Sauerteig
> 120 g Mehl
> 120 g Wasser (40°C).

Wenn Sie genau rechnen, dann erhalten Sie immer etwas mehr als die erforderliche Menge, aber Sie müssen davon ausgehen, daß in der Regel auch immer etwas verlorengeht.

Alle Substanzen, also der fertige Sauerteig, das Mehl und das Wasser, werden in der Plastikschüssel wieder gut verrührt, dann alles abdecken, wie gehabt, und rund 12 Stunden bei ca. 25–30°C oder 24 Stunden bei Zimmertemperatur stehen lassen. Die in dem fertigen Sauerteig enthaltenen Bakterien bringen nun den Säuerungsprozeß in kürzester Zeit in Gang, so daß der neue Teig nur noch maximal einen Tag braucht.

Wenn Sie *Sauerteigbakterien* oder *gekauften Sauerteigansatz* einsetzen wollen, dann gehen Sie genauso vor. Bedenken Sie bei den Bakterien aber, daß Sie keine Substanz bringen. Deshalb brauchen Sie etwas mehr Mehl und Wasser. Um zum Beispiel 200 g Sauerteig zu bekommen, empfehlen wir Ihnen

> 105 g Mehl und
> 105 g Wasser (40°C)

zu nehmen, Wasser und Mehl miteinander zu mischen und anschließend die Bakterien zuzugeben.

Den im dreistufigen Ansatz erhaltenen Sauerteig können Sie, wie erwähnt, auch einfrieren. Wenn Sie ihn später vermehren wollen, lassen Sie den eingefrorenen Sauerteigansatz vorher vollständig auftauen, so daß er Zimmertemperatur hat, und verwenden Sie ihn dann wie oben beschrieben.

Sie können aber auch eine andere Haltbarmachungsmethode verwenden, und zwar die Methode des *Krümelsauer.*

Krümelsauer

Krümelsauer können Sie im normalen Kühlschrank mindestens bis zu 6 Wochen in einer Plastikfolie bequem aufbewahren. Dazu brauchen Sie den

> Sauerteigrest
> und Mehl (Sorten siehe Ansatz 1).

Rühren Sie in den Sauerteig so lange Mehl ein, bis er krümelig wird, etwa wie eine Streuselmasse. Dieser Krümelsauer kommt dann in einen Plastiksack oder auch in ein Marmeladenglas, und wird in den Kühlschrank gestellt.

Mit dem Krümelsauer können Sie die Sauerteigvermehrung wieder wie eben beschrieben durchführen, nur benötigen Sie jetzt etwas mehr Krümelsauer. Hier noch einmal das genaue Rezept, denn Sie haben ja jetzt mehr Mehl in dem Ansatz. Nehmen Sie:

> 70 g Krümelsauer
> (Zimmertemperatur)
> 80 g Mehl
> 130 g Wasser (40 °C)

Der Krümelsauer hat die Eigenschaft, daß er sich nicht mehr so leicht auflöst, deshalb empfehlen wir, ihn zunächst so klein wie möglich zu zerbröseln, das Wasser hinzuzugeben und daraus einen Teig zu gewinnen, und erst dann das restliche Mehl unterzurühren. Am besten lösen sich die Brösel im Mixaufsatz der Küchenmaschine.

Und nun können Sie mit dem Backen beginnen.

Rezepte, Rezepte . . .

Die wichtigsten Zutaten

Den einfachsten Hefeteig backt man aus Weizenmehl, Hefe, Salz und Wasser (vgl. *Fladenbrot, Seite 102*).

Normalerweise wird im Haushalt das *Weizenmehl Type 405* verwendet, weil es beim Kuchenteig, der mehrere Zutaten wie z. B. Eier enthält, auf den Klebergehalt im Weizenmehl nicht so ankommt. Der Bäcker hingegen backt Brötchen und Baguette hauptsächlich mit der *Mehltype 550*, für die bessere Weizenqualitäten vermahlen werden und die mehr Klebereiweiß enthält.

Wir empfehlen aus diesem Grund ebenfalls dieses Mehl, das Sie allerdings leider meist noch nicht im Supermarkt bekommen; wir hoffen aber, daß sich das bald ändert. Im Reformhaus oder im Bioladen können Sie alle Mehltypen kaufen, nur teurer. Deshalb werden Sie Mehl Type 550 in den Läden bekommen, die die von der Hobbythek empfohlenen Produkte führen (vgl. *Bezugsquellenverzeichnis*).

Wenn Sie Getreide in der eigenen Mühle mahlen oder im Bioladen bzw. Reformhaus mahlen lassen, entsteht dabei Feinschrot, das immer etwas gröber ist als Vollkornmehl, das Sie bereits fertig gemahlen und verpackt kaufen können. Gebäck aus Weizenmehl *Type 550* geht am größten auf, mit ansteigender Typenzahl wird es etwas kleiner. Feinschrot geht noch weniger auf als feines Vollkornmehl. Trotzdem schmeckt es ausgezeichnet. Wer will, kann im Rezept ei-

Abb. 14: Unterschiedlich stark ausgemahlene Weizenmehle; *vorne:* Weizenkörner; *oben rechts:* Dinkelweizen; *oben links:* Weizenkleie.

Backen mit ganzen Getreidekörnern

Wenn Sie ganze Getreidekörner in Ihren Brot- oder Brötchenteig einbacken wollen, können Sie auf 500 g Mehl bis zu 100 g Körner unterkneten (vgl. *Abb. 15*), und zwar immer nach der ersten Teigruhezeit. Die Körner müssen allerdings vorher quellen: Roggen und Weizen über Nacht, Gerste, Hafer und Grünkern brauchen, wenn sie mit kochendem Wasser übergossen wurden, nur 2–3 Stunden, um weich zu werden. Quinoa und Amaranth übergießt man ebenfalls mit heißem Wasser und läßt es eine halbe Stunde stehen.

Schneller geht es, wenn man die Körner mit der zweifachen Menge Wasser (z.B. eine Tasse Körner und zwei Tassen Wasser) in einem Kochtopf zum Kochen bringt. Dann schaltet man die Herdplatte aus und läßt den Topf auf der heißen Platte stehen. Dabei quellen die Körner

nen Teil des Feinschrots durch Mehl ersetzen, zum Beispiel *Type 1050.* Achten Sie darauf, daß Sie zum Backen ebenso wie zur Nudelherstellung unbedingt mindestens Feinschrot brauchen, höchstens 20 % können noch gröber sein. Alle Nicht-Brotgetreide wie Mais, Reis, Hafer, Gerste und Hirse lassen sich nur mit *Weizenkleber* verbacken. Wir haben sie außerdem stets mit Weizenmehl gemischt, weil diese Mischungen am besten schmecken.

Fett und Wasser, aber auch verschiedene Fette untereinander verbinden sich im Teig leichter, wenn Sie *Lecithin* hinzufügen. Das gilt vor allem, wenn *Weizenkleber* zugesetzt wird, aber auch bei der Verarbeitung von Vollkornmehlen oder Feinschrot spielt es eine Rolle. Als Hefe haben wir stets nur *Frischhefe* verwendet. Wenn Sie *Trockenhefe* nehmen, brauchen Sie nur 40 % der angegebenen Menge, also statt 10 g Frischhefe nur 4 g Trockenhefe.

Abb. 15: Vorgequollene Körner können Sie ganz einfach in den Teig einkneten.

und werden weich. Bei Gerste, Hafer, Grünkern, Quinoa und Amaranth genügen 5 Minuten, bei Roggen und Weizen 10 Minuten.

Alle Körner müssen im Sieb sorgfältig abtropfen, bevor sie untergeknetet werden.

Schön ist es, wenn Sie einige Körner zur Dekoration auf die Oberfläche des Backwerks streuen.

Besonders gesund ist es, wenn Sie gekeimte Körner verarbeiten (Hinweise dazu finden Sie im *Hobbythek-Buch Essen 2, S. 140 ff.*).

Sie können auch gefriergetrocknete Getreidesorten, gepufftes Amaranth, Getreideflocken, Ölsaaten wie Mohn, Sesam, Leinsamen, Kerne wie Sonnenblumen- oder Kürbiskerne oder Nüsse zum Teig geben, davon sogar bis zu 150 g auf 500 g Mehl. Als Geschmacksvariation können Sie für herzhafte Vollkornbrote auch geröstete Zwiebeln, Knoblauch oder geröstete Speckwürfel im Teig unterkneten. Das alles immer nach der ersten Teigruhezeit.

Gewürze werden mit allen anderen Zutaten sofort am Anfang verarbeitet. Geeignet sind zum Beispiel schwarzer Pfeffer, Cayennepfeffer, Koriander, Ingwer usw. Als Kräuterzusätze empfehlen wir gemahlenes Rosmarin und andere Kräuter der Provence oder Kräutersalz.

Herstellung des Hefeteigs

Genauso wichtig wie die einzelnen Zutaten für einen Teig ist die Herstellungsweise. Wir empfehlen hier nicht, den üblichen Vorteig anzusetzen, das kostet unnötige Zeit, vor allem das Brötchenbacken soll ja schnell gehen. Achten Sie darauf, daß es in Ihrer Küche keine Zugluft gibt, sonst kann der Teig wieder zusammenfallen. Prüfen Sie an dem Platz, an dem der Teig gehen soll, die Temperatur. Sie sollte zwischen 20 und 25 °C liegen.

Das Kneten

Am schnellsten können Sie den Teig in einer Küchenmaschine kneten. Geben Sie alle trockenen Zutaten – bis auf die Hefe – in die Maschine, und mischen Sie mit den Knethaken alles gründlich durch. Lösen Sie dann die Hefe im Wasser, das etwa 20 °C (Raumtemperatur) haben sollte, auf, und geben Sie diese Lösung zu den übrigen Zutaten. Nach 2–3 Minuten ist der Teig fertig geknetet. Wir haben verschiedene Küchenmaschinen ausprobiert. In allen ließen sich unsere Teige gut kneten. Bei den sogenannten *Kompaktküchenmaschinen* (Preis ca. 200,– DM) darf der Motor meistens nur 1 bis 1½ Minuten belastet werden, sonst wird er überhitzt. Also macht man eine kurze Pause und knetet dann weiter. (Dazu empfehlen wir auch den Testbericht der *Stiftung Warentest*. In größeren Maschinen geht's noch komfortabler und zum Teil sogar noch schneller, dafür sind sie aber auch teurer

– vgl. *Bezugsquellenverzeichnis.*) Wer keine Küchenmaschine hat, kann auch mit einem *elektrischen Handrührgerät* arbeiten, und zwar auch hier mit den Knethaken. Unkomplizierte Weizenteige lassen sich sogar von Hand kneten, bei Zusatz von anderen Getreidesorten ist das maschinelle Kneten allerdings wesentlich effektiver.

Achten Sie darauf, daß der Teig beim Kneten in der Maschine nicht zu warm wird; die Teigtemperatur darf nicht über 25 °C steigen. Wird der Teig mit der Hand geknetet, kann das Wasser leicht erwärmt werden (bis 30 °C).

Der frisch geknetete Teig muß nun erst einmal ruhen bzw. gehen, das heißt, die Hefezellen vermehren sich, und der Teig nimmt an Volumen zu. Dazu wird der gesamte Teig zu einem Ballen geformt und in eine Schüssel gelegt. Besorgen Sie sich so einen handlichen Teigschaber wie auf *Abb. 17,* dann können Sie den Teig besser aus der Schüssel herausholen oder von der Arbeitsplatte abheben, auch wenn er etwas klebrig ist.

Am besten stecken Sie die Schüssel mit dem Teig in eine Plastiktüte aus Polyethylen, zum Beispiel eine große Tragetasche, damit die Teigoberfläche nicht trocken wird. Dann halten Sie genau die im jeweiligen Rezept angegebene erste Teigruhezeit ein.

Nun wird der Teig in die entsprechenden Teile geteilt, z.B. für drei Baguettes oder zwölf Brötchen, und geformt. Beim Formen der Brötchen und Baguettes sollte die Arbeitsfläche nicht bemehlt sein. Die geformten Teile legt man am zweckmäßigsten sofort auf ein mit Backpapier ausgelegtes Backblech. Nun folgt die zweite Ruhezeit.

Damit die geformten Teile nicht trocken werden, muß das Blech abgedeckt wer-

Abb. 16: So sehen Kompaktküchenmaschinen aus, in denen Sie Brotteig besonders gut kneten können.

Abb. 17: Praktischer Teigschaber.

Baguette

Frisch und knackig, wie man es aus Frankreich kennt, können Sie jetzt Baguettes auch im heimischen Küchenherd backen. Wir haben unsere Baguettes nur aus Weizenmehl gebacken, und zwar aus *Type 550* und *Type 1050* und außerdem aus selbstgemahlenem *Weizenvollkornmehl* bzw. *Feinschrot*.
Aus Type 550 gebackenes Baguette wird am größten, weil der Teig das beste Gashaltevermögen hat. Die anderen Baguettes fallen ein wenig kleiner aus, wie das bei Vollkorngebäck immer der Fall ist, schmecken aber vorzüglich.

Grundrezept Baguette

500 g Weizenmehl, z.B. Type 550, 1050 oder Weizenvollkornmehl bzw. Feinschrot 2 Meßl. Reinlecithin P 5 g Zucker 5 g Margarine 10 g Salz 10 g Hefe 300 ml Wasser bzw. 310 ml Wasser bei Weizenvollkornmehl

Zur Herstellung vgl. *Seite 88*.

Alle Zutaten – bis auf die Hefe – trocken vermischen. Die Hefe wird erst in Wasser aufgelöst und dann dazugegeben. Teig zwei bis drei Minuten kneten, dann abgedeckt stehenlassen. Die erste Teigruhezeit dauert 60 Minuten.

den, z.B. mit einer großen Plastiktüte aus Polyethylen, wie Müllsack o.ä., oder mit Alufolie. (Sowohl Plastiktüte als auch Alufolie sollten Sie aufbewahren und immer wieder verwenden, das gleiche gilt auch für das Backpapier.) Auch diese zweite Ruhezeit sollte entsprechend den Angaben im Rezept ziemlich genau eingehalten werden.

Das Backen

Heizen Sie rechtzeitig vor Beendigung der zweiten Ruhezeit den Backofen auf höchster Stufe vor. Der Heißluftherd wird auf höchste Stufe gestellt. Geben Sie vor dem Einschieben des Blechs oder der Kastenform etwa 200–300 ml kochendes Wasser in die Fettpfanne, und stellen Sie ggf. dann die Backofentemperatur auf die im Rezept angegebene hinunter. Im Umluftofen werden Brot und Brötchen besonders gut, aber es geht auch im normalen Backofen. Am besten probieren Sie mit Ihrem eigenen Backofen die optimale Temperatur aus.
Die Kalkreste, die von dem verdampften Wasser in der Fettpfanne zurückbleiben, lassen sich problemlos mit *Kalweg* entfernen, dem Entkalker aus Zitronensäure (vgl. Hobbythek-Buch „*Wäsche waschen sanft und sauber*").

Dann wird der Teig in drei Teile geteilt, die leicht rundgerollt werden. Die Teile mit einer Plastiktüte abdecken und 10 Minuten stehenlassen. Danach ist der Teig wieder etwas gegangen und dadurch leichter formbar.

Die Teigkugeln werden jetzt mit der Hand flachgedrückt und aufgerollt, eventuell die Seiten etwas einschlagen. So entsteht die typische Baguetteform. Die Arbeitsplatte sollte nicht bemehlt sein, der Teig darf leicht klebrig bleiben, damit sich die Nahtstelle am Baguette einfacher schließen läßt. Danach kann man das Teigstück zu einer wurstartigen Rolle von beliebiger Länge formen, so daß es gerade noch auf ein Backblech paßt. Legen Sie Ihre drei Baguettes nebeneinander auf Backpapier und schneiden Sie sie ein. Das ist allerdings nicht ganz einfach. Ein bißchen Übung gehört schon dazu. Nehmen Sie ein scharfes Küchenmesser und halten Sie die Schneide parallel zum Baguette, also nicht nur mit der Spitze schneiden. Setzen Sie das Messer an und ziehen Sie es blitzschnell durch den Teig. An dieser Schnittstelle entsteht beim Backen der sogenannte *Ausbund*. Bei Baguette aus Weizenmehl Type 550 wird er besonders schön, bei Type 1050 kommt er nicht ganz so hoch und bei Weizenvollkornmehl noch weniger. Deshalb ist dabei das Einschneiden nicht so wichtig.

Baguette aus Weizenvollkornmehl können Sie an der Oberfläche mit Körnern dekorieren, dann aber vorher mit Wasser bestreichen und anschließend die Körner darüberstreuen. Es genügt aber auch, wenn Sie die Oberfläche einfach nur einschneiden. Zur Abwechslung können Sie sie nach dem Schneiden mit Mehl bestäuben. Dazu können Sie Weizenmehl Type 1050 oder Roggenmehl

Abb. 18: Baguette ist gleich Baguette? Bei uns nicht!

Abb. 19: Zuerst werden alle trockenen Zutaten in die Schüssel gegeben.

Abb. 20: So entsteht die typische Baguette-form.

Abb. 21: Schneiden Sie das Baguette mit dem Messer ein. Achten Sie darauf, daß Sie mit der ganzen Klinge schneiden, nicht nur mit der Spitze.

verwenden. Das sieht besonders gut aus, aber auch alle anderen Mehlsorten sind geeignet.

Wenn Sie Baguettebrötchen herstellen möchten, formen Sie einfach statt eines Baguettes drei entsprechende Bröt-chen, und verfahren Sie ansonsten ge-nau wie beim Baguette beschrieben.

Das Blech mit dem geformten Baguette muß nun abgedeckt werden (vgl. *Seite 88f.*), damit die Teigoberfläche nicht austrocknet.

Die zweite Ruhezeit ist abhängig von der Mehlart: 60 Minuten bei Verwendung von Weizenmehl Type 550, 50 Minuten bei Type 1050. Wenn mit Vollkornmehl gebacken wird, muß die zweite Ruhezeit nur 45 Minuten betragen. Ruht das ge-formte Baguette länger auf dem Blech, so geht es im Ofen weniger auf, so daß es im Endeffekt flacher wird.

Backen: 30 Minuten bei 240°C.

Zunächst wird der Backofen auf 250°C vorgeheizt, der Heißluftofen auf höch-ster Stufe. Dann kochendes Wasser in die Fettpfanne gießen und sofort das Blech einschieben. Herunterschalten auf 240°C bzw. auf die vorletzte Stufe im Heißluftofen.

Die Feuchtigkeit im Backofen ist sehr wichtig, damit sich eine knusprige, knackige Kruste bildet (vgl. *Seite 83*). Allerdings kann das Backergebnis in je-dem Herd etwas anders ausfallen, weil die Temperaturen in der Regel schwan-ken. Wir haben diese hohen Backtempe-raturen gewählt, damit die fertige Kruste wirklich beim Brechen des Brotes knackt. Wird das Baguette etwas zu dunkel, so können Sie beim nächsten Backen nach den ersten zehn Minuten die Temperatur herunterstellen auf 230°C. Ist das Baguette nicht braun ge-nug, können Sie die Backzeit um fünf

Ruhe- und Backzeiten für Baguetteteig

Weizenmehl	1. Teigruhezeit	2. Teigruhezeit	Backen
Type 550	60 Min.	60 Min.	30 Min. 240-250°C
Type 1050	60 Min.	50 Min.	30 Min. 240-250°C
Vollkorn Mehl od. Feinschrot	60 Min.	45 Min.	30 Min. 240-250°C

Abb. 22

Minuten verlängern. Wichtig ist, daß beim Einschieben der Baguettes der Ofen heiß genug ist und reichlich feuchte Luft enthält.

Wir hoffen, daß Sie von den frisch gebakkenen Baguettes genauso begeistert sind wie wir. Wenn Sie zum Frühstück backen wollen, lesen Sie auch ab *Seite 102*.

Brötchen

Brötchen können Sie in relativ kurzer Zeit backen, weil die Ruhezeiten für diesen Teig nicht so lang sind wie z.B. beim Baguette. Das Rezept ist fast das gleiche, nur der Hefeanteil ist wesentlich höher. Je nach Geschmack kann jedes beliebige Weizenmehl verwendet werden, nur möglichst nicht *Type 405*, damit werden die Brötchen kleiner.

Am besten gehen die Brötchen auf, wenn *Type 550* verwendet wird. Trotzdem empfehlen wir aber, mit *Type 1050* zu backen. Diese Brötchen schmecken besser und werden nur unwesentlich kleiner.

Sehr interessant ist es natürlich auch, den Teig aus Weizenvollkornmehl oder selbstgemahlenem Feinschrot zu backen. Die Brötchen gehen nie so hoch auf, sind aber sehr gesund und reich an Ballaststoffen und schmecken besonders gut, vor allen Dingen, wenn sie frisch aus dem Ofen kommen. Vollkornbrötchen haben außerdem den Vorteil, daß man sie am nächsten Tag noch essen kann, während helle Brötchen dann schon längst trocken und altbacken sind.

Wir glauben, daß wir für jeden Geschmack und jede Gelegenheit die richtigen Brötchenrezepte haben. Sie können den Teig sogar vorher einfrieren, und dann morgens, wenn es schnell gehen soll, im Mikrowellenherd auftauen, so daß Sie ihn dann nur noch backen müs-

sen (vgl. *Seite 102*). Damit ist es also kein Problem mehr, Sonntag morgens Brötchen frisch aus dem Ofen auf dem Tisch zu haben.

Grundrezept Weizenbrötchen

> 500 g Weizenmehl Type 550 bis 1050, Vollkornmehl oder Feinschrot
> 2 Meßl. (2,5 g) Reinlecithin P
> 5 g Zucker
> 5 g Margarine
> 10 g Salz
> 25 g Hefe
> 300 ml Wasser

Zunächst nur Mehl und Reinlecithin P trocken vermischen. Achten Sie darauf, daß alle Lecithin-Klümpchen aufgelöst sind. (Wenn das Reinlecithin-Pulver längere Zeit gelagert wird, zieht es Wasser an und kann verklumpen.) Dann die restlichen trockenen Zutaten bis auf die Hefe hinzugeben und vermischen.

Die Hefe im Wasser auflösen und ebenfalls zugeben.

Den Teig 2 bis 3 Minuten kneten, am besten mit der Küchenmaschine oder einem elektrischen Handrührgerät (vgl. *Seite 88*). Wie beim Baguette beschrieben, den Teig zu einem Ballen formen und in der abgedeckten Schüssel bei 20−25°C genau 20 Minuten ruhen lassen.

Wer möchte, kann nach dieser ersten Ruhezeit noch bis zu 100 g gequollene Getreidekörner dem Teig zugeben und unterkneten.

Nun wird der Teig in 12 Teile geteilt. Auf der sauberen, nicht bemehlten Arbeitsplatte werden die Brötchen gerollt (vgl.

Abb. 23: Richtig gerollte Brötchen gehen besonders gut auf.

Abb. 24: Es ist einfacher, die Brötchen von oben mit der Schere und nicht mit dem Messer einzuschneiden.

Abbildung 23). Mit der hohlen Hand über dem Teigstück werden gleichmäßig kreisende Bewegungen vollzogen, so daß sich ganz rasch wie von selbst das Brötchen formt. Der Handballen und die Fingerspitzen berühren dabei die Arbeitsfläche. Das fertig gerollte Brötchen ist kreisrund und kugelig und hat eine glatte Oberfläche, die nicht runzelig aussehen darf. Auf der Unterseite befindet sich der Schluß der Kugel. Wenn das Brötchen geschickt gerollt wurde, ist dieser Schluß kaum sichtbar.

Wenn Sie das ein- bis zweimal geübt haben, werden Sie sehen, es ist kinderleicht. Dann macht das Brötchenbacken so richtig Spaß. Ein richtig gerolltes Brötchen geht beim Backen besser auf, weil der Teig die nötige Spannung hat. Es ist also nicht nur eine Frage des appetitlichen Aussehens.

Die Brötchen werden nun auf das mit Backpapier belegte Backblech gesetzt und wieder gut abgedeckt. Am besten stellen Sie zwischen die Brötchen zwei Trinkgläser, damit die Abdeckfolie keinen direkten Kontakt mit dem Teig hat und nicht daran festklebt.

Die nun folgende zweite Ruhezeit dauert bei Teig aus hellem Mehl Type 550 genau 40 Minuten, bei Verwendung von Weizenmehl Type 1050 genügt eine kürzere Ruhezeit von 25 Minuten. Bei Vollkornbrötchen beträgt sie 25–30 Minuten.

10 Minuten vor dem Ende der zweiten Ruhezeit, d. h. 10 Minuten vor dem Einschieben in den Backofen, werden die Brötchen an der Oberfläche eingeschnitten, wie beim Baguette auf *Seite*

93

Ruhe- und Backzeiten für Brötchen

Weizenmehl	1. Teigruhezeit	2. Teigruhezeit	Backen
Type 550	20 Min.	40 Min.	25 Min. 240-250°C
Type 1050	20 Min.	25 Min.	25 Min. 240-250°C
Vollkorn	20 Min.	25-30 Min.	25 Min. 240-250°C

Abb. 25

Abb. 26: So schön können Sie Brötchen mit Körnern oder Ölsaaten verzieren.

90 beschrieben. Wenn Sie es mit dem Messer nicht hinbekommen, können Sie sie auch mit einer Schere einschneiden. Ein rustikales Brötchen entsteht, wenn Sie die Oberfläche mit Mehl bestäuben oder mit Wasser bestreichen und Ölsamen oder Kerne darüberstreuen, wie zum Beispiel Mohn, Sesam, Sonnenblumenkerne, gepufftes Amaranth usw.

Der Backofen wird, wie schon auf *Seite 91* und beim Baguette beschrieben, auf höchster Stufe vorgeheizt, der Heißluftofen auf höchster Stufe. Dann wird heißes bis kochendes Wasser (200 – 300 ml) in die Fettpfanne des Backofens gegossen und das Blech eingeschoben. Dann ggf. die Temperatur herunterschalten auf 240–250 °C. Im Heißluftofen auf die vorletzte Stufe schalten. Nach 25 – 30 Minuten sind die herrlich duftenden Brötchen fertig.

Weizenvollkornbrötchen

Weizenvollkornbrötchen werden nach demselben Rezept gebacken. Zusätzlich können Sie 15 g Weizenkleber HT unter das Mehl rühren, dann sollten Sie aber unbedingt auch noch 1 kleine Prise Vitamin C (L-Ascorbinsäure) in Wasser auflösen und zugeben.

Besonders gut schmecken diese Brötchen, wenn Sie Vollkornmehl aus Dinkelweizen verwenden.

Bei den Vollkornbrötchen müssen Sie die Oberfläche nicht unbedingt einschneiden. Dafür können Sie sie um so mehr mit allen erdenklichen Ölsaaten, Kernen und Körnern dekorieren, z.B. Sesam, Mohn, Leinsamen, Sonnenblumenkerne, Kürbiskerne, vorher eingeweichte Getreidekörner oder gefriergetrocknete Getreidekörner usw.

Mohn-, Kümmel- und Sesamstangen

Anstelle von Brötchen können Sie auch dekorative Stangen formen und mit Kernen und Samen bestreuen.

Roggenbrötchen

Wir empfehlen Ihnen Roggenbrötchen, für die Sie noch nicht einmal Sauerteig benötigen. Sie sind genauso leicht herzustellen wie Brötchen aus Weizenmehl, wenn Sie *Weizenkleber HT* zufügen. Diese Brötchen schmecken ganz hervorragend.

Roggenvollkornbrötchen

```
425 g Roggenvollkornmehl
oder Feinschrot
75 g Weizenkleber HT
2 Meßl. (2,5 g) Reinlecithin P
5 g Zucker
5 g Margarine
10 g Salz
25 g Hefe
300 – 310 ml Wasser
```

Herstellung wie bei Weizenbrötchen beschrieben.

Brötchen mit Vollkornmehl aus Roggen, Gerste, Hafer, Mais, Hirse, Reis

Wir haben alle diese Sorten in einer Mischung mit 50 % Weizenmehl Type 1050 gebacken, wer möchte, kann auch Weizenvollkornmehl verwenden. Wichtig ist der Zusatz von Weizenkleber.

Grundrezept für Brötchen aus Roggen-, Gersten-, Hafer-, Mais- und Hirsemehl

```
250 g Weizenmehl Type 1050
200 g Mehl oder Feinschrot
aus Mais, Reis, Hirse,
Hafer, Gerste oder Roggen
50 g Weizenkleber HT
2 Meßl. (2,5 g) Reinlecithin P
5 g Zucker
5 g Margarine
10 g Salz
25 g Hefe
270 – 310 ml Wasser
```

Herstellung wie bei Weizenbrötchen beschrieben.

Die Hefe in 270 ml Wasser auflösen, das restliche Wasser nur langsam zugeben, wenn es gebraucht wird, d.h. wenn der Teig zu trocken wird. Die notwendige Wassermenge variiert ein wenig, je nach Getreideart:

Maisbrötchen: ca. 270 ml Wasser
Roggenbrötchen: ca. 300 ml Wasser
Hirsebrötchen: ca. 300 ml Wasser
Haferbrötchen: ca. 300 ml Wasser und eine kleine Prise Vitamin C
Gerstenbrötchen: ca. 310 ml Wasser

Die Haferbrötchen werden deutlich größer, wenn man eine Prise Vitamin C (L-Ascorbinsäure) im Wasser auflöst. Vom Hafer wird neuerdings behauptet, er habe eine vorteilhafte Wirkung auf den Cholesterinspiegel.

Reisbrötchen

```
250 g Weizenmehl Type 1050
180 g Mehl aus ungeschältem
Rundkornreis
70 g Weizenkleber
2 Meßl. (2,5 g) Reinlecithin P
5 g Zucker
5 g Margarine
10 g Salz
25 g Hefe
270 ml Wasser, evtl. mehr
```

Diese Reisbrötchen gehen besonders gut auf. Probieren Sie es einmal.

Brötchenkranz

Einen dekorativen Kranz aus Brötchen bekommen Sie, wenn Sie die gerollten Brötchen schon vor der 2. Teigruhezeit in entsprechender Form und sehr nah zusammen auf dem Backblech anordnen und evtl. mit Kernen bestreuen. Ruhen lassen und backen wie gewohnt.

Brötchen mit pikantem Inhalt

Hier noch eine italienische Spezialität, die wir im Kölner Restaurant *Latino* entdeckt haben. Der Koch *Francesco Bernadini* verriet uns seine Rezepte für diese wirklich außergewöhnlichen Brötchen, die mit Butter als Vorspeise gereicht werden.
Sicherlich bekommen Sie dabei sogar noch Anregungen für eigene Kreationen. Normalerweise werden diese Brötchen aus hellem Weizenmehl gebacken, aber Sie können natürlich auch Variationen

Abb. 27: Solche außergewöhnlichen pikanten Brötchen können Sie mit Butter ganz hervorragend als Vorspeise zu einem guten Essen servieren.

Lachsbrötchen

> 50–100 g frischer Lachs oder
> 50 g geräucherter Lachs
> ½ Knoblauchzehe
> Pfeffer
> 2 frische Tomaten
> evtl. 50 ml Weißwein

Den frischen Lachs in wenig kochendes Wasser geben und 3 Minuten ziehen lassen. Das Kochwasser leicht abkühlen lassen und für den Teig verwenden. Der geräucherte Lachs wird in Stückchen gehackt.
Die frischen Tomaten werden in kochendheißes Wasser gelegt, kurz ziehenlassen und dann enthäuten. Im Mixer zerkleinern.
Das Tomatenpüree, das Kochwasser und eventuell den Weißwein auf 300 ml mit Wasser auffüllen. Mit Knoblauch und Pfeffer würzen und die Lachsstückchen zufügen. Dann zum Teig verarbeiten. Geben Sie statt 25 g besser 30–35 g Hefe hinzu, weil der Teig schwerer wird.

Kaviarbrötchen

> 50 g Kaviarersatz oder Forellenkaviar
> 2 EL Wodka
> ½ Knoblauchzehe
> Salz und Pfeffer

Die Knoblauchzehe pressen oder hacken. Von der angegebenen Wassermenge 2 EL abnehmen und statt dessen Wodka hinzufügen. Die restlichen Zutaten wie Kaviarersatz, Knoblauch, Salz und Pfeffer mit in den Teig einkneten.

aus Weizenvollkornmehl ausprobieren. Verwenden Sie bitte das *Brötchen-Grundrezept* von *Seite 92*.
Zunächst werden die pikanten Zutaten in entsprechender Form verarbeitet, die dann zusammen mit der Hefe ins Wasser gegeben und im Teig verknetet werden. Hier unsere Vorschläge; die Mengen gelten für ein Brötchenrezept mit 500 g Mehl.

Sardellenbrötchen

> 2–4 Sardellenfilets
> frische Petersilie
> ½–1 Knoblauchzehe
> schwarzer Pfeffer

Alle Zutaten fein hacken.

Olivenbrötchen

> Schwarze Oliven ohne Kerne
> einige grüne Oliven ohne Kerne
> Pfeffer
> evtl. Salz

Oliven feinhacken, weitere Verarbeitung
wie oben beschrieben.

Spinatbrötchen

> Eine Handvoll tiefgefrorenen,
> gehackten Spinat
> 2 EL Wodka
> 50 ml Weißwein
> 1 Knoblauchzehe
> Salz und Pfeffer

Den Spinat auftauen, Wodka, Weißwein
und die restlichen Zutaten hinzufügen.
Mit Wasser auffüllen bis insgesamt
300 ml.

Herstellung der Brötchen

Bei allen diesen Rezepten wird stets die
Hefe (25 g) ins Wasser gegeben, und die
Flüssigkeit dann mit den anderen bereits
vermischten trockenen Zutaten verknetet, am besten mit der Küchenmaschine.
Dann die Schüssel abdecken, die erste
Teigruhezeit (vgl. *Abb. 25, Seite 94*) kann
evtl. um 5–10 Minuten verlängert werden.
Dann teilt man den Teig in 12–15 Teile,
die 5–10 Minuten abgedeckt nochmals
gehen müssen. Anschließend mit dem
Rollholz Rechtecke ausrollen oder den
Teig mit der Hand flachdrücken. Wenn

Abb. 28: Lassen Sie Ihre Phantasie spielen: Es gibt viele Möglichkeiten, ein Kastenbrot zu backen und
zu verzieren.

Sie wollen, können Sie etwas Kaviarersatz, gehackte Sardellen, Oliven, Lachs
usw. in die Mitte streuen. Dann wird das
Rechteck einfach zu einem länglichen
Brötchen aufgerollt.
Die Oberfläche mit verquirltem Ei bestreichen und die Brötchen abgedeckt
gehen lassen. Die zweite Teigruhezeit
dauert 30 Minuten.
Backen: 30 Minuten bei 240–250 °C.

Kastenbrot

Wir beschreiben Ihnen hier ein einfaches
Weißbrot aus Weizen- oder Weizenvollkornmehl. Sie können sogar 100 g ganze
Getreidekörner – vorher gequollen –
nach der ersten Teigruhezeit unterkneten. Das Brot kann mit selbstgezogenem Weizensauerteig (vgl. *Seite 84 f.*)

97

gebacken werden. Der Sauerteig dient beim Weizenbrot allerdings nur zur geschmacklichen Abrundung. Es geht auch ohne. Allerdings schmeckt dieses Brot wirklich bedeutend besser.

Weizenbrot mit Sauerteig

400 g Weizenmehl Type 550 oder Weizenvollkornmehl
2 Meßl. (2,5 g) Reinlecithin P
5 g Zucker
5 g Margarine
10 g Salz
200 g Weizensauerteig
15 g Hefe
160 – 200 ml Wasser

Erste Teigruhezeit: 30 – 40 Minuten; zweite Ruhezeit: 50 Minuten.
Backen: 30 – 35 Minuten bei 240 – 250 °C.
Alle Zutaten bis auf die Hefe trocken vermischen, dann die Hefe in 160 ml Wasser auflösen und zu den übrigen Zutaten geben, ebenso den Weizensauerteig.
Wir haben den Sauerteig für dieses Rezept mit Weizenmehl Type 1050 angesetzt. Wenn Sie Ihren Sauerteig aus Weizenvollkornmehl herangezogen haben, ist er etwas saurer und Sie brauchen nur 150 g Weizensauerteig. Zusätzlich geben Sie dann noch 25 g Mehl und 25 g Wasser hinzu. Verfahren Sie genauso, wenn Ihr Sauerteig einige Stunden zu lang gestanden hat und dadurch saurer geworden ist.
Empfehlenswert zum Kneten ist eine Küchenmaschine (vgl. *Seite 88*) oder ein elektrisches Handrührgerät. Nach 2 – 3 Minuten Kneten gibt man den Teig in eine

Schüssel, deckt ihn ab, damit er nicht austrocknet, und läßt ihn bei 20 – 25 °C gehen.
Diese erste Teigruhezeit dauert 30 – 40 Minuten.
Dann den Teig mit den Händen durchkneten, eventuell gequollene und gut abgetrocknete Körner untermischen, den Teig zu einer Kugel formen und diese in eine gefettete Kastenform geben. Die Oberfläche mit Wasser bestreichen und abdecken.
Die zweite Ruhezeit dauert 50 Minuten, sowohl für Weizenmehl Type 550 als auch für Vollkornmehl.
Den Backofen vorheizen auf 250 °C oder auf höchster Stufe im Heißluftofen. Kochendes Wasser in die Fettpfanne gießen und die Kastenform einschieben. Backofentemperatur ggf. herunterschalten auf 240 – 250 °C.
30 – 35 Minuten backen, dann herausholen und sofort aus der Form nehmen und auf ein Kuchengitter legen, damit das Brot auskühlen kann.

Weizenbrot ohne Sauerteig

500 g Weizenmehl Type 550 – Vollkornmehl
2 Meßl. (2,5 g) Reinlecithin P
5 g Zucker
5 g Margarine
10 g Salz
15 g Hefe
270 – 300 ml Wasser

Herstellung wie Brot mit Sauerteig.

Mischbrot mit Sauerteig

150 g Weizenmehl Type 1050
200 g Vollkornmehl oder Feinschrot aus Hirse, Hafer, Gerste, Roggen, Mais oder Reis
50 g Weizenkleber HT
2 Meßl. (2,5 g) Reinlecithin P
5 g Zucker
5 g Margarine
10 g Salz
200 g Weizensauerteig
15 g Hefe
160 – 200 ml Wasser

Über die Mengenangaben zum Weizensauerteig lesen Sie bitte auch die Erklärung zu dem Rezept *Weizenbrot mit Sauerteig*.
Herstellung wie beschrieben. Es gelten die gleichen Ruhezeiten und Backzeiten.

Mischbrot ohne Sauerteig

250 g Weizenmehl Type 1050
200 g Vollkornmehl oder Feinschrot aus Hirse, Hafer, Gerste, Roggen, Mais oder Reis
50 g Weizenkleber HT
2 Meßl. (2,5 g) Reinlecithin P
5 g Zucker
5 g Margarine
10 g Salz
15 g Hefe
270 – 300 ml Wasser

Herstellung wie beschrieben.

Mehrkornbrote

Ganz abgesehen davon, daß sich verschiedene Mehle zu interessanten Brotteigen mischen lassen, geben ganze Körner dem Brot einen besonders angenehmen Biß.

Sechskornbrot

150 g Weizenmehl Type 1050
150 g Reis, Vollkornmehl
oder Feinschrot
50 g Weizenkleber HT
2 Meßl. (2,5 g) Reinlecithin P
5 g Zucker
5 g Margarine
10 g Salz
200 g Weizensauerteig
(aus Type 1050)
15 g Hefe
ca. 150 ml Wasser
50 g Haferflocken
30 g Qunioa
30 g Gerste
30 g Buchweizen

Wie schon beschrieben, werden alle Zutaten vom Weizenmehl bis zum Salz trocken vermischt, dann die Hefe in Wasser aufgelöst, mit dem Sauerteig dazugegeben und alles zu einem Teig verarbeitet. Erst ganz zum Schluß die Haferflocken unterkneten.
Teig abgedeckt in der Schüssel ruhen lassen. Währenddessen Quinoa, Gerste und Buchweizen mit der doppelten Menge Wasser zum Kochen bringen. Herdplatte abschalten und den zugedeckten Kochtopf ca. 5–10 Minuten auf der heißen Platte stehenlassen. Dann quellen die Körner und werden weich.
Die angegebenen Körner können Sie übrigens auch durch andere austauschen, z.B. durch Grünkern, Hafer, Reis, Amaranth oder Hirse. Wollen Sie ganze Weizen- oder Roggenkörner verwenden, so kochen Sie diese getrennt von den anderen, weil sie 5–10 Minuten länger quellen müssen. Die Körner läßt man in einem Sieb abtropfen und trocknet sie dann mit Küchenkrepp etwas ab.
Nach der 1. Teigruhezeit von 30–40 Minuten werden die Körner untergeknetet. Sollte der Teig dabei etwas zu feucht werden, müssen Sie noch etwas Mehl zugeben. Das sollte aber durch gründliches Abtrocknen der Körner möglichst vermieden werden. Danach die 2. Teigruhezeit von 50 Minuten einhalten.
Das Brot wegen der Feuchtigkeit aus den gequollenen Körnern etwas länger backen lassen (ca. 40 Minuten bei 240–250°C).

Ölsaatenbrot

Dieses Brot ist etwas einfacher herzustellen, weil die Saaten und Kerne nicht vorher quellen müssen. Natürlich lassen sich aber auch gequollene Körner *und* Ölsaaten verwenden. In jedes beliebige Brot kann nach der 1. Teigruhezeit folgende Mischung gegeben werden:

30 g Leinsamen
30 g Sesam
30 g Sonnenblumenkerne
30 g gepufftes Amaranth oder
gefriergetrocknete Getreidekörner

Als Variation passen in diese Mischung auch Mohn, Kürbiskerne oder Nußstückchen, insgesamt ca. 100–120 g.

Kleiebrot

In jedem Brotrezept kann nach der 1. Teigruhezeit etwa 50–80 g Kleie untergeknetet werden. Wenn der Teig dadurch zu trocken wird, etwas mehr Wasser zugeben.

Korbbrot

Jeder Brotteig kann nach der 1. Teigruhezeit zu einem Ballen geknetet und in einen innen mit Mehl bestäubten Korb

Abb. 29: Solch ein rustikales Korbbrot läßt sich ganz leicht formen. Besonders appetitlich wirkt es, wenn es mit Mehl bestäubt und mit ganzen Körnern verziert wurde.

gelegt werden. Der Korb wird dann, ebenso wie sonst die Schüssel, mit Folie abgedeckt und zur 2. Teigruhezeit stehengelassen. Dann stürzt man den Teig aus dem Korb auf das gefettete Backblech zum Backen. Es entsteht ein runder Brotlaib mit sehr rustikal wirkender Flechtstruktur.

Toastbrot

Wir empfehlen Toastbrot aus Weizenmehl Type 550, Type 1050 oder Weizenvollkornmehl bzw. Feinschrot.

Toastbrot wird beim Bäcker aus kleberstarkem Weizenmehl gebacken. Es muß nicht besonders hoch aufgehen, aber es soll besonders feine Poren und eine stabile elastische Krume haben. Dann bekommt man Brotscheiben, die sich gut bestreichen lassen, ohne zu zerreißen.

Rezept für Toastbrot

470 g Weizenmehl Type 550, 1050 oder Weizenvollkornmehl bzw. Feinschrot
30 g Weizenkleber HT
2 Meßl. (2,5 g) Reinlecithin P
10 g Zucker
25 g Margarine
10 g Salz
25 g Hefe
290–300 ml Wasser

Anstelle von Wasser können Sie auch Milch verwenden, dann schmeckt das

Brot noch besser. Die Elastizität der Krume läßt allerdings nach.

Den Teig 2–3 Minuten kneten (vgl. *Seite 88*). In einer abgedeckten Schüssel bei 20–25 °C gehen lassen. Die erste Teigruhezeit dauert nur 10 Minuten.

Danach wird der Teig von Hand durchgeknetet und zu einem länglichen Strang geformt. Das Toastbrot soll gleichmäßig hochgehen und nachher eine fast recht-

eckige Form haben. Deshalb verwenden wir hier eine wesentlich längere Kastenform als beim Weißbrot oder zwei kürzere.

Wer es ganz perfekt machen möchte, teilt den geformten Strang in vier etwa gleich große Stücke, die um 180 Grad gedreht in die gefettete Kastenform gelegt werden (vgl. *Abb. 30*).

Die Form wird mit Alufolie abgedeckt.

Abb. 30: Ein ganz raffinierter Trick, um ein gleichmäßig aufgegangenes, fast rechteckiges Toastbrot zu bekommen: Teilen Sie den Teig und legen Sie die einzelnen Teile um 180° gedreht in die Kastenform.

Bei der zweiten Teigruhezeit, die 35–40 Minuten dauert, fließt der Teig wieder ineinander. Wird das fertige Brot nachher angeschnitten, so sieht man, daß die Poren jetzt quer verlaufen. Dadurch wirkt die gesamte Porung feiner.

Der Backofen wird vorgeheizt auf 240 °C, der Heißluftofen wie beim Kastenbrot beschrieben. Diesmal wird aber nur eine Tasse kochendes Wasser in die Fettpfanne geschüttet. Dann sofort die Kastenform einschieben. Insgesamt 30 Minuten bei 240–250 °C backen. Nach der Hälfte der Zeit wird die Alufolie abgenommen, dann bräunt die Kruste noch etwas. Wenn Sie die Alufolie früher abnehmen, bräunt die Kruste viel stärker. Das schmeckt besonders bei Vollkornmehl sehr gut, ist nur gerade für Toastbrot sehr untypisch.

Süßes Früchtebrot

450 g Weizenmehl Type 1050
2 Meßl. (2,5 g) Reinlecithin P
evtl. 10 g Weizenkleber HT
100 g Honig
50 g Butter oder Margarine
100 g Weizensauerteig
1 TL (5 g) Salz
25 g Hefe
150 ml Milch oder Wasser
100 g Trockenfrüchte
50 g Mandeln

Wenn Sie Milch verwenden, geben Sie den Weizenkleber zu. Er macht das fertige Brot besser bestreichbar, und die Krume wird elastischer.

Haben Sie keinen Sauerteig, so nehmen Sie statt dessen 50 g mehr Mehl und 50 ml mehr Wasser.

Teig 2–3 Minuten kneten (vgl. *Seite 88*) und in der Schüssel 20 Minuten lang bei 20–25 °C gehen lassen. Dies ist die erste Teigruhezeit.

Dann 100 g kleingeschnittene Trockenfrüchte, z.B. Backpflaumen, Aprikosen, Feigen, Datteln, Äpfel, Bananen, Rosinen usw. oder gestiftete Mandeln oder Pistazien unter den Teig kneten. Eine große Kugel formen und auf das mit Backpapier belegte Backblech setzen. Die Oberfläche mit Wasser bestreichen. Den Teig abdecken und 30 Minuten lang die zweite Ruhezeit einhalten.

Backofen auf 220 °C vorheizen. Den Brotlaib auf dem Blech einschieben und 45–50 Minuten bei 220 °C backen.

Abb. 31: Das schmeckt gut und ist gesund: Früchtebrot mit vielen verschiedenen getrockneten Früchten.

Fladenbrot

Das Fladenbrot ist bei uns hauptsächlich als türkische Spezialität bekannt, die sich auch hierzulande großer Beliebtheit erfreut.

500g Weizenmehl Type 550
oder 1050
2 TL (10g) Salz
20g Hefe (½ Würfel)
300 ml Wasser

Mehl und Salz mischen, Hefe in Wasser auflösen. Dann alle Zutaten vermengen und 2 – 3 Minuten in der Küchenmaschine oder mit einem elektrischen Handrührgerät kneten. Den Teig in der Schüssel 25–30 Minuten ruhen lassen.

Dann zwei Kugeln formen und mit dem Rollholz flachrollen. Wenn der Teig sich dabei immer wieder zusammenzieht, lassen Sie ihn noch 10–15 Minuten abgedeckt stehen. Danach geht es besser. Leider paßt immer nur ein Fladen auf das gefettete Backblech, d.h. im normalen Backofen müssen Sie zweimal nacheinander backen, im Heißluftofen können Sie zwei Bleche gleichzeitig einschieben. Sie können auch ein großes Rechteck ausrollen, das genau auf das Backblech paßt. Die runden Fladen sehen allerdings schöner aus.

Mit der Außenkante der Hand drückt man Vertiefungen in die Teigfladen. Das wirkt nachher wie ein Karomuster. Die Oberfläche wird ganz leicht mit Wasser bepinselt und mit Sesam bestreut. Erneut abgedeckt ruhen lassen. Die zweite Ruhezeit beträgt 45–55 Minuten.

Backofen vorheizen auf 240°C. Eine Tasse kochendes Wasser in die Fettpfanne gießen. Nach 5 Minuten Backzeit

Abb. 32: Die flachen Fladenbrote werden mit dem Handrücken eingekerbt. So entsteht das typische Karomuster.

die Temperatur herunterschalten auf 220°C. Insgesamt 15–20 Minuten backen.

Einfrieren von Hefeteig

Wenn Sie morgens zum Frühstück oder abends zum Essen möglichst schnell frischgebackene Brötchen brauchen, gibt es einen einfachen Trick:

Sie stellen den Hefeteig nach Vorschrift her, lassen ihn während der ersten Teigruhezeit in der Schüssel gehen, formen dann 12 Brötchen und lassen sie die an-gegebene zweite Ruhezeit gehen. Normalerweise schiebt man die Brötchen dann in den Backofen. Statt dessen werden sie nun eingefroren. Wenn Sie Lust auf frische Brötchen haben, holen Sie sie aus dem Gefrierschrank und tauen sie am besten im Mikrowellenherd auf. Auf kleinster Leistungsstufe braucht ein Brötchen bis zu drei Minuten, drei Brötchen etwa 6–7 Minuten. Danach können Sie sie sofort in den vorgeheizten Backofen schieben.

Backen wie gewohnt circa 25 Minuten. So können Sie also innerhalb von 35 Mi-

Abb. 33: Ein Frühstückstisch wie im Schlaraffenland: Brötchen und Brot morgens frisch gebacken.

nuten frischgebackene Brötchen auf dem Tisch haben.

Ebenso geht es natürlich auch mit Baguette, das braucht nur etwas länger zum Auftauen. Beachten Sie auch, ob der Mikrowellenherd groß genug ist. Wenn Sie kein Mikrowellengerät besitzen, können Sie die gefrorenen Teigstükke auch schon am Abend zuvor in den Kühlschrank legen und dort über Nacht auftauen lassen. Morgens 10 Minuten bei Raumtemperatur stehenlassen und dann in den vorgeheizten Backofen schieben.

Hefeteig im Kühlschrank

Eine andere Möglichkeit, morgens so rasch wie möglich frisches Baguette oder frische Brötchen zu haben, ist folgende:

Kneten Sie abends den Teig, formen Sie ihn nach der ersten Teigruhezeit, und stellen Sie ihn dann auf einem mit Backpapier belegten Brett über Nacht in den Kühlschrank. Wichtig ist, daß der Teig gut in Folie verpackt wird, damit er nicht austrocknet.

Am nächsten Morgen lassen Sie Baguette oder Brötchen 10 Minuten bei Raumtemperatur stehen, evtl. in der Nähe der Heizung, während der Backofen vorgeheizt wird, und backen sie dann. Das Ergebnis wird nicht ganz so gut, als wenn der Teig direkt nach der Zubereitung gebacken worden wäre, frisch und knackig aber schmeckt es trotzdem. Es wird so immer noch wesentlich besser als viele Halbfertig-Produkte.

Zum Schluß noch ein ganz einfaches, leckeres Rezept, für das man keine Hefe braucht:

Vollkornknäckebrot

250 g Weizen-Feinschrot
30 g Ölsamen, z.B. Leinsamen, Sesam, Kürbiskerne, Sonnenblumenkerne oder Mohn
4 EL Pflanzenöl
1 TL Salz
100 ml Wasser
evtl. Gewürze oder Kräutersalz

Die Ölsamen müssen im Universalzerkleinerer oder in der Kaffeemühle gemahlen werden. Jede Getreidemühle würde von den ölhaltigen Samen und Kernen sofort verklebt.

Wir haben es im Vorwerk-Thermomix probiert, der im stabilen Edelstahlgefäß mit dem Schlagmesser alle Körner und Kerne zerkleinert und auch den Teig knetet (vgl. *Bezugsquellenverzeichnis*).

Abb. 34:   So schön kann ein Knäckebrot aussehen.

Falls der Teig für Ihre normale Küchenmaschine zu schwer ist, können Sie ihn aber auch von Hand kneten.
Dann wird der Teig auf einem gefetteten Blech dünn ausgerollt und in Quadrate oder Dreiecke geschnitten. Die einzelnen Teile mit der Gabel unbedingt mehrmals einstechen, sonst wölbt sich das Gebäck auf dem Blech. Backen ca. 20 Minuten bei 225 °C.

Abb. 1: Eier in ihrer ganzen Vielfalt. Hinten links Hühnereier. Das große dunkle Ei stammt vom Emu; rechts ein Straußenei. Links vorn Gänseeier. Auf der Platte vorn Eier vom Zebrafinken, weiter im Uhrzeigersinn: Enteneier, Steißhuhneier, Wachteleier.

Das Ei ist ein wahres Wunderding. Und dabei doch so unscheinbar! Es hat keinerlei Verzierung, keine auffällige Farbe, es gibt es in Massen. Das ist wohl auch der Grund, weshalb über Eier nur im Zusammenhang mit Eierspeisen geredet wird. Auch in der Geschichte haben sie keine nennenswerte Rolle gespielt; sieht man einmal von dem berühmten Ei des Columbus ab.

Wie war das eigentlich mit dem Ei des Columbus? Er soll ein Ei genommen haben und es aufrecht so hingestellt haben, daß es stabil stehen blieb. Wetten Sie doch einmal bei einem Frühstück mit Freunden, daß Sie das auch können. Es ist nämlich gar nicht schwer; man muß sich nur trauen. Nehmen Sie, bevor es ans Eierkochen geht, die *frischen* Eier und schlagen sie mittelkräftig und mit Gefühl auf der stumpfen Seite auf die Tischdecke. Die Schale dellt sich an dieser Seite etwas ein und verleiht dem Ei dadurch Standfestigkeit. Trotzdem läuft das Ei nicht aus, weil die innere Haut unbeschädigt bleibt. Das Ei hat ja an dieser Stelle eine Luftblase. Man kann diese Eier hinterher sogar kochen, ohne daß sie häufiger platzen als unbeschädigte Eier.

Eier haben es uns nicht erst seit der Zeit angetan, in der wir selber Nudeln machen. Sie sind in so vieler Hinsicht faszinierend, daß wir uns eine ganze *Hobbythek* lang damit beschäftigt haben, und in der Sendung trotzdem nur wenige Seiten dieses Wunderwerkes der Natur beschreiben konnten. Und obwohl die *Hobbythek* vor allem Anregungen zum Selbermachen gibt, haben wir uns bei diesem Thema zusätzlich ein wenig vom Selbermachen entfernt und sind einmal der Rolle des Eies in der Entwicklungsgeschichte nachgegangen. Sie werden

hier also ein zweigeteiltes Kapitel finden. Im ersten Teil gehen wir auf die Eigenarten, die Funktion und den Bau sowie auf die entwicklungsgeschichtliche Rolle des Eies ein, und im zweiten Teil ab *Seite 127* werden wir Ihnen dann verraten, was man mit Eiern alles machen kann.

Das Ei in der Weltgeschichte

Das magische Ei und das Ei als Symbol

Eier sind ja nicht nur ein *Symbol* des Lebens, sondern es entsteht aus ihnen tatsächlich Leben. Welche Rolle es in der Entwicklung des Lebens spielt, wußten die Menschen früher nicht. Sie hielten das Ei bis zu dem Zeitpunkt für etwas Totes, an dem sich sichtbar Leben darin entwickelt. Folglich sahen sie in dem Ei magische Kräfte am Werke oder gar Zauberei.

So gilt das Ei überall in der Welt als *Spender von Kraft*. Das scheinbar leblose Ei, aus dem etwas Lebendiges entsteht, hat die Phantasie der Menschen ungeheuer beflügelt. Sagen aus verschiedenen Ländern berichten von der Geburt mythischer Wesen aus Eiern. Dabei spielen oft sogenannte Hahneneier eine Rolle, die von bestimmten schwarzen oder roten Hähnen gelegt würden, wenn sie 7 oder 9 Jahre alt sind. Nach den Legenden enthalten diese Eier kein Eidotter. Aus ihnen entstehen furchterregende Fabeltiere und Drachen.

In anderen Sagen sollen sich Teufel und Hexen die Zauberkräfte der Eier zunutze machen.

Umgekehrt gehörten Eier zu den *Opfergaben,* die man Göttern und Dämonen darbrachte. Es wird angenommen, daß diese Opfereier teilweise Ersatz für Menschen- oder Tieropfer gewesen sind. Überhaupt spielt der Wunsch, die unsichtbaren Kräfte gnädig zu stimmen, bei den verschiedenen Gebräuchen mit Eiern eine große Rolle. So gehörten zum Beispiel Eier und Milch im Aberglauben zu den sogenannten weißen Almosen, die helfen sollten, jeden Wunsch zu erfüllen. Um Wunder und Reichtum geht es schließlich auch bei den goldenen und silbernen Eiern, die in Sagen und Märchen eine Rolle spielen.

Als *Glücksbringer* haben Eier eine lange Tradition. So gibt es zum Beispiel den alten Brauch, dem Kind zur Taufe ein Ei ins Kissen zu legen, damit es ihm Glück und Kraft bringe.

In anderen Bräuchen sollten Eier *Unheil abwenden*. Wer sein Haus unter guten Vorzeichen errichten wollte, grub ins Fundament Eier ein. Auch Wasserdämonen, wie den Klabautermann, konnte man mit Eiern besänftigen. Wer sich vor Hochwasser sichern wollte, vergrub am Ufer eines steigenden Flusses Eier. Auch vor Hagel oder Blitz konnte man sich schützen, wenn man die Schalen geweihter Ostereier über das Dach des Hauses warf. Überhaupt spielten Eier beim Errichten von Gebäuden oder sogar bei der Gründung von Städten eine Rolle. Die Sage berichtet zum Beispiel, daß die Stadt Neapel vom Zauberer Virgil auf einem Ei errichtet worden sei.

Aber auch als *Totenopfer* können Eier dienen. In alten Gräbern des Mittelmeerraums wurden Eier oder auch ihre Nachbildung aus Ton oder Marmor gefunden. Und aus Rußland kennt man den Brauch, Eier im Grabhügel zu vergraben. Die Serben legen rotgefärbte Eier auf die Gräber ihrer Toten.

Mit der *Zukunft* haben Eier bei den Orakeln zu tun. *Eierorakel* gab es schon in der Antike, besonders bei den Römern. Aber auch die Germanen suchten Aufschluß über die Zukunft in solchen Orakeln. Das geschah vor allem im Frühjahr und um die Wintersonnenwende.

Die wichtigste symbolische Bedeutung der Eier hat aber mit der *Fruchtbarkeit* zu tun. Da Eier am Anfang eines neues Lebens stehen, ist das naheliegend. Alte Fruchtbarkeitsriten gab es im Frühjahr zur Osterzeit schon lange bevor das christliche Osterfest gefeiert wurde. Als Fruchtbarkeitssymbol wurden Eier im Acker oder im Stall vergraben. Bei der Ernte band man in die letzte Garbe ein Ei ein.

Natürlich spielen Eier auch beim *Liebeszauber* eine wichtige Rolle. Das Ei als Aphrodisiakum verwendeten schon die Römer und die Germanen. Bis in unsere Tage hat sich in manchen Gegenden der Brauch erhalten, daß junge Mädchen zu Ostern den jungen Männern Eier als Zeichen ihrer Zuneigung schenken. Ihr Favorit bekommt dann besonders viele Eier. Natürlich spielen Eier auch bei der Hochzeitsfeier eine wichtige Rolle.

Um Kraft zu bekommen, wurden Eier oft roh mit der Schale verzehrt.

Schließlich spielten Eier bei verschiedenen *Heilzaubern* eine besondere Rolle. Dafür wurden Sie besonders präpariert und ins Feuer geworfen oder auch vergraben. Paracelsus, der Urvater unserer heutigen Medizin, der Anfang des 16. Jahrhunderts lebte, empfahl solche Bräuche ausdrücklich. Eier fanden Verwendung bei Fieber, Schwäche, Zahnweh, Kopf- und Ohrenschmerzen, Magen- und Darmkrankheiten, Wassersucht, Blattern, Gelbsucht, Haarausfall, Warzen usw. Eier hatten aber auch als Schönheitsmittel zum Beispiel für lockige Haare ihren besonderen Ruf.

Abb. 2: Jean Pütz mit einer ganz besonderen Art von persönlichem „magischen" Ei.

Das Osterei als christliches Symbol

Die bekannteste Symbolbedeutung der Eier ist die des Ostereis. Da verbindet sich viel Heidnisches mit dem christlichen Fest. Weltliches und Geistliches läßt sich oft nicht trennen. In Bayern verschenkt man zum Beispiel rotgefärbte Ostereier als Symbol für Christi Blut, aber auch als Liebesgabe. Da ist es mit den Ostereiern nicht viel anders als mit dem Weihnachtsbaum, der ja auch kein christliches Symbol im engeren Sinne ist, sondern mehr ein Zugeständnis an die Anhänglichkeit an uralte Bräuche. Daß Eier geweiht werden und dadurch ihre glücksbringende Kraft verstärken sollen, ist ebenfalls ein Zugeständnis an solche Bräuche. Eier sind aber nicht nur Symbol des wiederaufkeimenden Lebens im Frühjahr gewesen, sondern oft auch Bestandteil ganz handfester Regeln. So bestand in einigen Gegenden der erste Zins, den die Bauern im Frühjahr in Naturalien zu zahlen hatten, aus Eiern. Der festgesetzte Termin für solche Abgaben war normalerweise Ostern. Man darf ja nicht vergessen, daß Eier in früheren Zeiten im Winter sehr knapp waren. Die Hühner scharrten im Freien und lebten nicht in geheizten Ställen oder Legebatterien wie heute. Mit dem Eierlegen war es da nichts. (Tips zum Ostereierbemalen finden Sie ab *Seite 150*).

Alles höhere Leben entsteht im Ei

Nicht nur Vögel, Reptilien, Fische, Kröten, Insekten usw. schlüpfen aus dem Ei; auch die Säugetiere und wir Menschen beginnen unser Leben im Eistadium. Der Unterschied zwischen uns und den eierlegenden Tieren besteht im wesentlichen darin, daß die Säugetiere und der Mensch das Ei nicht preisgeben, sondern daß sich der neue Mensch im Körper aus dem Ei entwickelt. Die Gebärmutter ist sozusagen das Brutnest der Säugetiere, in dem aus der befruchteten Eizelle der Embryo heranwächst.

Wir wollen uns hier aber mehr mit den Eiern beschäftigen, die „gelegt" werden; in denen sich also das neue Leben außerhalb des Körpers der Mutter entwickelt.

War zuerst die Henne oder das Ei?

Weder noch – das wissen heute nicht nur die Wissenschaftler. Die Entstehung von Lebewesen aus dem Ei ist im Laufe einer langen Evolution entstanden. Man weiß heute, daß es schon vor 400 bis 450 Millionen Jahren Tiere gab, deren Nachkommen aus Eiern schlüpften. Dies war in einer Zeit, lange bevor es vogelartige Wesen gab. Die ersten Formen dieser Art der Fortpflanzung hat es sehr wahrscheinlich bei den Fischen gegeben. Ihre Eier dürften sehr einfache Schutzhüllen gehabt haben, die aber schon Nahrungsvorräte in Form von Dotter enthielten. Die Befruchtung ging damals nicht anders als heute bei den Fischen vor sich. Die Eier wurden im Wasser abgelegt und dort durch den männlichen Samen befruchtet.

Das Meer spielt überhaupt eine entscheidende Rolle bei der Entstehung des Lebens. Man kann zwar nicht sicher sagen, daß organisches Leben im Wasser *entstanden* ist. Zumindest hat es sich dort aber entwickelt.

Nach den Fischen pflanzen sich die *Amphibien* durch Eier fort, die komplizierter aufgebaut sind. Amphibien sind die ersten Landwirbeltiere. Direkte Nachfahren dieser sehr alten Tierart sind die Lurche, Frösche und Kröten. Sie können – wie ihre Vorfahren – zwar auf dem Land leben; zur Fortpflanzung kehren sie aber zum Wasser oder doch zumindest in dessen Nähe zurück. Ihre Eier haben keine feste Schale, sondern sind von einer gallertartigen Masse umgeben, die auf das Wasser angewiesen ist. Dieser Schleim wird im Eileiter der Tiere um die Eizelle herum gebildet, und er quillt im Wasser nach der Eiablage zusätzlich auf. Diese Hülle ist nicht nur eine Schutzschicht; sie gibt der Eizelle auch die Möglichkeit, notfalls auch außerhalb des Wassers zu wachsen, sofern nur genügend Luftfeuchtigkeit vorhanden ist.

Abb. 3: In der langen Entwicklung der Tiere taucht das Ei vor über 400 bis 450 Millionen Jahren zuerst bei den Fischen auf.

Quartär **(2 Millionen Jahre)**		In diesem Zeitalter taucht der Mensch auf.
Tertiär **(65 Millionen Jahre)**	 	Halblinks ein Riesenvogel (Diatryma)
Kreide **(140 Millionen Jahre)**		Auf dem rechten Bild ein Riesenflugsaurier und im Wasser die Riesenschildkröte. Auch Tauchvögel und Tintenfische gibt es bereits.
Jura **(195 Millionen Jahre)**		Ganz links Flugsaurier und weiter rechts der Urvogel Archaeopteryx, rechts Riesensaurier (Brachiosaurus)
Trias **(225 Millionen Jahre)**		Zu den Pseudosauriern (links) kommen Meeressaurier und Fischsaurier (rechtes Bild) sowie die Haifische (ganz rechts).
Perm **(285 Millionen Jahre)**		Auftauchen der ersten Ursaurier und der Urreptilien (Mitte links).
Karbon **(350 Millionen Jahre)**		Zwischen den Bäumen ein Panzerlurch.
Devon **(405 Millionen Jahre)**		Links schwimmt ein Quastenflosser, in der Mitte ein weißer Urlurch.
Silur **(440 Millionen Jahre)**		Erstes Auftauchen von Ur-Panzerfischen (die beiden weißen Fische in der Mitte).

Auch bei den Amphibien werden die Eier erst nach der Ablage befruchtet.

Diesen sogenannten Laich hat es vermutlich schon vor 350 Millionen Jahren gegeben.

Auf der nächsten Entwicklungsstufe stehen die *Reptilien* (Kriechtiere wie Echsen, Schlangen, Krokodile, Schildkröten; vor 120 bis 200 Millionen Jahren gehörten auch die Saurier dazu). Auch sie brauchen eine feuchte Umgebung für die Eier, obwohl diese Eier bereits eine Hülle haben. Reptilieneier sind bereits befruchtet, wenn sie den Körper des Muttertieres verlassen.

Schlangen- und Eidechseneier bestehen nur aus Dotter und einer lederartigen Hülle. Die nötige Flüssigkeit für das Wachstum des Embryos, die beim Hühnerei im Eiklar enthalten ist, ist bei den Reptilieneiern im Dotter untergebracht. Als Vorbild für die später entstandenen Vogeleier mit harter Schale können die Eier der Schildkröten und Krokodile gelten. Sie haben Eidotter, wasserreiches Eiklar und sogar eine feste, kalkhaltige Schale. Trotzdem sind die Eier dieser Tiere darauf angewiesen, zusätzlich Feuchtigkeit von außen aufzunehmen. Deshalb vergraben die meisten Reptilien ihre Eier in feuchter Erde oder in Sand. Da die meisten von ihnen in warmen Ländern leben, hat dieser feuchte Boden zugleich die Funktion eines natürlichen Brutschranks.

Die Jungen dieser Reptilien sind bereits völlig selbständig beim Ausschlüpfen und auch in der Lage, sich sofort selbst zu ernähren. Eine Ausnahme bildet dabei nur die riesige Pythonschlange, die ihre Eier regelrecht ausbrütet. Die Natur hilft ihr dabei, indem sie während der Brutzeit die Körpertemperatur des Tieres erhöht.

Bei einigen Schlangen- und Eidechsenarten gibt es aber auch schon Vorformen der Entwicklung des Jungen im Mutterleib. Noch während sich die Eier im Eileiter des Muttertieres befinden, entwickeln sich die Embryos, die lebend zur Welt gebracht werden.

Aber es gibt in der Evolution der Lebewesen und Säugtiere auch noch ein paar andere „Unregelmäßigkeiten". Wir nennen hier nur die beiden einzigen eierlegenden Säugetiere, die nur in Australien vorkommen. Das eine ist das Schnabeltier und das andere der Ameisenigel, die ihre Eier in unterirdischen Bauen ausbrüten.

Wie alt sind die Vögel?

Die unmittelbaren Vorfahren der Vögel sind die Reptilien. Man schätzt, daß es die ersten vogelähnlichen Wesen bereits vor etwa 200 Millionen Jahren gab. In Steinbrüchen des Bayerischen Jurage-

Abb. 4: Dieser Urvogel (Archaeopteryx) lebte vor ungefähr 200 Millionen Jahren.

birges hat man im vorigen Jahrhundert Versteinerungen solcher Urvögel gefunden. Eine dieser Versteinerungen läßt ein Wesen erkennen, das wie eine Mischung aus Reptil und Vogel aussieht. Wie die Eidechse hat es noch einen Schwanz mit zwanzig Wirbeln; aber es trägt schon am ganzen Körper Vogelfedern und es besitzt auch richtige Flügel. Das Gebiß wiederum gleicht dem eines Reptils, ebenso die Füße mit bekrallten Fingern. Dieser Urvogel hatte etwa die Größe einer Elster.

Bereits vor 135 Millionen Jahren – in der Kreidezeit also – waren die Vögel ihren heutigen Nachkommen bereits sehr ähnlich.

Die Vögel gehören zu den Warmblütern. Sie bilden die eine Gruppe dieser Tiergattung; die Säugetiere die andere. Beide Gruppen haben sich etwa zur gleichen Zeit parallel entwickelt; allerdings in völlig verschiedene Richtungen.

Die Jungen der ersten Vogelarten hatten sofort nach dem Ausschlüpfen aus dem Ei ein vollständiges Daunenkleid (daher kommt das Wort Daunen), und sie konnten auch sofort laufen, sehen und wenige Stunden später ihr Futter selbst picken. Sie waren also sogenannte *Nestflüchter*. Dies war noch ein Überbleibsel aus der Vorgeschichte dieser Vögel. Denn auch die jungen Reptilien sind sofort und ohne die Hilfe der Eltern lebensfähig. Erst später entwickelten sich Vogelarten, deren Junge als völlig hilflose, nackte und blinde Nesthocker aus dem Ei schlüpften.

Bei den Säugtetieren hat sich die Entwicklung genau umgekehrt vollzogen. Die frühen Arten brachten völlig hilflose Junge zur Welt, wie das heute noch für den Menschen gilt. Bei den meisten anderen Säugetierarten ist die Entwicklung anders gegangen. Das junge Fohlen eines Pferdes ist praktisch unmittelbar nach der Geburt selbständig lebensfähig. Es ist lediglich auf die Muttermilch angewiesen.

Vögel sind ganz besondere Tiere

Vögel unterscheiden sich aber auch noch durch andere Merkmale von fast allen anderen Tierarten. Da sie keine Zähne zum Zerkleinern der Nahrung haben, muß die Arbeit von ihrem muskulösen Magen geleistet werden, der ähnlich wie eine Mühle funktioniert. Zwischen zwei kräftigen Muskeln zerkleinern die körnerfressenden Arten sogar mit Hilfe kleiner Steinchen die harte Nahrung. Wenn Sie einmal an ein frisch geschlachtetes Huhn mit Innereien kommen, schneiden Sie einmal den Magen auf. Darin werden Sie eine Menge kleiner Kiesel finden.

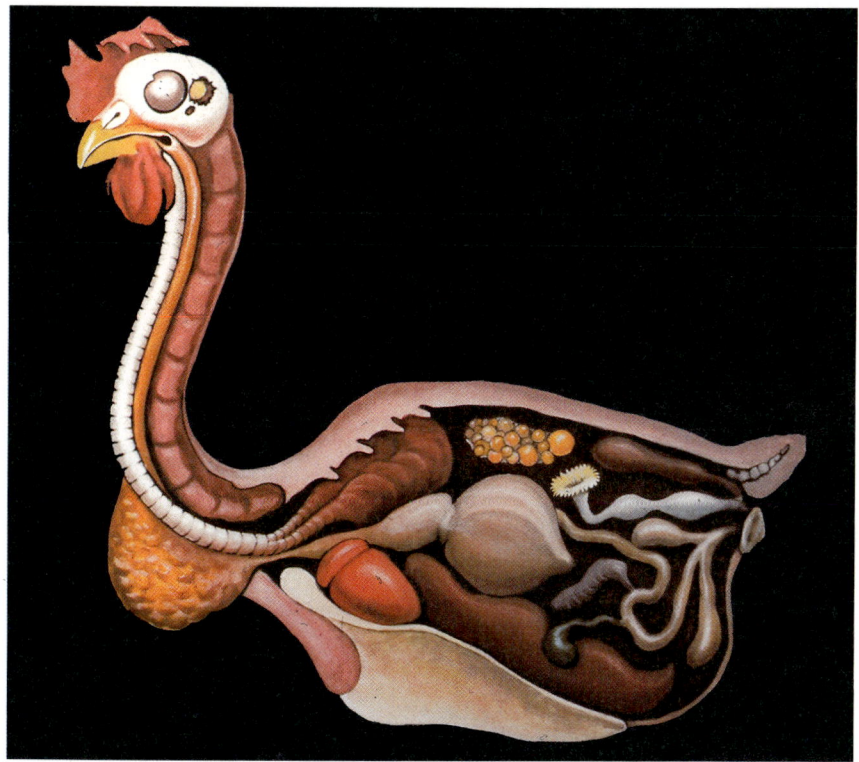

Abb. 5: So sieht es im Inneren eines Huhnes aus (zu den Einzelheiten vgl. Abb. 6).

Auch der Darm der Vögel ist anders beschaffen. Sie haben nur eine Ausscheidungsöffnung – die sogenannte Kloake –, durch die alles hinein- und herausgelangt, von der Befruchtung bis zur Eiablage. Die Vögel scheiden daraus jedoch keinen flüssigen Harn aus; den geben sie nämlich in fester Form als Harnsäure ab. Diese Harnsäure ist der für den Vogelkot typische weiße Bestandteil.

Die Atmungsorgane sind bei den Vögeln der Funktion des Fliegens angepaßt. Zur Verringerung des Körpergewichts sind die Knochen zum Teil mit Luft gefüllt und die Lunge mit Luftsäcken. Hören und sehen können die Vögel sehr gut; dagegen haben sie nur sehr gering entwickelte Riechorgane. Und schließlich kommt bei den Vögeln der Gesang nicht aus dem Kehlkopf, sondern er wird von speziellen Muskeln in der Brust erzeugt, den sogenannten Stimm-Muskeln.

Einzigartig ist auch die Körpertemperatur der Vögel. Mit 42 bis 43° C würde ein Mensch bereits längst im Fieberdelirium liegen. Bei den Vögeln ist diese Temperatur normal. Allerdings ist ihr Energieaufwand zur Erhaltung dieser Körperwärme entsprechend hoch. Besonders kleine Vögel, wie winzige Arten des Kolibris, sind deshalb fast ausschließlich damit beschäftigt, zu fressen und sich dadurch mit der nötigen Energie zu versorgen. Das kritische Gewicht dieser Vögel liegt bei etwa 2,5 g. Noch leichtere und kleinere Tiere wären nicht mehr in der Lage, diese Körpertemperatur zu halten.

Größere Arten sind trotz dieser hohen Temperatur in der Lage, in Polargebieten bei extremer Kälte bis zu minus 60°C zu überleben.

Ich wollt', ich wär ein Huhn...

Ältere unter den Lesern werden noch wissen, wie dieser Schlager weiterging: „...dann hätt' ich nichts zu tun.
Vormittags legt' ich ein Ei,
nachmittags hätt' ich frei."
Normalerweise legen Vögel ihre Eier in einem ganz bestimmten Jahreszyklus. Da geht es den Vögeln nicht anders als anderen Tieren, die ihre Jungen ebenfalls nicht in der Eiseskälte des Winters bekommen. Gesteuert wird dieser Zyklus von Hormonen. Sie regeln nicht nur, daß die Eierstöcke der weiblichen Vögel nur zu bestimmten Zeiten Eizellen produzieren, sondern auch, daß die Eierproduktion aufhört, wenn ein Gelege voll ist. Ein anderes Glied in diesem sinnvoll funktionierenden Mechanismus löst nach der Eiablage den Bruttrieb aus.
Bei den Hühnern hat der Mensch diesen Zyklus längst außer Kraft gesetzt. Hühner sind auf Legeleistung gezüchtet, so daß ein gutes Legehuhn heute im Jahresdurchschnitt etwa 270 Eier produziert.

Das Ei,
ein Wunderwerk
der Natur

Bleiben wir bei den Hühnern und ihren Eiern. Es ist überaus spannend, den Entstehungsweg eines solchen Hühnereis zu verfolgen.
Eier entstehen – das mögen die Züchter als Erfolg verbuchen – im Huhn sozusa-

Abb. 6: Oben: Die Entwicklung des Eies, einmal schematisch dargestellt; unten: hier kann man gut die Eier in unterschiedlichen Entwicklungsstadien in einem geschlachteten Huhn sehen.

gen in Fließbandproduktion. Diese Produktion beginnt im Eierstock der weiblichen Hühner. Vögel haben davon immer nur einen gut ausgebildeten; und zwar den linken. Aus einem ziemlich großen Vorrat winziger Eizellen beginnen der Reihe nach die Eier zu wachsen. Deshalb findet man im Eierstock die verschiedensten Entwicklungsstufen von Eizellen. Jede dieser Eizellen wächst in einer Hülle, dem sogenannten Follikel, das den Dotter wie ein dünnes Häutchen umschließt und ihn durch feinste Blutgefäße ernährt. Dabei wächst der Dotter tagsüber schneller als in der Nacht. Zunächst bleibt jedoch jeder

Dotter eine einzige Zelle. Sobald er reif ist, platzt das ihn umgebende Follikel und gibt die Eizelle frei. Sie wandert in den Eileiter, der oben wie ein Trichter geformt ist, damit er die Eidotter leichter aufnehmen kann (vgl. *Abb. 6,* oben).

Im oberen Abschnitt des Eileiters warten bereits die männlichen Samenzellen, die hier den Dotter befruchten. Die Keimscheibe, die als heller Fleck auf der Dotterkugel sitzt, beginnt sich sofort nach der Befruchtung zu teilen. Dabei wandert das Eigelb weiter und wird – während es sich ständig dreht – mit wasserreichem *Eiklar* umgeben. Dieses Eiklar, das man fälschlicherweise auch Eiweiß nennt, wird von einer speziellen Drüse abgegeben. In dieser Phase entstehen auch die beiden weißen Fäden aus Eiweißschleim – die sogenannten *Hagelschnüre* –, die während der gesamten Brutzeit den Dotter in der Schwebe halten und dafür sorgen, daß die Keimscheibe auf der Dotterkugel immer oben liegt. Das ist wichtig, damit sie beim Brüten die meiste Wärme abbekommt.

Das Mengenverhältnis von Eidotter bzw. Eigelb und und Eiklar ist nicht bei allen Vogelarten gleich. Vögel, deren Junge Nestflüchter sind, die also bereits hochentwickelt aus dem Ei kriechen, kommen aus Eiern mit hohem Dottergehalt. Dazu gehören auch die Hühner, deren Eier etwa zu einem Drittel aus Dotter bestehen. Im Gegensatz dazu legen Vögel, deren Junge als winzige, nackte und blinde Nesthocker ausschlüpfen, Eier mit einem Dottergehalt von nur etwa 18 bis 20 % des Gesamtgewichts.

Sie werden sich jetzt vielleicht fragen, wie kommt die harte Schale um das Ei? Da müssen wir noch einmal ein Stück den Weg verfolgen, den das Ei in der Henne zurücklegt.

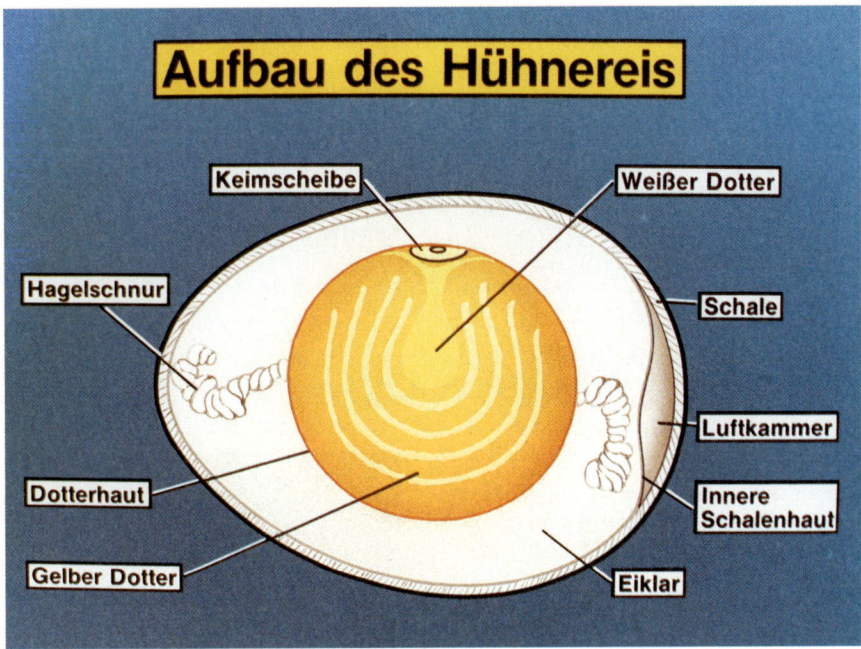

Abb. 7: Im Prinzip sind andere Vogeleier nicht viel anders aufgebaut als ein Hühnerei. In der Mitte sitzt an den Hagelschnüren der Dotter, bei dem man zwischen weißem und gelbem Dotter unterscheidet. Obendrauf sitzt die eigentliche Keimscheibe. Der Dotter ist von der Dotterhaut umgeben, die gewissermaßen die Fruchtblase des Embryos bildet. Der Dotter wiederum schwimmt im Eiklar. Geschützt wird das ganze Innere des Eies durch die stabilen Schalenhäute, die die Luftkammer einschließen und schließlich durch die äußere, harte Kalkschale. Auch sie wiederum ist von einer dünnen Schleimschicht umgeben, die die poröse Kalkschale ein wenig abdichtet. Denn einerseits sollen von außen Sauerstoff, aber keine Keime eindringen, andererseits nicht allzu viel Wasser aus dem Inneren verdunsten.

Schon im unteren Abschnitt des Eileiters sondern spezielle Drüsen ein Sekret ab, das das Eiklar samt Dotter umschließt und nach kurzer Zeit erstarrt. Auf diese Weise bilden sich die beiden dünnen *Schalenhäutchen,* die am stumpfen Ende des Eies die Luftkammer einschließen. Vom Pellen eines weichen Eies werden Sie diese dünne, aber überaus haltbare Haut kennen.

Schließlich gelangt das Ei in die Gebärmutter. Hier sondern Kalkdrüsen flüssige Mineralstoffe ab, die das Ei umhüllen und die schließlich zu einer festen *Kalkschale* erstarren. Bei Hühnern, die braune Eier legen, werden in dieser Phase der Entwicklung auch die Farbpigmente in die Eischale eingelagert. Diese Pigmentierung hat bei den wilden Vögeln einen ganz praktischen Zweck. Vögel, die in Höhlen brüten, legen meist weiße Eier, während Vögel mit offenen Nestern sozusagen Eier mit Tarnfarben legen.

In der Gebährmutter eines Huhns verbringt das Ei lediglich 19 Stunden. Dann wird es meist unter lautem Gackern gelegt; denn ein Ei zu legen ist keine ganz schmerzlose Angelegenheit. Auch Hühner haben Wehen.

Bei wildlebenden Vögeln gibt es durchaus so etwas wie Familienplanung

Wildlebende Vögel legen – gesteuert durch Hormone – zu derjenigen Jahreszeit die Eier, die für die Aufzucht der Jungen am günstigsten ist. Und sie legen gerade so viele, wie sie später als Junge auch ernähren können. Manche legen nur ein Ei pro Jahr, andere brüten mehrmals im Jahr. Dazu gehören auch die Schwalben. Allerdings macht ihnen oft das Wetter einen Strich durch die Familienplanung. Wenn es eine längere Zeit regnet oder einen Kälteeinbruch gibt, kann es vorkommen, daß eine ganze Brut verhungert. Manchmal schafft es auch die zweite Brut nicht, sich für den anstrengenden Flug in die südlichen Winterquartiere den nötigen Speck anzufressen. Schwalben sind besonders wetterabhängig, weil sie ihre Insektennahrung nur im Flug fangen können. Und bei tagelangem Regen oder großer Kälte fliegen halt keine Insekten in der Luft.

Trotz all dieser Widrigkeiten haben sich die Vögel hervorragend an die unterschiedlichsten Klimabedingungen angepaßt. Exotische Vogelarten in Trok-

kengebieten versuchen eine kurze Regenzeit dadurch zu nutzen, indem sie schnell hintereinander mehrmals brüten. Die kaum erwachsenen Jungvögel müssen da oft mithelfen, ihre jüngeren Geschwister zu füttern.

Wärme ist das ganze Leben

Zu den sinnreichsten und vielseitigsten Steuerungsmitteln der Natur gehören die *Hormone*. Sie regeln nicht nur Abläu-

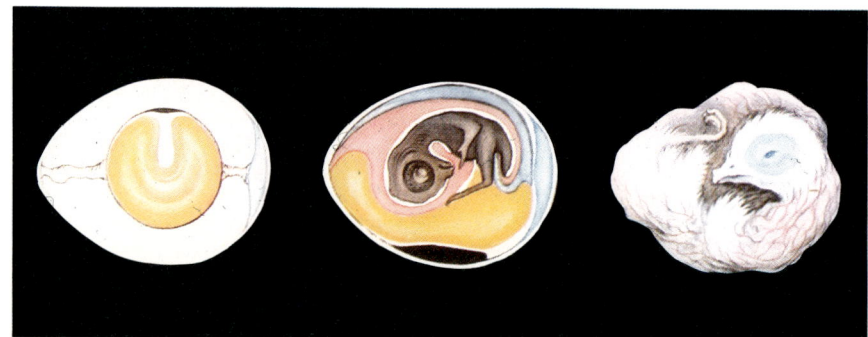

Abb. 8: Der Eier-Embryo in verschiedenen Entwicklungsstadien.

fe beim Menschen, sondern auch bei den höher entwickelten Tieren. Ein Hormon sorgt bei den Hühnern dafür, daß die im Eierstock reifenden Eidotter sich wieder zurückbilden, wenn genügend Eier gelegt sind. Gleichzeitig wird der Bruttrieb in Gang gesetzt.

Beim Brüten kommt es darauf an, daß die Eier möglichst gleichmäßig mit Wärme versorgt werden. Dafür bilden sich bei vielen Vogelweibchen in der Bauchhaut spezielle Wärmepolster. Dieser sogenannte Brutfleck kann aber durchaus

auch bei Männchen auftreten, sofern sie zu einer Art gehören, bei der ihnen das Brüten überlassen bleibt. Auch Hühner haben solche Brutflecken. Bei anderen Vögeln wie Gänsen, Enten und Schwänen sprießen in dieser Zeit besonders stark wärmende Daunen, die als Kissenfüllung besonders begehrt sind.

In wärmeren Ländern ist das alles viel einfacher. Da gibt es Vögel, die gar keine Brutpflege treiben. Dazu gehören die Großfußhühner in Australien und auf den westpazifischen Inseln. Man nimmt an, daß diese Gattung Überbleibsel einer sehr frühen Vogelart sind. Ähnlich wie die Reptilien verscharren sie ihre Eier im warmen, feuchten Sand oder Urwaldboden. Nach bis zu 10 Wochen schlüpft das junge Großfußhuhn aus dem Ei und buddelt sich völlig selbständig durch das Erdreich an die Oberfläche. Seine Eltern bekommt dieses Huhn nie zu sehen.

Andere Arten dieser Gattung scharren große Haufen aus Erde und Pflanzenteilen zusammen und legen dort hinein ihre

Eier, die von der Wärme der faulenden Pflanzen ausgebrütet werden.

Wieder andere Großfußhühner scharren täglich den oberen Bereich des Sandhaufens auseinander, um Eier und Sand von der Tagessonne durchwärmen zu lassen. Gegen Abend tragen sie dann die Hügel wieder zusammen, damit er die Wärme des Tages über Nacht speichern kann.

Eier in heißen Ländern auszubrüten ist kein Kunststück. Aber wie schaffen es Vögel, die in arktischer Kälte leben? Die *Pinguine* gehören zu den Vögeln, und sie leben in dieser Kälte. Kaiserpinguine bebrüten ein einziges Ei 62 Tage lang. Dabei liegt das Ei auf den Füßen des brütenden Tieres, damit es gegen die Kälte von unten geschützt ist. Das ausgeschlüpfte Junge wird dann von seinen Eltern noch 5½ Monate ernährt. Da haben die kleineren Vögel unserer Breiten es schon wesentlich leichter. Sie kommen mit 10 bis 12 Tagen Brutzeit aus. Und bei den ja nicht ganz kleinen Hühnern reichen 21 Tage.

Eine Zelle lernt laufen

In diesen drei Wochen Brutzeit geschieht ungeheuer viel. Allerdings entwickelt sich ein Hühnerembryo nicht nur in den 21 Tagen, in denen das Ei von der Henne bebrütet wird, sondern sofort nach der Befruchtung, die ja kurz nach dem Eisprung stattfindet. Schon zu diesem Zeitpunkt beginnt die Zellteilung. Aus einer winzigen Zelle entstehen zwei Zellen; diese teilen sich wieder zu vier Zellen usw., bis sich ein komplizierter Organismus gebildet hat: ein lebender Körper.

So vollkommen ein Ei ausgerüstet ist, einen lebensfähigen Körper entstehen zu lassen, so sehr ist es doch auf Hilfe von außen angewiesen. Es braucht beim Huhn nicht nur eine gleichmäßige Temperatur von 37 bis 38°C, sondern auch eine regelmäßige Belüftung. Der Embryo muß nämlich mit Sauerstoff versorgt werden. Wenn Hühner also von ihrem Nest immer wieder einmal aufstehen, dann nicht nur, um Nahrung aufzunehmen, sondern um jedes Ei zu wenden. Und zwar mehrmals pro Tag. Bereits nach zwei Tagen Brutdauer könnte man im Ei, würde man es öffnen, die Umrisse des winzigen Embryos auf der Keimscheibe erkennen. Diese von Blutgefäßen durchzogene Keimscheibe wächst sehr rasch um das gesamte Eigelb herum und bildet den Dottersack. Durch die Blutgefäße wird der Embryo mit Nährstoffen versorgt. Außerdem bildet sich um ihn eine zusätzliche Schutzhülle, und es entsteht eine Blase, die seine Ausscheidungen aufnimmt. Im Gegensatz zu Säugetieren und zum Menschen, bei denen solche Stoffwechselprodukte über die Nabelschnur in die

Abb. 9: Ihre Niedlichkeit wird Küken heute oft zum Verhängnis. Manchmal werden sie in der Osterzeit wie Spielzeug verkauft.

Blutbahn der Mutter transportiert und von ihr ausgeschieden werden, müssen im Ei solche Ausscheidungen bis zum Schlüpfen gespeichert werden. Sonst würde sich der Embryo selbst vergiften. Und hier nun bewährt sich als ein Vorteil, daß Vögel keinen flüssigen Harn ausscheiden. Flüssigkeit ist nämlich im Ei ausgesprochen knapp.

Die Blase, die die Ausscheidungen aufnimmt, heißt *Allantoisblase*. Sie füllt vor dem Schlüpfen den Zwischenraum zwischen Schale und Dottersack ziemlich aus. Aber sie dient nicht nur als Vorratsbehälter für Abfälle, sondern sie versorgt den Embryo auch mit Sauerstoff aus der Außenluft. Die Allantoisblase enthält nämlich eine ganze Menge Blutgefäße, mit denen sie an der Schale Sauerstoff aufnimmt.

Auch Vogelembryonen haben eine Nabelschnur. Sie ist allerdings nicht mit dem Blutkreislauf der Mutter verbunden, sondern mit dem Dottersack, aus dem der Embryo alle notwendigen Stoffe für seine Entwicklung bezieht. Das ist zum einen Eiweiß und Fett zum Wachsen, dann verschiedene Vitamine und Mineralstoffe. Vor allem für den Knochenaufbau sind eine ganze Menge Mineralstoffe nötig. Die bezieht er freilich nicht aus dem Dottersack, sondern von der Eischale. Auch hier ist die Natur überaus zweckmäßig eingerichtet; denn die Eischale stellt nicht nur einen wichtigen Vorrat an Kalk und Mineralien dar, sondern sie wird durch diese Entnahme auch immer dünner. Was dem fertig entwickelten Küken die Arbeit erleichtert, die Schale zu durchbrechen. Zwei Tage vor dem Schlüpfen ist der Hühnerembryo fast vollständig entwickelt. An seiner Nabelschnur hängt dann nur noch ein kleiner Rest des Dottersacks. Dieser wird nun durch Bewegungen der Bauchmuskulatur ins Leibesinnere gezogen. Auf diese Weise hat das Küken für seinen ersten Lebenstag außerhalb des Eies gewissermaßen einen Reiseproviant. So lange reicht nämlich die Nahrungsreserve dieses Dottersackrestes.

Zum Aussteigen aus dem Ei wächst ihm aber noch ein sogenannter Eizahn auf dem Schnabel. Das ist eine Spitze, mit deren Hilfe das Küken die Schale leichter aufbrechen kann.

Derart komplett ausgestattet kann das Küken schon kurz nach dem Schlüpfen sein Futter selbst picken. Allerdings braucht es auch als Nestflüchter noch den Schutz und vor allem die Wärme der Glucke. So ist es jedenfalls bei den Hühnern und anderen Vögeln, die in der freien Natur oder zumindest doch in einem Stall ein normales „Familienleben" leben können. In den Hühnerfarmen geht es in dieser Hinsicht ganz anders zu.

Brüten ohne Glucke

Wer nun denkt, Hühnerfarmen oder Brutanstalten seien eine Erfindung unserer herzlosen Gegenwart, der irrt sich. Schon rund 500 Jahre vor unserer Zeitrechnung kannten die Ägypter Brutöfen. Das waren aus Ziegel gemauerte Gewölbe von etwa 3 m Höhe mit verschiedenen Kammern. Diese Öfen nannte man *Mamel*. Die nötige Wärme erzeugte man durch Kamel- oder Rindermist, der in Tonschalen schwelte. Durch Öffnungen in jeder Kammer konnte man die Raumwärme ziemlich genau regulieren.

Jede dieser Kammer faßte etwa 3000 Eier. Während der Brutzeit hatten Sklaven ständig dafür zu sorgen, daß die Temperatur konstant blieb. Außerdem mußten sie diese riesigen Mengen von Eiern regelmäßig wenden, wie es die Hühnerglucken ja auch tun. Wenn man davon ausgeht, daß jeder Mamel 6 bis 8 Kammern hatte, dann waren das immerhin bis zu rund 24 000 Eier pro Ofen. Die Ägypter müssen einen Riesenbedarf an Küken gehabt haben. Ein Berliner Forscher berichtete im 18. Jahrhundert, daß es in Ägypten 386 solcher Brutöfen gegeben habe. Das würde eine Jahresproduktion von ungefähr 92 Millionen Küken bedeuten. Einige dieser Öfen sind bis in unsere Zeit in Betrieb gewesen.

Heute geht die ganze Brüterei vollautomatisch vor sich. In Brutschränken wird die Temperatur elektronisch geregelt; für die Eierwenderei braucht man keine Sklaven mehr. Unser Bedarf an Eiern und damit auch an Legehühnern sowie an Masthähnchen ist enorm. Ob er auf andere Weise als durch diese Brutmaschinen gedeckt werden kann, müßten die Fachleute klären. Immerhin wächst der Widerstand gegen diese Art der Hühnerhaltung allenthalben beträchtlich.

Nach wie vor gibt es aber spezielle Brütereien, die sich ausschließlich mit der Kükenproduktion befassen, wobei das Wort Produktion wörtlich zu nehmen ist. Bei einer Temperatur von genau 37,8° C und einer relativen Luftfeuchtigkeit von 60 bis 80 % liegen die befruchteten Eier auf Gestellen, auf denen sie 8mal am Tag automatisch gewendet werden.

Die geschlüpften Küken werden sofort sortiert; denn auch hier geht alles unter Gesichtspunkten der Rentabilität vor sich. Weibliche Tiere sind nämlich schlechtere Futterverwerter und deshalb als Mastgeflügel weniger geeignet. Für die Brathähnchenproduktion hat man sogenannte *Masthybriden* gezüchtet; und zwar durch Kreuzung schwerer Hühnerrassen, die möglichst schnell Fleisch ansetzen.

Als Legehühner sind die weiblichen Tiere allerdings unverzichtbar. Auch da hat die Züchtung nachgeholfen, weil hier wiederum leichte Rassen nützlich sind, bei denen das Futter nicht zusätzliches Gewicht, sondern vor allem eine höhere Eierproduktion erzeugt.

Es gibt rund 150 Hühnerarten, die durch Züchterfleiß nicht nur auf Legeleistung und Fleisch, sondern auch auf bunte Färbung und Schönheit gezüchtet worden sind. Diese vielen Arten sind für die intensive wirtschaftliche Nutzung kaum geeignet, denn 270 Eier pro Jahr schaffen diese Tiere einfach nicht.

Eier und Hühnerfleisch vom Fließband – wer einmal auf dem Dorf oder auf einem Markt Eier von freilebenden Hühnern bekommen und gegessen hat, der kennt den Unterschied. Vielleicht sollten wir weniger an die Masse als an die Qualität denken und damit bewirken, daß die Fließbandprodukte wirtschaftlich uninteressanter werden als zum Beispiel Eier freilaufender Hühner, selbst wenn sie teurer sind. Muß denn jeder von uns im Jahr 275 Eier essen? Soviel sind es nämlich im Durchschnitt. Im Jahr 1983 wurden in der Bundesrepublik rund 17 Milliarden Eier verkauft. Davon sind 68 % im Haushalt verbraucht worden; der Rest sowohl von der Gastronomie wie von der Industrie.

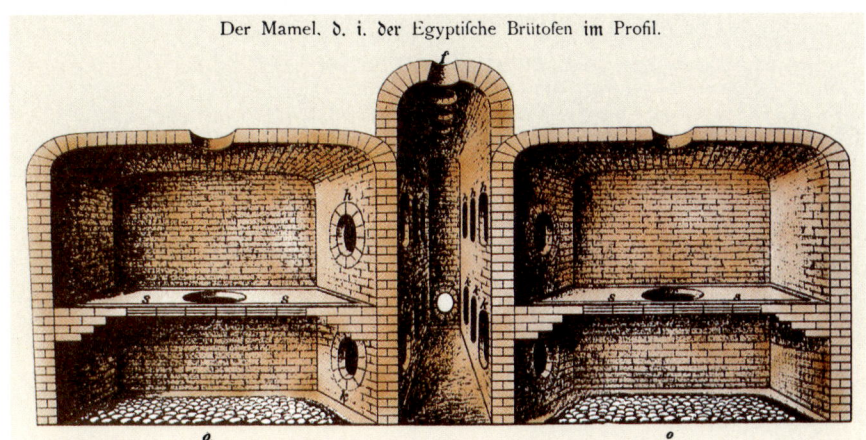

Abb. 10: Der ägyptische Brutofen in einer historischen Darstellung.

Abb. 11: In einer modernen Hühnerfarm steht alles unter dem Zeichen der Rentabilität.

Abb. 12: Der hauptsächliche Kaloriengehalt steckt im Eidotter.

Eier, einmal als Nahrungsmittel betrachtet

Eier haben viel Eiweiß, sie sättigen stark und sind trotzdem bekömmlich und gut verdaulich. Eierspeisen lassen sich sehr schnell und ohne großen Aufwand herstellen und sie sind nicht einmal teuer. Betrachten wir das Ei also einmal im Hinblick auf seine Eigenschaften als Nahrungsmittel.

Der *Dotter* schmeckt nicht nur am besten; er ist auch besonders nährstoffreich. Immerhin ist er für das Küken die Hauptnahrung. Obwohl ein Ei im Durchschnitt etwa doppelt soviel Eiklar wie Dotter enhält, stecken im Dotter etwa dreimal mehr Kalorien als im Eiklar. Ein durchschnittliches Ei von etwa 65 g Gewicht enthält insgesamt rund 105 Kilokalorien. Davon entfallen allein auf den Dotter etwa 80 Kilokalorien und auf das Eiklar nur noch etwa 25. Oder vergleichen wir einmal die Gewichtsmengen: 100 g Eiklar haben 56 Kilokalorien; 100 g Eidotter hingegen 370 Kilokalorien.

Dafür besitzt das *Eiklar* wesentlich mehr Wasser, was für den Hühnerembryo lebenswichtig ist. Es sind nähmlich 87 % Wasser bei nur 12 % Eiweißstoffen. Wenn wir beim Eiklar von Eiweiß sprechen, dann ist das nicht ganz korrekt. Es wird zwar beim Kochen weiß, aber es enthält nur 12 % eigentliches Eiweiß, und das ist weniger als im Eidotter, der es immerhin auf 16 % Eiweiß bringt.

Aminosäuren – die Bausteine des Lebens

Kenner der *Hobbythek* werden wissen, daß Eiweiß nicht gleich Eiweiß ist (das haben wir im Zusammenhang mit der Sojabohne in dem Kapitel über fernöstliche Küche genau beschrieben; vgl. *Das Hobbythek-Buch 8* und *Das große Hobbythek-Buch vom Essen/2*).

Es gibt verschiedene Eiweißarten, die aus Aminosäuren aufgebaut sind, von denen einige lebenswichtig sind. Man nennt sie deshalb auch *essentielle Aminosäuren.* Sie sind durch nichts zu ersetzen. In der Skala der „biologischen Wertigkeit" stehen sie ganz oben. Nahrungsmittel, die einen besonders hohen Gehalt an solchen essentiellen Aminosäuren enthalten, werden deshalb auch als biologisch hochwertig bezeichnet. Zur Verdeutlichung ein paar Beispiele: Beim *Mais* beträgt diese biologische Wertigkeit nur 24 bis 50 %. Bei *Kartoffeln* sind es schon 71 bis 79 %, bei *Roggenbrot* 75 %, bei *Fleisch* je nach Sorte 65 bis 99 %, bei *Milch* 92 bis 100 %, bei *Fisch* 94 %. Natürlich interessiert uns hier besonders das Ei. Und da gilt, daß *Vollei* eine biologische Wertigkeit von 94 % hat, oder mit anderen Worten: von der Gesamtheit der vom menschlichen Organismus benötigten Aminosäuren liefert das Ei 94 %.

Bei Fetten und Kohlehydraten ist unser Körper schon weit weniger anspruchsvoll, weil er sich die benötigten Fett- und Zuckerarten aus anderen Stoffen aufbauen kann. Das ist bei Eiweiß nicht möglich. Aber ausgerechnet diese Eiweißstoffe werden unmittelbar zum Aufbau von Muskel-, Organ-, Nerven- und Blutzellen gebraucht; aber auch zur Bildung von Hormonen, Antikörpern usw. Vor allem Kinder sind deshalb auf ausreichende Eiweißzufuhr angewiesen. In den Hungergebieten der Entwicklungsländer wirkt sich darum vor allem der Mangel an essentiellen Aminosäuren besonders verheerend aus.

An unserer Liste der biologischen Wertigkeit von Nahrungsmitteln können Sie schon erkennen, daß man seinen Eiweißbedarf sowohl aus tierischer wie aus pflanzlicher Nahrung decken kann. Allerdings ist bei kleinen Kindern eine streng vegetarische Nahrung zumindest bedenklich. Wer von Fleisch nicht viel hält, sollte zumindest die pflanzliche Kost mit Milch, Käse und Eiern kombinieren.

Eiweiß aus pflanzlicher Nahrung hat aber auch seinen Vorteil. Sie enthält die Ballast- und Mineralstoffe sowie die Vitamine, die der Körper ebenfalls dringend braucht.

So vollkommen, nützlich, angenehm schmeckend das Ei ist – es enthält doch einen Stoff, der von unserem Organismus nicht verarbeitet werden kann. Das ist ein in kleinen Mengen vorhandener Eiweißstoff, auch *Avidin* genannt, der im rohen Zustand nicht nur unverdaulich ist, sondern dem Körper sogar das sogenannte *Biotin* entzieht, ein Vitamin des B-Komplexes, das für die Hautbildung sehr wichtig ist. Haarausfall und Hautentzündungen können die Folge sein. Diese Gefahr besteht aber nur bei *rohen* Eiern. Wir sagen dies deshalb, weil es ja die verbreitete Meinung gibt, daß roh geschlürfte Eier besonders gesund seien. Durch Erhitzen wird das Avidin so verändert, daß es verdaulich wird. Da es aber im Dotter nicht enthalten ist, kann Eidotter bedenkenlos roh gegessen werden. Dies zu Ihrer Beruhigung, wenn Sie Tartar gern mit Ei essen, Eierlikör, Mayonnaise und Remoulade mögen oder als Spezialist von Süßspeisen sich ab und zu eine italienische Zabaione genehmigen möchten (das Rezept steht auf *Seite 148*).

Schließlich gibt es im Ei nicht nur Eiweiß, Wasser, Mineralstoffe und Vitamine, sonder auch *Fett*. Und zwar eine ganze Menge. In der Trockenmasse des Eidotters sind 31,5% Fettstoffe und nur 16,5% Eiweißstoffe enthalten. Die restlichen 2% entfallen auf Mineralstoffe, Traubenzucker, Glucose und sonstige

Abb. 13: Verschiedene Lebensmittel enthalten einen unterschiedlichen Anteil essentieller Aminosäuren.

Abb. 14: Das unverdauliche Avidin stört nur im rohen Ei.

Bestandteil	Eiklar	Eigelb
Wasser	87 %	50 %
Eiweißstoffe	12 %	16 %
Fettstoffe	Spuren	32 %
Mineralstoffe	Spuren	1,7 %
Kohlenhydrate	Spuren	0,3 %
Vitamine	Spuren	A, D, E, B_1-B_6
Brennwert pro 100 g	56 kcal	370 kcal

Abb. 15: Hier haben wir Ihnen einmal die Bestandteile von je 100 g Eiklar und Eigelb aufgelistet.

Verbindungen. Auf einen Fettstoff besonderer Art wollen wir hier eingehen.

Lecithin – ein natürlicher und nützlicher Emulgator

Bei vielen Lebens- und Fortpflanzungsfunktionen im Tier- und Pflanzenreich spielt *Lecithin* eine Rolle. Hirn- und Nervenzellen, aber auch Muskelgewebe, das wie das Herz und das Zwerchfell einer Dauerbelastung ausgesetzt ist, brauchen Lecithin. Dieser Stoff ist im Eigelb reichlich vertreten. In größeren Mengen findet man Lecithin sonst nur noch in Sojabohnen. Für industrielle Zwecke bezieht man es heute fast ausschließlich aus Sojaöl.

Lecithin ist ein hervorragender *Emulgator.* Man benutzt es deshalb auch bei der Herstellung von Magarine, um ihr eine butterähnliche Konsistenz zu geben. In Schokolade sorgt Lecithin dafür, daß sich auch bei längerer Lagerung die Kakaobutter nicht als ein stumpfer weißer Film auf der Schokolade absetzt. In

der Backindustrie begünstigt es die bessere Vermischung der Zutaten und eine schönere Kruste, in der kosmetischen Industrie verwendet man es zur Herstellung von Zahnpasta, Seifen und Cremes und schließlich braucht man es noch bei der Produktion von Arzneimitteln.

Wir werden bei unseren Rezepten ab *Seite 144* seine Eigenschaft als Emulgator nutzen.

Das problematische Cholesterin

Cholesterin ist zwar sehr ins Gerede gekommen; aber der Körper braucht diesen Stoff zu seinem Aufbau. Natürlich ist deshalb im Ei auch Cholesterin enthalten. Das Küken hätte sonst Schwierigkeiten beim Aufbau der Zellmembranen.

Vollei enthält 0,46 % Cholesterin, Eigelb sogar 1,6 %. Rindfleisch hingegen nur 0,12 % und Milch sogar nur 0,01 %. Allerdings muß man bei der Milch den hohen Wassergehalt berücksichtigen. Jedes

tierische Nahrungsmittel ist mit mehr oder weniger Cholesterin durchsetzt. Aber warum ist dieser Stoff für unseren Körper so problematisch?

Übermäßige Aufnahme von Cholesterin führt zu einem erhöhten *Cholesterinspiegel* im Blut und schließlich zu Ablagerungen an den Arterienwänden, bei denen man fachmännisch von *Arteriosklerose* spricht. Im Volksmund nennt man sie auch Verkalkung. Sie verursacht ein erhöhtes Herzinfarktrisiko, aber auch Einschränkung der Hirnfunktion und andere schlimme Leiden. Diese Risikofaktoren können sich durch starkes Rauchen, übermäßigen Streß und andere Belastungen verstärken.

Nun muß aber nicht jeder, der viel cholesterinreiche Nahrung zu sich nimmt, automatisch auch viel Cholesterin im Blut haben. Das hängt von der Verfassung jedes einzelnen Menschen ab. Deshalb brauchen sich Gesunde auch vor Eiern nicht zu fürchten, selbst wenn es zum Beispiel zu Ostern 4 bis 6 Stück am Tag sind. Allerdings hat man inzwischen eingesehen, daß zum Beispiel eine Eierdiät gefährlich werden kann, wie sie zum Schlankwerden vor einigen Jahren in Mode war. Wie jede einseitige Ernährung kann sie auf Dauer zu ernsthaften Gesundheitsschäden führen.

Was ist noch im Ei?

In dem besonders gehaltvollen Eigelb gibt es schließlich noch eine ganze Reihe von *Vitaminen.* So die Vitamine A, B_1, B_2, D, E, K und das Provitamin A (*β*-Carotin) und schließlich noch *Nicotinsäure* und *Pantothensäure* und *Biotin.* Das Provitamin A wird von den Hühnern vor allem mit dem Grünfutter aufgenommen. Deshalb sind die Eigelbe von freilaufenden Hühnern auch besonders intensiv in der Farbe. Da behelfen sich die Hühnerfarmen mit entsprechenden Zusätzen beim Futter. Es ist also irrig zu glauben, daß Eier mit kräftig gelb gefärbtem Dotter von besonders gesunden oder freilebenden Hühnern gelegt worden sind. Das wichtige Vitamin C fehlt im Eigelb hingegen völlig.

Vertreten sind von den *Mineralstoffen* Calcium, Eisen, Phosphor und Schwefel. Vor allem im Eiklar gibt es schließlich noch Natrium, Kalium, Chlor und ebenfalls Schwefel.

Kohlenhydrate sind hingegen im Ei kaum vertreten. Aber die nehmen wir ja reichlich mit Brot, Nudeln und anderen pflanzlichen Nahrungsmitteln auf. Im Ei machen sie nur 0,3 % aus, und sie bestehen im wesentlichen aus kleinen Mengen Traubenzucker und Glykogen. Zuckerkranke können also ohne Probleme Eier essen.

Wir essen nicht nur Hühnereier

Auch die Eier vieler anderer Vogelarten schmecken gut. Nur stehen sie nicht in ausreichender Menge zur Verfügung und außerdem sind sie nicht in jedem Falle gut für die Gesundheit. Sie können nämlich mit Salmonellen verseucht sein, wie zum Beispiel Enteneier (mehr darüber im nächsten Kapitel).

Aber es gibt auch Eier, die einfach nicht schmecken. Pfaueneier sollen geradezu widerlich süß sein. Möweneier wiederum dürfen in Deutschland nur zu bestimmten Jahreszeiten gesammelt werden. Sie liegen übrigens – so klein sie sind – reichlich schwer im Magen. Außerdem wird ihr Eiklar zwar fest, aber es bleibt nahezu durchsichtig, was manche Leute stört. Kiebitzeier waren früher überaus beliebt. Man sammelte sie auf Wiesen und hatte sie dadurch praktisch umsonst. Da die Kiebitze aber vom Aussterben bedroht sind, ist dies heute verboten.

Die vielen Wachteleier, die man in Delikatessengeschäften kaufen kann, stammen von gezüchteten Tieren. Diese Eier sind entsprechend klein und teuer. Hin und wieder bekommt man auch die großen Gänseeier, die zu Ostern gern bemalt werden.

Zu den Eiern gehören aber auch Delikatessen, an die man in diesem Zusammenhang zunächst gar nicht denkt. So der begehrte *Kaviar,* der aus dem unbefruchteten Rogen des Störs gewonnen wird. Der sogenannte Deutsche oder falsche Kaviar ist nichts anderes als der eingesalzene und gefärbte Rogen des Seehasen.

Tausendjährige Eier und jüngere – oder: wie frisch muß ein Ei sein?

Die Chinesen waren wahrscheinlich die ersten, die über das Haltbarmachen von Eiern nachgedacht haben. Die Rezepte, die dabei herausgekommen sind, gelten in China in abgewandelter Form bis heute. Die dort beliebten „Tausendjährigen Eier" sind fermentierte Eier, die bei diesem Prozeß eine blauschwarze Farbe annehmen. Sie sind mehrere Monate haltbar. Diese Eier gelten in China als Delikatesse; den Europäern hat man sie aber bis heute nicht schmackhaft machen können. Schließlich hat man das Lagerproblem inzwischen ja auch ganz anders gelöst, zum Beispiel durch Kühlhäuser.

Wenn sich Eier aber so einfach in Kühlhäusern lagern lassen, weshalb wird dann derart auf Frische geachtet?

Im Hinblick auf die Frische gibt es in der Lebensmittelverordnung für Eier folgende Güteklassen:

Klasse A oder „frisch";
Klasse B oder „2. Qualität oder haltbar gemacht";
Klasse C oder „aussortiert, für die Nahrungsmittelindustrie bestimmt".

Bei Eiern der Klasse A darf die Luftkammer nicht höher als 6 mm sein. Das ist ein ziemlich sicherer Nachweis der Frische. Sie dürfen auch keinerlei Einschlüsse enthalten und sie müssen frei von fremdem Geruch sein. Eier nehmen nämlich besonders leicht fremde Gerüche an, was für die Lagerung im Kühlschrank wichtig zu wissen ist. Eier der Klasse A dürfen auch von außen nicht verschmutzt sein. Schmutz darf auch durch Waschen nicht beseitigt werden, weil sonst die Gefahr besteht, daß durch die poröse Schale Keime nach innen dringen. Bei Eiern – und auch bei Hühnerfleisch – besteht immer die Gefahr einer Infizierung mit *Salmonellen.* Sie werden beim Kochen zwar abgetötet; aber dazu muß ein Ei wirklich hart und Fleisch absolut durchgegart sein. Bei

Abb. 16: Auch Wachteleier *(Mitte)* und Kaviar *(rechts)* sind Eier – letzterer sogar eine besondere Delikatesse mit einem besonderen Preis. *Links* ein Mövenei.

den handelsüblichen Eiern und Hähnchen kann man vor solchen Infektionen bei uns sicher sein. Immerhin gibt es für Enteneier aber die Verordnung, daß sie als solche gekennzeichnet werden und den Hinweis tragen müssen, daß sie mindestens 10 Minuten gekocht werden müssen.

Ein weiteres wichtiges Merkmal der Güteklasse A ist, daß die Eier vor dem Verkauf nicht im Kühlhaus gelagert werden dürfen. Der Einzelhändler kann sie zwar 3 Tage vor dem Verkauf kühlen; allerdings ist das gar nicht nötig, denn Eier kann man bei ganz normaler Raumtemperatur ohne weiteres 2 bis 3 Wochen lagern.

Eier der Güteklasse B können haltbar gemacht oder gekühlte Eier sein. Eier der Klasse C werden nur in der Industrie verarbeitet.

Aber was ist an Kühlhauseiern so schlecht?

Es ist schlichtweg der Geschmack, der bei längerer Lagerung leidet. Dabei gibt man sich bei der Kühlung eine Menge Mühe. Verwendet werden nur frische, einwandfreie Eier, die zunächst in speziellen Räumen vorgekühlt werden, damit sich im eigentlichen Kühlraum kein Schwitzwasser bildet. Gelagert werden diese Eier schließlich bei einer Temperatur zwischen 0 und 1,5°C. Die Luftfeuchtigkeit liegt zwischen 85 und 90 %, damit die Eier nicht zu stark austrocknen. Außerdem wird Frischluft zugeführt. Die Kühlräume sind desinfiziert. Es wird also eine Menge getan. Trotz-

dem ist das Ergebnis lediglich ein Ei der Güteklasse B.

Man kann Eier zusätzlich unter dem Druck eines Gases – wie zum Beispiel Kohlendioxyd – lagern. Man spricht dann von „stabilisierten Eiern".

Eiprodukte

Eiprodukte sind in letzter Zeit etwas in Verruf geraten, weil zwischen Holland und Deutschland ein schwunghafter Handel mit Flüssigei stattgefunden hat, bei dem es nicht ganz hygienisch und mit rechten Dingen zugegangen ist. Das sind aber Ausnahmefälle.

In der Lebensmittelindustrie werden Eiprodukte in riesigen Mengen zum Beispiel zur Nudelherstellung verwendet. Man gewinnt diese Produkte aus den vielen Millionen *Knickeiern,* die auf den Hühnerfarmen anfallen. Bei diesen Eiern ist die Kalkschale angeknackst, das Schalenhäutchen darunter aber noch unversehrt. Ist auch dieses Schalenhäutchen beschädigt, dann spricht man von *Brucheiern. Windeier* hingegen sind solche Eier, denen von Geburt an die Kalkschale fehlt.

Schließlich gibt es noch Eier mit Einschlüssen oder Verunreinigungen, was man beim Durchleuchten mit ganz normalem Licht feststellen kann. Alle Eier, die nicht völlig einwandfrei sind, werden in *Eiprodukte* umgewandelt.

Und dabei unterscheidet man wiederum mehrere Arten: *Gefrierei, Tockenei* und *Flüssigei.* Bei allen Verfahren werden die Eier von der Schale getrennt und untereinander vermischt.

Gefrierei wird hergestellt, indem man die durcheinandergemischten (homogenisierten) Eier bei −23 bis −25°C einfriert und bei −20°C lagert. Vor dem Einfrieren wird die Masse bei 60 bis 62°C pasteurisiert. Dabei wendet man spezielle Verfahren an, die verhindern, daß das Ei fest wird. Normalerweise beginnt es bei dieser Temperatur schon zu gerinnen. Gefrierei kann man bis zu einem Jahr lagern.

Trockenei wird auf verschiedene Weise hergestellt. Beim Sprühverfahren wird die erwärmte Eimasse in feinste Teilchen zerstäubt und bei etwa 25°C getrocknet. Durch seinen Fett- und Zuckergehalt ist das Trockenei nur begrenzt haltbar. Chemische Konservierungsstoffe sind nicht erlaubt. *Flüssigei* kann mit Konservierungsstoffen wie Sorbin und Benzoesäure versetzt werden. Es wird vor allem für die Herstellung von Nudeln,

Abb. 17: Flüssigei-Produktion in einer holländischen Firma, die in der Bundesrepublik für Schlagzeilen gesorgt hat.

Backwaren, Süßigkeiten, Mayonnaise usw. verwendet.

Wenn Sie Eier doch einmal konservieren wollen ...

Es gibt eine Methode, die das Ei weder unansehnlich macht noch seinen Geschmack beeinträchtigt: die Konservierung mit *Wasserglas.* Das ist eine Flüssigkeit, die aus Natronlauge und Silicat besteht. Das Wasserglas, das man in Chemikalienhandlungen oder auch in Apotheken kaufen kann, ist normalerweise eine 33- bis 35%ige Natriumsilicat-Lösung. Sie wird mit der 10fachen Wassermenge verdünnt. Am besten machen Sie das in einem großen Einmachglas mit gut sitzendem Deckel; denn Wasserglas zersetzt sich an der Luft sehr leicht und es wird dann unwirksam. Auch die Vorratsflasche muß immer gut verschlossen werden.

In diese Lösung können Sie die frischen rohen Eier legen und den Deckel verschließen. Die in der Lösung enthaltenen Silicate setzen sich in die offenen Poren der Eischale und dichten sie ab. Danach können weder von außen Keime eindringen, noch kann von innen Flüssigkeit verdunsten. Die so abgedichteten Eier lassen sich bei Raumtemperatur ohne weiteres ein halbes Jahr lagern. Wenn Sie diese Eier später kochen wollen, müssen Sie sie auf beiden Seiten mit einer Nadel anstechen. Da alle Poren geschlossen sind, platzen sie sonst leicht.

Abb. 18: Mit Wasserglas kann man Eier für ein halbes Jahr bei Raumtemperatur konservieren.

Früher konservierte man Eier, indem man sie in Kalkwasser legte. Davon würden wir abraten. Bei dieser Methode wird die Schale brüchig und auch der Geschmack des Eies leidet.

Wie kann man die Frische eines Eies prüfen?

Die einfachste Prüfmethode geht so: Legen Sie ein rohes Ei in eine mit Wasser gefüllte Schüssel. Bleibt es flach im Wasser liegen, dann ist es garantiert frisch. Legt es sich hingegen leicht schräg, dann ist es etwa 7 bis 14 Tage alt. Stellt es sich aber mit der stumpfen Seite nach oben, dann ist es mindestens 3 Wochen alt. Noch ältere Eier steigen sogar an die Wasseroberfläche. Die Ursache für dieses unterschiedliche Verhalten kann man sich leicht erklären. Die poröse Eierschale ist ja in gewissen Grenzen luftdurchlässig. Die Luftkammer am stumpfen Ende wird um so größer, je älter das Ei ist, weil immer mehr Flüssigkeit aus dem Inneren verdunstet. Der Auftrieb wird an der Stelle bewirkt, wo sich die Luftblase befindet. Deshalb richtet sich das Ei um so stärker auf, je größer das Volumen der Luftkammer geworden ist.
Allerdings kann dieser Test durch die Lagerung des Eies verfälscht werden. Wurde es zum Beispiel bei sehr hoher Luftfeuchtigkeit gelagert, dann ist wesentlich weniger Flüssigkeit verdunstet, als dem Alter des Eies eigentlich gemäß wäre. Es verhält sich dann wie ein frischeres Ei.
Es gibt auch zur Nachprüfung dieses Verfälschungsfaktors eine sehr einfache und zuverlässige Methode. Allerdings muß man dafür das Ei auf einem flachen Teller aufschlagen. Dann können Sie erkennen, ob der Dotter und das Eiklar sich noch hochwölben. Bei einem wirklich frischen Ei kann man außerdem erkennen, daß das Eiklar aus zwei Schichten besteht. Die eine liegt um den Dotter

herum und ist besonders hoch gewölbt; die zweite bildet den äußeren Abschluß und ist etwas flacher. Bei älteren Eiern ist der Dotter insgesamt flach und das Eiklar dünnflüssig, so daß es breit auseinanderfließt.
Auch an hartgekochten Eiern kann man die Frische erkennen. Sitzt der Dotter nicht mehr in der Mitte, sondern am äußeren Rand, dann sind die Eier ziemlich alt.

Wie unterscheidet man gekochte von rohen Eiern?

Oft geraten hartgekochte Eier zwischen die frischen im Kühlschrank. Manchmal ist es sogar ein weichgekochtes Ei, das beim Frühstück übriggeblieben ist. Diese Eier kann man übrigens wieder erhitzen, ohne daß sie dadurch hart werden. In Hotels mit nicht allzu hochstehender Küchenkultur werden so die am Abend vorgekochten Eier morgens angewärmt.
Wie unterscheidet man gekochte Eier von rohen?
Ganz einfach: man macht den *Rotationstest*. Versetzen Sie ein auf dem Tisch liegendes Ei in Drehungen. Läuft das Ei rund, dann ist es gekocht. Stoppt es hingegen umgehend, dann ist es roh. Die gallertartige Masse im Inneren verhindert das freie Entfalten des Drehimpulses durch innere Gegenwirkung.

Noch ein Wort zur Größe der Eier

Nach der schon zitierten Lebensmittelverordnung werden Eier in Gewichtsklassen unterteilt:

Klasse 1: 70 g und darüber
Klasse 2: unter 70 bis 65 g
Klasse 3: unter 65 bis 60 g
Klasse 4: unter 60 bis 55 g
Klasse 5: unter 55 bis 50 g

Man sieht es den Eiern auf den ersten Blick nicht an, daß sie sich derart stark im Gewicht unterscheiden. Wenn es in einem Rezept heißt, man nehme 3 Eier, dann spielt es schon eine Rolle, ob es dann insgesamt 210 g oder nur 150 g sind.

Das Ei –
die vielseitige
Gaumenfreude

Bevor wir Ihnen einige Rezepte verraten wollen, hier noch ein paar allgemeine Tips für den Umgang mit Eiern in der Küche.

Mit Eiern kann man fast
alles machen

Versuchen Sie sich einmal vorzustellen, wie unser Speisezettel ohne Eier aussähe. Unsere Frühstückskultur würde doch stark leiden, Kuchen und Torten wären eine substanzlose Sache. Und dann erst die Süßigkeiten: all die luftigen Cremes würde es nicht geben. Und mit den Eiernudeln wäre es auch nichts, wie Sie im ersten Teil dieses Buches unschwer feststellen können. Wir sollten

Abb. 19: Eine ganz einfache Frischeprobe: Je älter das Ei ist, um so größer wird die Luftkammer und um so stärker richtet sich das Ei im Wasser auf.

also der Natur dankbar sein, daß sie Wunderwerke wie das Ei entstehen ließ. Zu diesen wunderbaren Eigenschaften gehört auch, daß Eier sowohl im rohen wie im erstarrten Zustand gegessen werden können. Erhitzt man Eier stärker als etwa 62 bis 65° C, dann gerinnt das Eiweiß und verliert damit auch seine Lebensfähigkeit. Gerinnen heißt hier, daß aus der gallertartigen Masse eine feste Substanz wird. Trotzdem bindet das Eiweiß in seinen Zellen sehr viel Wasser; denn es enthält auch nach dem Kochen immer noch 83 % Wasser. Beim Eidotter ist diese Bindung wegen des hohen Fettgehaltes nicht so stark, so daß es eher bröckelig wird.

In der Küche macht man sich die Gerinnungsfähigkeit des Eies bei relativ niedriger Temperatur zunutze, indem man das Eiweiß als Bindemittel zum Beispiel für Hackfleischklöße, Kartoffelklöße, Grieß- und Mehlklöße usw. verwendet. Aber man kann mit Ei auch Cremesuppen legieren oder Saucen und anderes. Schließlich kann man das Eiweiß zum *Klären von Fleischbrühe* benutzen. Um kleinste Teilchen in der Brühe zu binden, gibt man in die kochende Flüssigkeit unter Rühren etwas Eischnee. Er gerinnt und bindet dabei die in der Brühe treibenden Teilchen. Die Bouillon wird dann durch ein Tuch gefiltert und ist anschließend völlig klar.

Schaumschlägereien

Wußten Sie, daß beim Schlagen von Eischnee das Volumen des Eiklars bis zu 700 % zunehmen kann; also etwa um das Siebenfache? So viel Luft kann das Eiklar nämlich in kleinsten Bläschen festhalten. Das geht auf die Klebefähigkeit und die Elastizität des Eiweißes zurück. Verantwortlich sind dafür die sogenannten *Globuline* im Eiklar. Globuline bilden eine Gruppe von Eiweißstoffen, die im menschlichen Organismus eine sehr wichtige Funktion übernehmen, und die deshalb eine hohe biologische Wertigkeit haben. Die schaumstabilisierende Wirkung geht aber noch auf einen Stoff zurück: das sogenannte *Ovomucin*, einen ebenfalls im Ei vorhandenen Eiweißstoff.

Eier, die weniger als einen Tag alt sind, lassen sich übrigens noch nicht zu Schnee schlagen. Schlecht geeignet sind auch alte Eier, weil das Eiklar mit der Zeit immer flüssiger wird und seine Elastizität verliert.

Für einen guten, haltbaren Eischnee sollte das Eiklar etwa Zimmertemperatur haben, also nicht direkt aus dem Kühlschrank kommen.

Eischnee hat ausreichende Steifigkeit, wenn man die Schüssel umdrehen

Abb. 20: Frische Hühnereier.

kann, ohne daß der Schnee sich bewegt oder gar herausläuft. Mit einem elektrischen Mixer geht das relativ schnell, vor allem bei großen Mengen. Durch Zusatz einer Prise Salz oder von etwas Zitronensaft wird die Schneemasse stabiler und größer. Zucker hingegen sollte man – soweit er überhaupt nötig ist – erst zum Schluß hinzufügen und dann möglichst feinkörnigen oder Puderzucker nehmen. Das Volumen des Eischnees wird durch Zucker geringer; die Stabilität hingegen steigt.

Das Gelbe vom Ei

Ohne Eiklar kein Eischnee; nichts geht jedoch über das Eigelb. Ohne den Eidotter gäbe es zum Beispiel keine Mayonnaise. Sie gelingt nämlich nur, weil der Eidotter eine *emulgierende Wirkung* hat. Sie kommt durch das Lecithin zustande, mit dessen Hilfe sich Wasser und Öl miteinander verbinden lassen. Gießt man Wasser und Öl in einem Glas zusammen, dann wird das Wasser immer unten bleiben und das Öl oben schwim-

men. Da hilft auch kein Rühren. Gibt man jedoch einen Emulgator hinzu – das kann zum Beispiel auch ein Geschirrspülmittel sein –, dann mischen sie sich plötzlich. So ähnlich wirkt auch das Eilecithin. Mehr dazu erfahren Sie bei unserem Mayonnaise-Rezept auf *Seite 144*). Außerdem ist das Eigelb ein klassisches Färbemittel. Kuchen, Eiernudeln, Nachspeisen und vieles andere mehr erhalten durch Eier eine wunderschöne Farbe, die zugleich signalisiert, daß es hier gehaltvoll zugeht.

Daß Eigelb auch hervorragend zum *Panieren* von Fleisch, Fisch und sogar Gemüsen verwendet werden kann, werden Sie wissen. Die Panade hat auch den Zweck, die damit eingehüllten Gerichte saftig zu halten.

Auf die vielfältigen Verwendungsmöglichkeiten des Eidotters beim Backen gehen wir ab *Seite 139* ein.

Abb. 21: Eischnee kann das siebenfache Volumen von ungeschlagenem Eiklar annehmen.

Rezepte, Rezepte ...

Fangen wir mit dem Einfachsten an:

gekochte Frühstückseier

Der Witz: „Ich habe die Eier 10 Minuten lang gekocht, und da waren sie immer noch hart" zeigt, daß das Weichkochen eines Eies einem nicht in die Wiege gelegt wird, sondern zu lernen ist.

Vor dem Kochen werden die Eier am stumpfen Ende mit einer Nadel eingestochen; es gibt auch spezielle Eierpie-

ker dafür. Dieses kleine Loch verhindert, daß die Eier platzen, wenn sie mit einem Löffel vorsichtig in das kochende Wasser gelegt werden.

Weiche Eier kocht man 4 bis 4½ Minuten, wachsweiche Eier, deren Eigelb bereits beginnt fest zu werden, 5 bis 6 Minuten, harte Eier 8 bis 10 Minuten.

Eier im Glas

Das sind im Prinzip weiche Eier. Weiche oder wachsweiche Eier werden geschält, in ein breites Glas gegeben, mit einem Stück Butter oder mit Worcestersauce serviert. Salz und frisch gemahlenen schwarzen Pfeffer gibt man je nach Geschmack hinzu. Sehr gut schmecken dazu auch frischgehackte Kräuter.

Spiegeleier

Wenn Sie möglichst frische Eier verwenden, läuft das Eiklar in der Pfanne nicht zu sehr auseinander.

Die Eier bei mittlerer Hitze so lange braten, bis das Eiklar völlig fest, der Dotter aber noch flüssig ist. Erst zum Schluß salzen, sonst gibt es auf dem Dotter weiße Flecken. Spiegeleier beim Braten nicht zudecken oder gar wenden, sonst wird der Dotter weiß und unansehnlich. Auch über Spiegeleier kann man frisch gehackte Kräuter streuen.

Spiegeleier mit Käse sind eine Abwandlung, die sich kinderleicht zubereiten läßt, aber einen sehr interessanten neuen Geschmack ergibt. Sobald das Eiklar in der Pfanne eine dünne weiße Schicht gebildet hat, werden dünne kleine Goudascheiben auf das Ei gelegt. Sie sinken in das Eiklar ein, schmelzen beim weiteren Braten leicht an und verbinden sich so mit dem Ei. Bitte die Käsescheiben nicht neben das Ei legen, weil das schnell etwas unangenehm riecht.

Spiegeleier mit Käse auf Schinken sind eine weitere Variante. Bereiten Sie eine Scheibe Brot mit rohen Schinkenwürfeln vor, legen Sie ein oder zwei Spiegeleier mit Schinken noch heiß darauf, garnieren Sie mit Gewürzgurken, fertig. Man nennt dies auch Hamburger Kraftbrot, das ein schnell zu bereitendes gehaltvolles Frühstück ergibt.

Sehr gut schmeckt auch eine Variante, bei der statt des rohen Schinkens ein mit Leberwurst bestrichenes Brot genommen wird. Allerdings schmilzt die Leberwurst durch das warme Ei leicht an, was aber den guten Geschmack keineswegs beeinträchtigt.

Ham and Eggs

Auch dies ist eine Kombination aus Schinken und Ei. Allerdings wird sie anders zubereitet: Man nimmt rohen Schinken oder durchwachsenen Speck in Scheiben, legt ihn in die heiße Pfanne und schlägt darauf die Spiegeleier. Kein zusätzliches Salz verwenden, da der Schinken beim Braten salziger wird.

Rührei

Verquirlen Sie zwei Eier mit 5 Eßlöffeln Milch, Salz, Pfeffer und ein wenig frisch geriebener Muskatnuß. Geben Sie die Mischung bei mittlerer Hitze in die Pfanne, in der vorher Magarine oder Butter zerlassen worden ist.

Die Eimasse vorsichtig mit einem Löffel oder Pfannenwender durchrühren. Die am Boden und am Rand der Pfanne bereits gestockte Eimasse muß nämlich durch Rühren wieder abgelöst werden, damit die noch flüssige Masse auf den Boden gelangt und stocken kann. Sie können die Pfanne bereits vom Feuer

Abb. 23:   Wenn man Eier in eine *heiße* Pfanne schlägt, bekommen sie einen knusprigen braunen Rand.

nehmen, wenn noch nicht alles geronnen ist. Dabei vorsichtig weiterrühren. Das Rührei darf auf keinen Fall zu trocken werden. Allerdings sind die Geschmäcker unterschiedlich; manche mögen es fester, andere flüssiger. Außerdem sollen die Rühreiflocken nicht zu groß und nicht zu klein sein. Da müssen Sie ganz Ihrem eigenen Geschmack oder dem Ihrer Gäste folgen. Beim Rührei gibt es eine Fülle von Variationsmöglichkeiten. Sie können in der Eimasse mitbraten: frisch gehackte Kräuter wie

Schnittlauch, Petersilie, Sauerampfer, Kerbel, Estragon.

Wenn Sie Zwiebel oder Knoblauch verwenden wollen, dann davon bitte nur einen „Hauch".

Die klassische Kombination ist Ei mit gebratenen Speckwürfeln. Sie können sie erweitern mit Champignonscheibchen. Bei einem Festtags-Rührei kann man Krabben unterrühren.

Auch ein süßes Rührei sollten Sie ausprobieren. Man rührt in die Eimasse gewaschene Rosinen, und zum Schluß wird die gestockte Masse mit Puderzucker bestäubt.

Man kann Rührei aber auch mit anderen Zutaten kombinieren, die nicht mit eingerührt werden. So zum Beispiel mit frischen Kräutern, mit Sardellenfilets oder mit Scheibchen von gefüllten Oliven oder mit Kapern. Für ein Festessen kann man Rührei auch mit Streifen von geräuchertem Lachs und mit echtem Kaviar garnieren.

Omelett

Für normale Omeletts nimmt man pro Person zwei Eier, die mit Salz, Pfeffer und ein wenig frisch geriebener Muskatnuß mit einer Gabel gut verrührt werden. Gebraten wird mit Butter oder Magarine am besten in einer Teflonpfanne, an der das Omelett nicht hängenbleibt. Bei mittlerer Hitze gibt man die Eimasse in die Pfanne und rührt sie mit dem Pfannenwender ähnlich wie beim Rührei kurz durch. Da die Menge für ein normales Omelett (zwei Eier) relativ gering ist, geht hier alles sehr schnell. Ein Omelett wird nicht länger als eine Minute gebraten. Im Gegensatz zum Rührei wird hier sehr schnell gerührt, so daß die ganze Masse gleichmäßig stockt. Nicht zu lange rühren, damit das Omelett zum Schluß zusammenhängend am Pfannenboden gerinnt. Es macht nichts, wenn es auf der Oberseite noch ein wenig flüssig ist. Falten Sie das Omelett, indem Sie es an zwei gegenüberliegenden Seiten einmal einschlagen, so daß drei Lagen entstehen.

Das Omelett wird mit der glatten Seite nach oben auf einem vorgewärmten Teller serviert. Als Dekoration können Sie

Abb. 24:   Omelett mit Frikassee.

alles verwenden, was wir auch beim Rührei genannt haben.

Wenn eine richtige Füllung in das Omelett hinein soll, dann schneiden Sie es oben in der Mitte auf, geben die Füllung hinein, schließen es wieder. Den Rest der Füllung können Sie obendrauf tun; das sieht sehr gut aus.

Zum Füllen eignen sich geriebener Emmentaler oder auch gewürfelter Blauschimmelkäse, blanchierter Spinat oder gekochter Spargel. Für süße Omeletts eignen sich vor allem helle Konfitüren. Dunkle verfärben die Eimasse und machen sie unansehnlich. Wird das Omelett nicht als kleine Zwischenmahlzeit oder zum Frühstück verwendet, son-

dern als kompletter Mittagsimbiß, dann kann man es natürlich auch mit Hühnerfrikassee oder etwas ähnlichem servieren.

Schaumomelett

Mit einem elektrischen Rührgerät werden zwei ganze Eier sehr schaumig geschlagen, die Gewürze dazugetan und der Eierschaum in die Pfanne gegeben. Bei mittlerer Hitze ohne Rühren stocken lassen. Ohne Rühren dauert das etwas länger. Außerdem ist das Schaumomelett ja viel dicker durch die viele Luft. Die macht es auch lockerer, allerdings auch trockener als das normale Omelett.

Abb. 25: Deftige Pfannkuchen mit Speck.

Die Zutaten werden verrührt. Wer einen lockeren Pfannkuchen haben möchte, kann Eigelb und Eiklar trennen, das Eiklar kurz vor dem Backen zu Schnee schlagen und es vorsichtig unter den Teig heben. Danach möglichst wenig rühren.

Nehmen Sie einen großen Pfannenwender, zerlassen Sie Butter oder Magarine und geben Sie bei mittlerer Hitze den Teig mit einer Schöpfkelle in die Pfanne. Obendrauf kommen die Zutaten.

Für *süße Pfannkuchen* kann man nehmen: Apfelscheiben, Kiwischeiben, Kirschen, Pflaumen, Beerenobst.

Für *deftige Pfannkuchen* eignen sich: Scheiben von geräuchertem, durchwachsenem Speck oder Schinken, Champignon- oder Tomatenscheiben, Kapern usw.

Ist die Unterseite gebräunt und der Pfannkuchen weitgehend fest geworden, so wird er mit dem Pfannenwender vorsichtig gedreht und auch von der anderen Seite braun gebacken. Sollen mehrere Pfannkuchen zugleich serviert werden, dann kann man sie in einer zugedeckten Schüssel oder Backform warmhalten. Allerdings verlieren sie dadurch ihren knusprigen Rand.

Süße Pfannkuchen kann man mit Schlagsahne und natürlich auch mit einem Schuß Alkohol servieren.

Das Schaumomelett wird zum Schluß nur einmal übereinandergeschlagen, da es zum Rollen zu dick ist.

Nach einer anderen Methode wird das Eiklar vom Eidotter getrennt, zu Schnee geschlagen und das Eigelb vorsichtig daruntergezogen. Diese Schaumomeletts sind noch fülliger, und man füllt sie vor allem mit süßen Zutaten, wie Kompott, Marmelade usw.

Pfannkuchen

Pfannkuchen sind eine sehr beliebte kleine, aber doch recht deftige Mahlzeit. Außerdem kann man sie als Einlage für eine Boullion und noch manches andere verwenden. Pfannkuchen sind wesentlich dicker als Crêpe (das Rezept weiter unten); aber sie lassen sich auch schneller und unkomplizierter backen. Der Teig sollte mindestens eine halbe Stunde vor der Verwendung angerührt werden, damit das Mehl besser quellen kann. Die süßen, salzigen oder pikanten Zutaten werden gleich mitgebacken.

Für etwa acht Pfannkuchen braucht man als Grundrezept:

3 Eier
250 ml (¼ l) Milch
200 g Mehl

Crêpe

Crêpes sind die elegantere Variante des Pfannkuchens. Sie kommen natürlich aus Frankreich; sie sind aber nicht zuletzt durch verschiedene *Crêperien* inzwischen auch bei uns sehr beliebt. Vielleicht haben Sie schon einmal gesehen, wie die Crêpes dort zubereitet werden. Im Prinzip sind es ja hauchdünne Pfannkuchen, die auf einer heißen Eisenplatte mit einem besonderen Holzschaber hergestellt werden. Es gibt inzwischen auch bei uns elektrische Geräte, die im wesentlichen aus einer leicht gewölbten, teflonbeschichteten heißen Pfanne bestehen, die man in Crêpeteig taucht, wodurch besonders zarte Crêpes entstehen.

Ehrgeiz und Kunst der Crêpe-Bäcker ist es, möglichst dünne Fladen zu erzielen. Voraussetzung dafür ist ein sehr dünnflüssiger Teig. Wichtig ist auch, daß er möglichst mehrere Stunden ruht, mindestens aber eine Stunde.

Auch wenn Sie kein spezielles Gerät für das Backen haben, brauchen Sie nicht auf Crêpes zu verzichten. Es geht auch in einer Pfanne.

Für etwa 8 Crêpes brauchen Sie:

---

3 Eier
250 ml (¼ l) Milch oder Sahne
120 g Mehl
1 Prise Salz
evtl. etwas Zucker

Zum Braten so wenig Butter wie möglich verwenden. Eventuell nur mit einem Backpinsel etwas Butter in der Pfanne verteilen.

Die erhitzte Pfanne vom Feuer nehmen, mit einer Hand an die Teigschüssel halten und mit einer Schöpfkelle wenig flüssigen Teig hineingeben. Jetzt die Pfanne sofort so drehen und schwenken, daß

sich der Teig gleichmäßig darin verteilt. Dann wieder auf die Kochplatte stellen und von beiden Seiten backen.

Das werden Sie sicher erst einmal üben müssen. Nehmen Sie zu wenig Teig, dann bedeckt er nicht den ganzen Pfannenboden. Nehmen Sie zu viel, dann wird der Crêpe schließlich doch wieder ein dicker Pfannkuchen.

Lassen Sie die Crêpes nicht zu kroß werden, weil sie sich sonst nicht mehr so gut rollen oder falten lassen. Da sie sehr dünn sind, geht die Backerei schnell.

Auch Crêpes bäckt man auf Vorrat. Sie können sie zwischen zwei Tellern im Backofen warmhalten.

Richtige Crêpes werden mit der Füllung nicht gerollt, sondern von vier Seiten wie ein Briefumschlag *gefaltet*. Das Ergebnis sind quadratische Taschen. Man kann Crêpes aber auch zu Spitztüten ähnlich wie ein Eishörnchen formen, oder auch Dreiecke falten, indem man die runden Crêpes zweimal übereinanderlegt.

Da die Crêpes aus der Bratpfanne keinen so großen Durchmesser haben wie die Crêpes, die im Restaurant auf den speziellen großen Stahlplatten gebacken werden, könnten Sie Schwierigkeiten mit dem Falten von Taschen bekommen. Dann rollen Sie sie einfach.

Wenn Sie schon einmal in einer Crêperie gewesen sind, dann werden Sie wissen, daß es tausende von Crêpe-Füllungen gibt. Sie sind süß oder salzig, deftig oder zart – es ist kaum etwas Eßbares vor-

Abb. 26: So sieht es in einer Crêperie aus.

stellbar, was sich nicht zur Füllung eignete. Süße Crêpes kann man beim Servieren auch *flambieren*. Man nimmt dazu Rum, Arrak, Cognac oder andere Alkoholika, die möglichst hochprozentig sein müssen. Bei 52 % brennen sie auch im kalten Zustand. Geringer prozentige Alkoholika werden leicht erwärmt, in einem kleinen Pfännchen oder in einer Kelle angezündet und brennend über die Crêpes gegossen.

Crêpe Suzette

Man nimmt normale Crêpes und bereitet eine Füllung aus:

2 EL Butter
3 EL Zucker

1 EL Orangenmarmelade
Saft einer Zitrone
Saft einer Orange
Orangenlikör

Butter und Zucker in einer Pfanne schmelzen lassen, Marmelade und Saft dazugeben und alles zusammen aufkochen, bis es dickflüssig wird. Zum Schluß Orangenlikör hinzufügen. Diese Sauce gießt man über die gefalteten Crêpes. Hier gehört das Flambieren gewissermaßen zum Rezept.

Man kann das Rezept aber auch abwandeln und dadurch richtige Füllungen herstellen. In der Pfanne werden dann nicht nur Butter und Zucker geschmolzen, sondern Apfelstücke, Rosinen,

blättrig geschnittene Mandeln usw. hinzugegeben.

Als Zutat eignen sich auch verschiedene andere Obstsorten, wie zum Beispiel Bananen, Ananas, Aprikosen, Kischen. Zu süßen Crêpes paßt natürlich sehr gut Schlagsahne oder Vanillesauce.

Eine besonders verführerische Variante sind *Crêpes mit heißer Schokolade*. Dazu wird Kuvertüre im Wasserbad auf etwa 32 ^{C} erwärmt und flüssig über die gefalteten Crêpes gegossen. Sie können dies noch verfeinern durch geröstete Mandelstifte.

Überaus köstlich sind auch *Quarkfüllungen*. Hier eine zur Anregung:

250 g Sahnequark
1 EL Zucker

Abb. 27: Crêpes kann man ganz verschieden falten.

Abb. 28: Crêpe Suzette.

Saft einer Zitrone
1 Eigelb
evtl. vorgequollene Rosinen

Aus diesen Zutaten eine Creme rühren, die fertigen Crêpes damit bestreichen, zusammenfalten und warm servieren.

Hier noch ein Tip: Wenn Sie die Crêpes mit kalten Füllungen füllen – wie bei der Quarkfüllung –, dann können Sie nach dem Füllen und Einfalten die fertigen Crêpes kurz noch einmal in die warme Pfanne geben. Beim Quark aber darauf achten, daß er nicht zu fest wird.

Champignonfüllung mit Speck

200 g durchwachsener Speck
500 g Champignons
1 kleine Zwiebel
250 ml süße Sahne oder Schmant
Petersilie, frischgehackt
Salz und Pfeffer

Auch diese Menge reicht für etwa 8 Crêpes.
Gewürfelten Speck, gehackte Zwiebel und kleingeschnittene Champignons anbraten, Sahne dazugeben und etwas einkochen lassen. Zum Schluß kommen Kräuter und Gewürze hinzu.

Hackfleischfüllung

Sie ist besonders beliebt und in vielfältigster Weise abwandelbar. Hier wieder die Zutaten für etwa 8 Füllungen:

300 g Hackfleisch
1 EL Butter
1 EL Öl
1 Zwiebel
1 Knoblauchzehe
1 Fenchelknolle
1 kleine Zucchini
70 g Tomatenmark
½ TL getrocknetes Oregano
Salz und Pfeffer

Hackfleisch anbraten, gewürfeltes Gemüse in derselben Pfanne mitdünsten, Gewürze und Tomatenmark hinzugeben, fertig.
Hier ein paar Anregungen, wie Sie die Hackfleischfüllung abwandeln können. Den Gemüseanteil können Sie ergänzen oder auch ersetzen durch frische Sojasprossen, Möhren, Bambusschößlinge aus der Dose oder auch durch Pilze. Zum Würzen kann man Sojasauce nehmen. Zum Hackfleisch hinzu oder auch ohne Hackfleisch kann man Hühnerfleisch nehmen. Dazu schmecken besonders gut Ananasstücke und als Gewürz Curry und ein wenig Zucker.

Crêpes überbacken

Bei mehreren Personen empfiehlt es sich ohnehin, die Crêpes im Backofen warmzuhalten. Man kann Crêpes aber auch regelrecht überbacken, ähnlich wie zum Beispiel Cannelloni (vgl. dazu *Seite 47*).

Wenn Sie Crêpes zu einer absoluten Delikatesse machen wollen, dann können Sie folgendes tun:
Legen Sie in eine feuerfeste, gefettete Form ein Gemüsebett aus blanchiertem Spinat oder Brokkoli oder Pilzen usw.

Legen Sie darauf die Crêpes, die zum Beispiel mit Hackfleisch und Tomaten gefüllt sind. Darüber reichlich geriebenen Emmentaler Käse streuen. Alles 10 bis 15 Minuten überbacken.

Crêpes als Suppeneinlage

Ein klassisches Rezept in Österreich und Süddeutschland sind die sogenannten *Fädle.* Das ist nichts anderes als in Streifen geschnittene Pfannkuchen oder Crêpes. Dazu werden die runden Kuchen einfach zusammengerollt und in möglichst dünne Streifen geschnitten. Alles in eine heiße Bouillon geben, etwas kleingehackte Petersilie darüberstreuen und fertig ist eine ausgezeichnete Vorsuppe.

Pochierte Eier

Vielleicht kennen Sie sie unter dem Namen „Verlorene Eier". Man sagt, die raffinierte Küche käme ohne sie nicht aus. Wer den Trick heraus hat, wie man sie zubereitet, ist um eine Eieridee reicher. Früher fand man pochierte Eier auf jeder Speisekarte; heute scheut man wohl die Zubereitung, die aber im Grunde gar nicht schwer ist. Am besten geht es mit Eiern, die nicht älter als eine Woche sind. Zunächst wird 1 l Salzwasser zum Kochen gebracht, dem man 2 EL Essig hinzufügt. Dann die Kochplatte abstellen. Schlagen Sie nun jeweils ein Ei vorsichtig in einer Tasse auf und lassen es aus der Tasse sachte in das kochende Wasser gleiten. Das Eiweiß soll um den Dotter möglichst geschlossen bleiben, was bei ganz frischen Eiern auch kein Problem ist. Außerdem sorgt der Essig zu-

Abb. 29: Pochierte Eier auf Brokkoli, mit Tomaten garniert.

sätzlich dafür, das Eiklar zusammenzuhalten. Geben Sie in den Topf mit 1 l Wasser nicht gleichzeitig mehr als 4 Eier. Schwimmt das Ei in dem Wasser, dann muß das auseinanderlaufende Eiklar mit einem Löffel immer wieder über das Eigelb ziehen. Bereits nach 4 Minuten kann man das Ei mit der Schaumkelle herausholen und kurz in kaltes Wasser legen. Sollte das Eiklar auseinandergelaufene Stellen haben, dann können Sie sie einfach mit einem Küchenmesser abschneiden.

Anschließend wird das pochierte Ei wieder in warmes Wasser gelegt, damit es sich erwärmt. Das Eigelb soll weich und flüssig geblieben sein, das Eiklar hingegen fest geronnen.

Sie können die pochierten Eier auf einem vorgewärmten Teller anrichten, mit Sauce Hollandaise (vgl. *Seite 147*) übergießen, mit frischen Kräutern garnieren und so als Vorspeise reichen.

Einen sehr schönen Imbiß bekommen Sie, wenn Sie eine Scheibe Toast buttern, mit Schinken belegen und ein pochiertes Ei darauf setzen und alles schließlich mit Käse überbacken.

Die klassische Sauce für pochierte Eier ist eine *Senfsauce*. Sehr gut schmeckt aber auch eine Currysauce oder eine Kräutersauce. Als Beilagen eignen sich Reis, Kartoffeln oder auch Nudeln.

Schließlich kann man pochierte Eier auf einem Gemüsebett anrichten. Gut geeignet sind gedünsteter Blattspinat oder Brokkoli, Porree mit Sahne oder gebratene Champignonscheiben mit Zwiebeln und Tomatenwürfeln oder gebratene Zucchini, Auberginenscheiben mit Knoblauch usw.

Sie können diese Gemüse auch in eine feuerfeste Form legen, die pochierten Eier daraufsetzen und alles mit geriebenem Käse überbacken.

Als Einlage kann man pochierte Eier aber auch in Suppen geben. Ein Beispiel dafür haben wir im *Hobbythek-Buch 3* und im *Großen Hobbythek-Buch vom Essen 2* vorgestellt: eine ostpreußische Sauerampfer-Suppe, die aus Kräutern und Sahne besteht. Diese Suppe wird mit einem pochierten Ei in der Mitte angerichtet.

Natürlich kann man für alle diese Gerichte auch ein in der Schale gekochtes weiches Ei verwenden. Man muß es dann vorsichtig schälen, weil es leicht kaputtgeht. Schöner ist es natürlich mit einem echten pochierten Ei.

Hier noch einmal die
Kräutersuppe

1 l Brühe 1 Zwiebel 50 bis 80 g Wildgemüse und Kräuter (Sauerampfer, Brennessel, Kerbel, Löwenzahn, Petersilie, Schnittlauch, 1 Knoblauchzehe usw.) 150 g saure Sahne 1 EL Speisestärke 1 gestrichener TL Zucker Salz und Pfeffer 1 Eigelb

Bei dem Wildgemüse und den Kräutern können Sie natürlich variieren. Man kann zum Beispiel auch Spinat oder Porree hinzunehmen und noch manches andere.

Brühe aufkochen, gehacktes Wildgemüse und Kräuter sowie die vorher gedünstete Zwiebel dazugeben. Saure Sahne mit dem Schneebesen glattrühren, Speisestärke oder Mondamin mit etwas kaltem Wasser angerührt in die kochende Flüssigkeit geben. Topf vom Feuer nehmen, evtl. mit etwas Butter abschmecken und vielleicht noch einige Kapern hinzufügen.

Zum Schluß muß die Suppe legiert werden. Dazu wird das rohe Eigelb unter kräftigem Rühren mit dem Schneebesen in die nicht mehr kochende Suppe gerührt. Legieren ist eine Form des Andikkens, bei dem das Ei nicht gerinnt. Es dickt aber nicht nur an, sondern es verfeinert den Geschmack der Suppe wesentlich.

Da unser Gericht für etwa 4 Personen reicht, brauchen Sie nun 4 pochierte Eier. Legen Sie sie in dieselbe Schüssel oder Terrine, in die auch die heiße Suppe kommt. Die Eier erwärmen sich dann.

Eierblumen

Dieses poetische Wort stammt von den Chinesen. Sie verwenden Eierblumen für viele Suppen aus klarer Brühe, von der Bouillon bis zur Frühlingssuppe mit Fleisch und Gemüsestückchen. Gewissermaßen Pflichtbestandteil sind sie in der scharf-sauren Hühnersuppe, die wir im *Hobbythek-Buch 8* und im *Großen Hobbythek-Buch vom Essen 2* vorgestellt haben.

Und so werden Eierblumen gemacht: Man verschlägt 1 bis 2 Eier mit der Gabel, fügt Salz, Pfeffer und frische Muskatnuß hinzu. Durch einen Schaumlöffel läßt man die Eimasse langsam in die sprudelnd kochende fertige Suppe tropfen. Durch die Löcher des Schaumlöffels muß das flüssige Ei fadenförmig heraustropfen. Es gerinnt in der Suppe sofort.

Eierstich

Der Eierstich ist ein wenig aus der Mode gekommen. In der Küche unserer Großmütter spielte er vor allem als Einlage für Suppen eine große Rolle. Eierstich schmeckt aber nicht nur in der Suppe, sondern in Scheiben geschnitten auch als Brotbelag oder gewürfelt als Ergänzung zu vielen Salaten.

Und dies sind die Zutaten:

```
2 Eier
4 EL Milch
Salz
Muskatnuß
frische Petersilie
```

Eierstich wird im Wasserbad zubereitet. Sie brauchen dafür einen Topf, in dem Wasser kocht und ein zweites Gefäß, das in den Topf hineinpaßt. Wenn er zwei Griffe hat, rutscht er nicht in das Wasserbad, und er läßt sich auch leicht wieder herausheben. Damit der fertige Eierstich sich leicht aus der Form lösen läßt, sollte dieses Gefäß möglichst flach sein. Man kann es fetten oder mit Alufolie auskleiden.

Die Zutaten werden mit einer Gabel leicht verrührt, aber nicht schaumig geschlagen, dann in das Gefäß gegeben und im Wasserbad zum Stocken gebracht. Das dauert beim Eierstich 20 bis 30 Minuten. Dann können Sie ihn aus dem Gefäß herausnehmen, ihn in Würfel schneiden oder mit kleinen Formen ausstechen, die Sie vielleicht irgendwo noch bekommen. Das sind dann winzige Herzchen, Sterne usw.

Die gehackte Petersilie setzt sich leider immer an der Oberfläche des Eierstichs ab. Viele verzichten deshalb darauf. Da Petersilie aber den Geschmack doch sehr verbessert, müssen Sie sehen, wie Sie für sich entscheiden wollen.

Das Ei als Treibmittel

Von der Kuchenbäckerei – auf die wir gleich noch kommen werden – weiß man, daß Eier ein sehr gutes Treibmittel sind, das einen Teig, eine Creme und vieles andere locker machen kann.

Am sichtbarsten entwickelt das Ei diese Eigenschaft beim *Soufflé*. Das französische Wort „souffler" heißt soviel wie aufblasen. Und um ein Aufblasen geht es hier im wörtlichen Sinne.

Das Soufflé

Wichtiger Bestandteil eines jeden Soufflés ist Eischnee. Er wird mit den verschiedenen Zutaten vorsichtig vermischt und das Ganze dann überbacken. In der Hitze gehen die Bläschen auf, so daß das Soufflé sein Volumen erheblich vergrößert und – wenn man nicht aufpaßt – sogar über den Rand der Form hinaussteigen kann. Ein Soufflé ist eine besonders edle Variante des Auflaufs.

Viele denken bei einem Soufflé vielleicht automatisch an etwas Süßes. Es gibt aber auch ganz herrliche Gerichte auf der Basis von Gemüsen und Fleischsorten. Hier zunächst das

Soufflé-Grundrezept
Man nimmt:

```
40 g Butter
40 g Mehl
230 ml Milch
200 g Gemüse (evtl. mit Speck)
100 g Emmentaler
4 Eigelb
4 Eiklar
Salz und Pfeffer
weitere Gewürze nach Belieben
```

Abb. 30: Ein luftiges Soufflé.

Zuerst wird das Gemüse gar gekocht. Wenn Sie Speck oder Schinken dazunehmen wollen, diesen sehr kleinschneiden.

Der Boden einer Backform wird gefettet und mit Mehl bestäubt.

Und nun beginnt die eigentliche Soufflé-Zubereitung mit einer Mehlschwitze. Die Butter wird in einem Kochtopf geschmolzen, das Mehl dazugegeben und mit einem Schneebesen glattgerührt. Unter weiterem Rühren die Milch hinzugeben und kurz aufkochen lassen. Mit Salz würzen. Kommt Schinken hinzu, dann weniger Salz verwenden.

Nun den Topf von der Kochplatte ziehen, gewürfeltes Gemüse, ggf. Schinken und Kräuter unterrühren, und wenn alles nicht mehr ganz heiß ist, auch die Eigelbe in die Masse rühren. Sie dürfen nicht gerinnen.

Anschließend das Eiklar zu Schnee schlagen. Und jetzt kommt die hohe Kunst der Soufflé-Zubereitung. Zunächst wird nur ein Drittel des Eischnees gut unter die vorbereitete Masse gerührt. Dadurch wird sie leichter und sie setzt sich unten nicht ab, wenn man die restlichen zwei Drittel des Eischnees nun ganz vorsichtig darunterhebt. Jetzt auf keinen Fall zuviel rühren, weil sonst der Eischnee einen Teil seines Volumens verlieren würde. Die lockere Masse sofort in eine Souffléform füllen. Bitte aber ein Viertel der Höhe als Rand stehenlassen, weil ein Soufflé mächtig aufgeht. Nun alles in den auf 180° C vorgeheizten Backofen schieben und darin 40 bis 50 Minuten backen. Die Backofentür zwischendurch nicht öffnen, weil sonst das gerade aufgegangene Soufflé wieder in sich zusammenfällt! Bei Backöfen mit Glasfenster und Beleuchtung ist das ja auch nicht nötig.

Im Grunde ist jede feuerfeste Form geeignet. Richtig typisch sieht ein Soufflé aber erst in der speziellen runden Form wie in *Abbildung 30* aus.

Das fertige Soufflé kommt aus dem Backofen direkt auf den Tisch. Es muß sofort gegessen werden; denn einem Gemüsesoufflé geht relativ schnell die Luft aus und es sackt in sich zusammen. Die Zubereitung klingt hier vielleicht komplizierter, als sie tatsächlich ist. Probieren Sie einfach einmal dieses herrliche Gericht aus.

Soufflé mit Brokkoli und Schinken
Eine sehr wohlschmeckende Variante des Grundrezeptes ist dieses Soufflé:

40 g Butter
40 g Mehl
230 ml Milch
1 gestrichener TL gekörnte Brühe
100 g Brokkoli
100 g Schinken oder Speck
100 g Emmentaler Käse

4 Eigelb
4 Eiklar
Salz und Pfeffer
Muskatnuß, gerieben
1 Knoblauchzehe, gepreßt
frische Petersilie, gehackt

Vom Brokkoli die Stiele abschneiden und schälen. Dann das Gemüse etwa 15 Minuten lang kochen. Danach alles kleinschneiden. Schinken und durchwachsenen Speck ebenfalls zerkleinern, den Käse reiben.

Und nun geht alles weiter wie beim Grundrezept beschrieben.

Auch bei diesem Soufflé sind eine Unzahl von Abwandlungen denkbar. So lassen sich zum Beispiel als Gemüse auch verschiedene Wildgemüsesorten wie junge Brennesseln, frischer Sauerampfer usw. verwenden. Sehr gut schmecken auch feingehackte frische Pilze. Schließlich kann man blanchierten Spargel nehmen, der möglichst kleingeschnitten wird. Statt der Milch kann man dann zur Hälfte Spargelkochwasser und zur Hälfte Sahne verwenden.

Ein besonders delikates Soufflé erhalten Sie mit feingehackter Hähnchenleber, die man inzwischen häufig auf Märkten bekommt.

Für ein *Käse-Soufflé* nimmt man 200 g Emmentaler Käse und Kräuter wie zum Beispiel Schnittlauch.

Mandarinen-Soufflé
Besonders beliebt sind *süße Soufflés*. Hier eins als Beispiel:

40 g Butter
40 g Mehl

der *Biskuit,* bei dem die Eier als Treibmittel wirken. Ähnlich ist es beim sogenannten *Brandteig.*

Der Biskuit
Da das Ei hier als Treibmittel wirkt, kommt es besonders darauf an, nur frische Eier zu verwenden. Sonst besteht die Gefahr, daß der Teig nach dem Bakken einfällt.

Nehmen Sie für einen Biskuitteig eine nicht zu große Springform. 24 cm Durchmesser genügen; dann wird der Teig schön hoch.

Für einen Biskuit-Tortenboden brauchen Sie:

5 Eigelb
5 Eiklar
130 g Zucker
200 g Mehl
1 Prise Salz

Während Sie den Backofen auf 200° C vorheizen, verrühren Sie die Eigelbe mit einem EL Zucker und etwas Salz. Das Eiklar wird zu Schnee geschlagen. Wenn der Schnee noch nicht ganz fest ist, wird der restliche Zucker hinzugefügt und weitergeschlagen. Rühren Sie dann ein Drittel des Eischnees unter die Eigelbmasse. Dann diese Mischung auf den restlichen Eischnee in die Schüssel gießen. 200 g Mehl darübersieben und alles mit einem Rührlöffel vorsichtig miteinander vermischen. Nicht mehr rühren als unbedingt nötig, damit der Eischnee möglichst wenig Luft verliert. Den fertigen Teig sofort in die gefettete Form füllen und bei 200° C 40 bis 45 Minuten backen.

Abb. 31: Mandarinen-Soufflé.

230 ml Milch
3 EL Orangenlikör
175 g Mandarinen aus der Dose
4 Eigelb
4 Eiklar
50 g Zucker

Die Dosenfrüchte gut abtropfen lassen und kleinschneiden. Das Eiklar mit dem Zucker zu Schnee schlagen. Zubereitung wie beim Grundrezept.

Andere Früchte wie zum Beispiel Kiwi, Kirschen, Himbeeren sind sehr gut geeignete Varianten.

Die Eierbäckerei

Es gibt zwar Kuchen, in denen Eier gar nicht vorkommen – beim leichten Hefeteig zum Beispiel –, aber Eier und Kuchen sind doch eine ganz klassische Kombination. Wir wollen uns hier auf ein paar Beispiele beschränken, bei denen die Eier unverzichtbar sind. Dazu gehört

Ohne Eier gäbe es die meisten solcher Köstlichkeiten nicht.

sen hineingeben und anschließend den Zucker dazutun. Topf von der Platte ziehen und das Eigelb schnell durchrühren, damit es nicht gerinnt. Pudding unter Rühren abkühlen lassen, damit sich obendrauf keine Haut bildet. Unterdessen die Butter mit einem elektrischen Handrührer schaumig rühren und den kalten Pudding eßlöffelweise dazugeben.

Der Brandteig

Auch bei diesem Teig ist das Ei das einzige Lockerungs- und Treibmittel. Die Zutaten:

```
250 ml (¼ l) Wasser
100 g Butter
180 g Mehl
4 Eier
1 Prise Salz
```

In einem kleinen Kochtopf werden Wasser, Butter und Salz aufgekocht. Topf vom Feuer nehmen, das Mehl hineinschütten und mit einem Holzlöffel kräftig verrühren. Topf wieder auf das Feuer stellen und weiterrühren, bis sich ein großer Mehlkloß gebildet hat. Nun den Topf wieder vom Feuer nehmen und 5 Minuten abkühlen lassen.

Nun kommen die Eier darunter; und zwar schön der Reihe nach. Also ein Ei aufschlagen und mit dem Mehlkloß verrühren, dann das nächste Ei verrühren usw.

Man kann diesen Teig im Ofen backen, aber auch in heißem Fett fritieren. Seine bekannteste Verwendung findet er aber beim

Nehmen Sie den Biskuitteig erst aus der Form, wenn er völlig abgekühlt ist. Für eine Torte können Sie den Biskuit zweimal aufschneiden, so daß Sie drei runde Platten erhalten. Füllen können Sie die Torte nun mit allem Möglichen: mit Früchten, Sahne, Marmeladen, Creme usw. Oben drauf kommt noch eine Dekoration aus Früchten oder zum Beispiel aus Baisertupfen.

Sehr verbreitet ist heute eine Füllung mit Sahne, weil sie leichter ist als eine Buttercreme-Füllung, die früher der Standard war. Sie müssen es von Ihrer „Linie" abhängig machen, wofür Sie sich entscheiden. Die Sahnefüllung müssen wir hier wohl nicht ausführlich beschreiben.

Wer sie steifer machen will, nimmt Gelatine dazu.

Buttercreme

```
½ l Milch
1 Päckchen Puddingpulver
50 – 100 g Zucker
1 Eigelb
250 g Butter
1 Prise Salz
```

Milch aufkochen, angerührtes Puddingpulver unter Rühren mit dem Schneebe-

Windbeutel

Hierfür wird der fertige Brandteig auf einem gefetteten oder mit Backpapier ausgelegten Backblech mit zwei Löffeln portionsweise verteilt. Lassen Sie aber genügend Zwischenraum zwischen den Teilen, damit die Windbeutel Platz zum Aufgehen haben. Die Brandteighäufchen auch möglichst nicht glattstreichen, damit die typische, etwas zerzaust wirkende Windbeutelform entsteht.

Im vorgeheizten Backofen bei 220°C etwa 30 Minuten backen. Ofentür während der ersten 15 Minuten nicht öffnen! Lassen Sie die Windbeutel nun abkühlen. Erst dann aufschneiden und sie mit steifgeschlagener Sahne füllen. Wenn Sie mögen, können Sie die Sahne mit Früchten wie zum Beispiel frischen Erdbeeren, Himbeeren, Kiwischeiben mischen. Es geht aber auch mit eingemachtem Obst. Man kann in die Sahne beim Schlagen auch ein TL Kakaopulver oder geriebene Haselnüsse geben. Weniger bekannt sind Windbeutel mit einer *pikanten* Füllung. Sehr gut schmeckt zum Beispiel eine Käsecreme aus Frischkäse mit Quark, den man mit Knoblauch, Kapern, frischen Kräutern oder mit kleingeschnittenen Avocados, frischen Tomaten und Gurkenscheiben mischen kann.

Probieren sollten Sie auch einmal eine Füllung aus *Heringsalat* oder *Eiersalat*. Zu der schier endlosen Liste von möglichen Füllungen gehört auch eine, die uns besonders gut geschmeckt hat. Mischen Sie selbstgemachte Remoulade (vgl. *Seite 147* mit grünem Salat und Krabben und füllen Sie beides zwischen die beiden Windbeutelhälften.

Abb. 33:   Windbeutel lassen sich nicht nur mit Sahne füllen, sondern auch pikant.

Fettgebackenes aus Brandteig

Man kann Brandteig auch in Form von Spritzkuchen in schwimmendem Fett backen. Dazu wird der Teig in eine Spritztüte getan, mit der man auf ein gut gefettetes Backpapier kleine Kreise spritzt. Man läßt diese Kringel direkt vom Papier in das heiße Fritierfett gleiten.

Nehmen Sie fürs Fritieren unbedingt frisches Fett oder Öl. Es ist wichtig, kein verbrauchtes oder überhitztes Fett zu nehmen, wie man es leider oft in Imbißbuden oder auf Jahrmärkten vorfindet. Es ist schlichtweg gesundheitsschädlich.

Noch ein Wort zur Verarbeitung von Brandteig in Spritztüten. Zum Spritzen muß der Teig recht flüssig sein. Das ist er in der Regel, wenn er sofort nach der Zubereitung verarbeitet wird, also noch warm ist. Sollte er zu fest sein, können Sie noch ein weiteres Ei unter den Teig rühren.

Wenn Ihnen das mit dem Spritzen zu kompliziert ist, können Sie den Teig auch ähnlich wie bei der Windbeutel-Zubereitung mit zwei Löffeln ins heiße Fett gleiten lassen. Die Brandteigstücke müssen zwar schön braun, aber sie dürfen nicht zu trocken werden. Was entsteht, ist ein Gebäck ähnlich wie Krapfen. Man kann es mit Zuckerguß überziehen oder mit Puderzucker überpudern; man kann es aber auch aufschneiden und mit Kompott füllen.

Weiß und luftig: Baiser

Es gibt eine Menge Rezepte, bei denen nur das Eigelb gebraucht wird. Sei es zum Legieren von Suppen und Saucen oder zum Emulgieren bei der Mayonnaiseherstellung usw. Da fragt man sich oft: wohin mit dem Eiklar? Diese Frage müssen sich schon unsere Urahnen gestellt haben; denn es gibt seit Generationen eine besonders wohlschmeckende Verwendung: das Baiser.

Baiser ist ein französisches Wort und heißt nichts anderes als Kuß. Ob das nun ein glücklich gewähltes Wort ist oder nicht, möchten wir Ihrer Beurteilung überlassen. Denn ein Baiser ist zwar eine recht süße Angelegenheit, allerdings auch eine harte. Aber wir wollen uns hier nicht in Spitzfindigkeiten verlieren; sicher ist auf jeden Fall, daß das Wort Kuß etwas Angenehmes verheißt. Und etwas Angenehmes ist ein Baiser auf jeden Fall.

Die Zutaten für die Köstlichkeit sind denkbar einfach:

---

4 Eiklar
1 EL Zitrone
200 bis 250 g Zucker

Das ist weiß Gott nicht viel, und die Zubereitung ist eigentlich auch nicht besonders langwierig. Trotzdem müssen wir einige Worte darüber verlieren.

Das Eiklar wird zunächst zusammen mit dem Zitronensaft geschlagen. Bevor es steif wird, läßt man langsam den Zucker einrieseln und schlägt solange weiter, bis der Zucker nicht mehr knirscht. Ein Zeichen dafür, daß er sich aufgelöst hat. Wenn der Eischnee so steif geworden ist, daß er sich nicht mehr bewegt, wenn man die Schüssel auf den Kopf stellt, dann ist er fertig.

Mit einer Spritztülle spritzen Sie nun möglichst flache Formen auf ein mit Backpapier belegtes Blech. Die Formen sollten nicht zu dick und groß sein, denn Baisers werden mehr getrocknet als gebacken. Dazu reichen 90 bis 100°C aus.

Normalerweise sollen die Baisers schön weiß bleiben. Eine ganz zarte Verfärbung ins bräunliche beeinträchtigt allerdings den Geschmack gar nicht; immerhin ist es aber ein Zeichen dafür, daß die Backofentemperatur ein wenig zu hoch war.

Damit die Feuchtigkeit aus den Baisers entweichen kann, läßt man am besten während des Trockenvorgangs die Backofentür einen Spalt weit offen. Das geht ganz einfach, indem man den Stiel eines Holzlöffels in die Tür klemmt. Die-

Abb. 34: Luftige Baisers.

142

ser Trockenvorgang dauert mindestens 3 Stunden. Da das aber der Backofen ganz für sich allein zustande bringt, belastet es Sie nicht.

Sind die Baiser völlig trocken, holt man sie aus dem Backofen, läßt sie auskühlen und bewahrt sie so trocken wie möglich auf, sofern Sie sie nicht gleich verwenden. Bei hoher Luftfeuchtigkeit, die in einer Küche ganz normal ist, können die Baisers nämlich schon nach wenigen Stunden Feuchtigkeit annehmen und zäh und klebrig werden.

Nun kann man in den Standard-Baiser natürlich noch eine Menge Abwechslung bringen. Zum Beispiel mit kleingehackten kandierten Früchten oder mit blättrig geschnittenen Mandeln, mit denen man die gespritzten Baiserformen dekoriert. In den Eischnee hineinmischen dürfen Sie die Mandeln freilich nicht, weil sich der Schnee sonst wegen des Ölgehalts der Mandeln sofort zu zersetzen beginnt. Man kann Baisers aber auch füllen, indem man zwei von ihnen jeweils mit der Bodenseite gegeneinander setzt, die Füllung in der Mitte.

Oder überziehen Sie doch Baisers einmal mit flüssig gemachter Kuvertüre. Kuvertüre ist eine Schokolade, die besonders viel Kakaobutter enthält und deshalb beim Schmelzen sehr glatt und flüssig wird, während aus einfacher Schokolade eher ein zäher Brei entsteht. Das Schmelzen müssen Sie vorsichtig in einem Wasserbad vornehmen; die Schokolade darf nämlich nicht heißer als 32° C werden. Sonst wird der Überzug nach dem Erkalten streifig und unansehnlich (mehr darüber erfahren Sie in unserem Kapitel über das Selbermachen von Konfekt im *Hobbythek-Buch 3* und im *Großen Hobbythek-Buch vom Essen 2*). Einfacher geht es natür-lich mit Kokosfettglasur, die auch Kuchenglasur genannt wird. Allerdings schmeckt sie nicht so gut wie richtige Kuvertüre.

Kleine Baisers eignen sich hervorragend zum *Dekorieren* von Torten. Die klassische Kombination besteht aus Baiser und Stachelbeeren. Bei der nächsten Stachelbeertorte können Sie rund auf den Tortenrand kleine Baiserhütchen setzen.

Schließlich kann man aus Baisermasse komplette *Tortenböden* spritzen. Nehmen Sie dazu möglichst eine glatte Lochtülle ohne Rillen. Beim Spritzen könne Sie eine Springform zur Hilfe nehmen, bei der Sie in der Mitte beginnen und spiralig so an den Außenrand gehen, daß eine in sich geschlossene Fläche entsteht.

Quiche Lorraine

Die Quiche Lorraine ist inzwischen eine überaus beliebte „Küchenart" geworden. Natürlich spielen auch hier Eier als Bindemittel eine wichtige Rolle.

Für die Quiche Lorraine brauchen Sie als Boden einen Mürbeteig; übrigens auch ein Teig, bei dem das Ei das einzige Lockerungsmittel bildet. Obendrauf kommt dann eine Eier-Sahne-Mischung.

Hier zunächst die Zutaten für den Mürbeteig:

250g Mehl
150g Margarine
1 Ei
Salz

Und hier für die Eier-Sahne-Mischung:

5 Eier
500ml (½l) süße Sahne
150g Emmentaler Käse
250g durchwachsener Speck
geriebene Muskatnuß
Salz und Pfeffer

Auch dies ist wieder nur ein Grundrezept; es stammt übrigens aus Lothringen, der Heimat der Quiche Lorraine. Sie können es mit verschiedenen Gemüsesorten variieren.

Zunächst bereiten Sie den *Mürbeteig*. Geben Sie Mehl in eine Schüssel, vermischen Sie es mit dem Salz und bilden Sie in der Mitte eine Kuhle, in die das Ei geschlagen wird. Auf den Rand verteilen Sie in Flöckchen die möglichst kühle Margarine. Halten Sie nun mit einer Hand die Schüssel fest und kneten Sie mit der anderen den Teig. Sollte er dabei zu weich und klebrig werden, dann stellen Sie ihn ruhig eine halbe Stunde zugedeckt in den Kühlschrank. Normalerweise kann man aber den Teig sofort mit etwas Mehl ausrollen.

Für die Quiche brauchen Sie einen dünnen Boden. Den entsprechend ausgerollten Teig in eine gefettete Springform legen und so hineindrücken, daß sowohl der Boden wie auch der Rand ausgekleidet sind.

Jetzt können Sie den Ofen schon einmal auf 200° C vorheizen. Währenddessen bereiten Sie die Füllung zu. Dazu werden in eine Schüssel die Eier geschlagen, die Sahne und Gewürze hinzugegeben und alles mit einem elektrischen Handrührgerät gründlich durchrühren. Zum

Abb. 35: Die berühmte Quiche Lorraine.

Schluß den geräucherten, durchwachsenen Bauchspeck in schmale Streifen oder Würfel schneiden und zusammen mit dem geriebenen Emmentaler Käse in die Füllung mischen. Dann sofort alles auf den Teigboden gießen.

Die Quiche wird bei 200°C etwa 40 Minuten lang im Ofen gebacken.

Auch hier wieder gibt es unendlich viele Variationsmöglichkeiten. Sie können in die Grundfüllung noch hineingeben: Porree, Spinat, Pilze, Rosenkohl. Diese Gemüse werden blanchiert und kleingeschnitten, auf den Teigboden geschichtet und mit der Käse- und Eier-Sahne-Mischung übergossen.

Saucen, die es ohne Eier nicht gäbe

In den Saucen spielen im wesentlichen die Eidotter eine Rolle. Sie machen dort nicht nur den Gehalt aus und bestimmen den Geschmack, sondern sie dienen auch zum *Legieren* und als *Emulgator.* Daß das Eigelb eine Sauce oder auch eine Suppe sämiger machen, im Geschmack intensivieren und auch in der Farbe verbessern kann, haben wir bei den Suppen schon gesagt. Legieren bedeutet, daß man rohes Eigelb in die noch heiße, aber nicht mehr kochende Flüssigkeit einrührt. Danach darf man das Gericht nicht mehr aufkochen, weil sonst das Eigelb gerinnen würde.

Bouillons, aber vor allem auch Gemüsecreme-Suppen werden dadurch sämiger, ja sie schmecken dann eigentlich erst. Das gleiche gilt aber auch für Saucen wie die *Bechamel-Sauce.*

Ein wahres Zauberding wird das Ei aber erst dort, wo es als Emulgator wirkt. Wasser und Fett so miteinander zu mischen, daß sie sich unter normalen Bedingungen nicht mehr trennen, ist nur mit Hilfe eines Emulgators möglich. Das klassische Beispiel für eine solche Mischung ist die Mayonnaise, die selbstgerührt schon in der Grundversion um Klassen besser schmeckt als eine gekaufte.

Mayonnaise

Sie besteht zwar nicht einfach aus Wasser und Fett, immerhin aber aus wäßrigen und eindeutig fettigen Bestandteilen. Es gehören zu unserem Rezept:

2 Eigelb
2 TL Essig oder Zitronensaft
200 ml Öl
Salz und Pfeffer

Dies sind nur die Grundbestandteile, denn man kann eine Mayonnaise noch mit vielen Zutaten würzen, wie wir noch gleich sehen werden.

Hier aber zunächst die Herstellung der Grundsubstanz.

Die schwierigste Phase bei der Mayonnaise-Herstellung ist der Anfang, bei dem sich die Emulsion erst noch bilden muß. Das Eigelb muß sozusagen das Öl in sich aufnehmen. Dabei spielt es eine Rolle, ob Sie die Mayonnaise mit einem Schneebesen mit der Hand rühren oder mit einem elektrischen Rührgerät. Je schneller Sie nämlich rühren, um so dicker wird die Mayonnaise. Am Anfang können Sie aber ruhig mit der Hand oder mit einem Mixer mit kleiner Geschwindigkeit beginnen.

Zunächst werden Eigelb und Essig bzw. Zitronensaft verrührt und dann unter ständigem Weiterrühren die ersten Öltropfen langsam hinzugefügt. Wenn sie völlig verrührt sind, läßt man weiteres Öl in einem möglichst dünnen Faden in diese Mischung einlaufen. Wird die Eigelbmasse während des Rührens milchig, dann müßte es eigentlich mit der Mayonnaise gelingen. Trotzdem kann es passieren, daß sich das Eigelb mit dem Öl nicht vermischt. Das kann zum Beispiel an einer zu hohen Zimmertemperatur liegen. Vielleicht haben auch die verschiedenen Zutaten ungleiche Temperaturen. In der Regel ist es aber kein Problem, daß sich eine stabile Emulsion bildet.

Wenn die Ölmenge fast völlig eingelaufen ist, kann es noch einmal kritisch werden. Wenn jetzt nämlich zuviel Öl dazukommt, kann die ganze schöne Emulsion plötzlich wieder auseinanderfallen. Sehen Sie also, daß trotz eifrigen Rührens auf der Oberfläche Öl stehenbleibt, dann ist es allerhöchste Zeit aufzuhören.

Abb. 36:   Gutes Rühren ist die halbe Mayonnaise.

Zum Schluß kommen Salz und Pfeffer und möglicherweise weitere Gewürze hinzu.

Eine selbstgemachte Mayonnaise ist in der Regel kompakter als eine gekaufte, in der oft eine ganze Menge verlängernde Zutaten stecken. Selbst vor Mehl wird bei billigen Mayonnaisen nicht zurückgeschreckt. Kompakter heißt natürlich auch, daß unsere selbstgemachte Mayonnaise gehaltvoller ist. Da sie aber wesentlich besser und intensiver schmeckt, sollte man eher etwas weniger davon essen, als eine gestreckte Mayonnaise zu nehmen. Da Mayonnaise ja nicht in riesigen Mengen verzehrt wird, sollte man auch nur edle Zutaten nehmen. Beim Öl müssen Sie im Hinblick auf den Eigengeschmack allerdings vorsichtig sein. Nehmen Sie zum Beispiel das sehr gute Olivenöl aus erster Pressung, dann hat die Mayonnaise einen starken Eigengeschmack nach Oliven. Das paßt nur zu bestimmten Gerichten. Neutraler ist da das relativ teure Avocadoöl, aber auch das sehr gute Di-

Abb. 37: Avocado-Mayonnaise bringt Abwechslung in das Mayonnaisen-Allerlei.

Abb. 38: Die klassische Kombination: Spargel mit Sauce Hollandaise.

stelöl, Weizenkeimöl usw. Suchen Sie sich entsprechend Ihrem persönlichen Geschmack und dem Verwendungszweck das passende Öl aus. Natürlich ist auch einfaches Sonnenblumenöl geeignet.

Wir sagten am Anfang schon, daß dies eigentlich nur ein *Grundrezept* für eine Mayonnaise ist. Am einfachsten und auch besonders angenehm schmeckend läßt sich eine Mayonnaise durch den Zusatz von *Senf* beeinflussen. Wer unser Senfkapitel im *Hobbythek-Buch 7* oder im *Großen Hobbythek-Buch vom Essen/1* kennt, wird möglicherweise über selbstgemachte Senfsorten verfügen. Dieser Senf gehört dann zu den wäßrigen Bestandteilen der Mayonnaise. Das Einrühren zum Schluß bereitet deshalb keine besonderen Schwierigkeiten. Beginnen Sie aber in kleinen Mengen und schmecken Sie zwischen-

durch immer wieder einmal ab.

Aber man kann Mayonnaise noch mit anderen Zutaten würzen:

Versuchen Sie es einmal mit abgeriebener Zitrone- oder Orangenschale (von ungespritzten Früchten), mit Orangensaft, einem Schuß Cognac oder Wein, kleingehackten Kapern, Tomatenmark, frischen Kräutern, gepreßter Zwiebel oder Knoblauch. Vor allem *Knoblauch* paßt ganz hervorragend zu Mayonnaise – sofern man nicht ein Gegner dieser Knollen ist.

In Italien nennt man die Knoblauch-Mayonnaise *Aioli* (das ist der Name von Knoblauch). Man ist dort mit dem Knoblauch nicht zimperlich und nimmt auf unser Rezept ohne weiteres 4 bis 5 zerdrückte Zehen. Dieses Aioli gehört auch zur französischen Fischsuppe *Bouillabaisse* und zu vielen anderen Fisch-, Fleisch- und Gemüsegerichten. Man

kann sie aber auch pur zu knusprigem Baguette-Brot nehmen. Und schließlich gehört sie unbedingt zum Fondue.

Avocado-Mayonnaise

Avocado-Mayonnaise möchten wir Ihnen besonders empfehlen. Und so wird sie gemacht:

Eine weiche Avocadofrucht wird halbiert, mit einem Löffel ausgehöhlt, das Fleisch mit einer Gabel fein zerdrückt oder püriert und mit Mayonnaise vermischt. Je nach Mischungsverhältnis bekommt diese Sauce eine mehr oder weniger feste Konsistenz. Man kann sie mit einer Spritztülle zum Garnieren von kaltem Braten oder Gemüse, von hartgekochten Eiern, Krabben usw. verwenden. Wenn es Ihrem Geschmack entspricht, können Sie diese Mischung mit Zitronensaft ein wenig säuerlicher machen.

Wenn Sie Mayonnaise als *Salatsauce* verwenden wollen, sollte sie leichter und flüssiger gemacht werden. Mischen Sie sie zur Hälfte mit Joghurt oder saurer Sahne. Beides läßt sich ohne Schwierigkeiten mit Mayonnaise verrühren, weil Joghurt und Sahne ja Milchprodukte, das heißt ebenfalls Emulsionen aus Fett und Wasser sind.

Die *Remoulade* ist nichts anderes als eine Mayonnaise, die säuerlich abgeschmeckt und mit gehackten Kräutern wie Estragon, Petersilie, Kerbel usw. verrührt ist.

Sauce Hollandaise

Die Sauce Hollandaise ist gewissermaßen die vornehmere Verwandte der Mayonnaise. Ob sie wirklich aus Holland kommt, kann heute niemand mehr genau sagen. Unbestritten ist sie aber die berühmteste Butter-Eigelb-Sauce. Böswillige Leute wollen sie zwar mit der einfachen Mehlschwitze in Verbindung bringen; diese Meinung kann aber nur aus schlechten Restaurants kommen, wo man oft eine Mehlschwitze mit einem Eigelb aufzumöbeln versucht. Eine wirkliche holländische Sauce ist das natürlich nicht. Die richtige Sauce Hollandaise wird im warmen Wasserbad geschlagen und sie darf auch nur wenige Minuten warmgehalten werden. Deshalb wird sie auch erst kurz vor dem Servieren zubereitet, und sie ist dann auch nur lauwarm. Würde man sie richtig heiß machen, dann würde das Eigelb sofort gerinnen.

Auch hier beginnen wir wieder mit dem einfachen Grundrezept, das viele Variationsmöglichkeiten zuläßt:

---

250 g Butter
4 Eigelb
2 EL Zitronensaft
2 EL Wasser
Salz und Pfeffer

Für das Wasserbad brauchen Sie wieder zwei Töpfe, die so ineinanderpassen, daß der kleinere Topf keinen Bodenkontakt zum größeren Topf hat. Das Wasser im großen Topf darf höchstens 60° C warm werden.

Schmelzen Sie die Butter in einer Pfanne. Währenddessen geben Sie in den Topf im Wasserbad die Eigelbe, eine Prise Salz, das Wasser und den Zitronensaft. Statt Wasser und Zitronensaft können Sie auch Weißwein nehmen. Alles wird mit dem Schneebesen verrührt und 1 EL von der geschmolzenen Butter dazugetan. Weiterrühren und die gesamte Butter eßlöffelweise hinzutun. Wenn die Sauce dickflüssiger werden soll, kann man sie mit einem elektrischen Handrührer aufschlagen. Mit Pfeffer abschmecken. Das wäre es dann auch schon.

Die Sauce Hollandaise paßt ausgesprochen gut zu *Spargel*. Im Gegensatz zur flüssigen Butter, die man auch gern bei Spargel verwendet, bleibt sie an den einzelnen Stangen tatsächlich hängen. Weitere Gerichte, zu denen die Sauce gut paßt: Champignons, Blumenkohl, feine Erbsen. Aber auch gedünsteter Fisch, helles Fleisch von Kalb und Huhn gewinnen sehr durch diese Sauce. Zum Fisch kann man zusätzlich in Butter gebratene Kapern reichen.

Da die Sauce Hollandaise derart vornehm ist, haben die Variationen auch gleich noch eigene, nicht weniger vor-

nehme Namen. Hier die wichtigsten:

Sauce Mousseline: Hierbei werden 100 ml geschlagene süße Sahne unter die Hollandaise gerührt.

Sauce Bearnaise: Hier kommen sehr feingehackte frische Kräuter, Kapern und saure Gürkchen dazu.

Sauce Choron: Eine Mischung aus Sauce Hollandaise mit Tomatenmark.

Die Königin unter den Nachspeisen: die Zabaione

Das ist eine italienische Erfindung und ein Gedicht aus Eigelb und Marsala. In guten italienischen Restaurants läßt es sich der Koch nicht nehmen, seinen Gästen zum Schluß eine Zabaione am Tisch zu rühren. Das macht er dann nicht mit einem profanen elektrischen Quirl, sondern mit einem gewaltigen, handbetriebenen Schneebesen. Dazu gehört ein Rechaud, auf dem die kupferne halbkugelige Rührschüssel steht.

Die Kunst der Zubereitung besteht darin, daß die kräftig gerührte Zabaione nicht heißer als 60° C wird, weil sonst das Eigelb gerinnen würde.

Lassen Sie uns hier auch wieder mit der Standardzubereitung beginnen. Die Zutaten sind schnell aufgezählt:

---

3 Eigelb
50 g Zucker
50 g Marsala

Eine Zabaione muß sofort gegessen werden, weil sie eine recht luftige Angelegenheit ist, die auch schnell wieder in sich zusammenfällt. Und da wir nicht

Koch in einem teuren italienischen Restaurant sind, können wir es uns ruhig leisten, mit einem elektrischen Handrührgerät auf Stufe 2 zu arbeiten. Auch hier wird übrigens wieder in einem Wasserbad gerührt, bei dem ähnliches gilt wie bei der Sauce Hollandaise.

Eigelb und Zucker werden mit dem Handrührgerät im Wasserbad gemischt. Während sich dieses Wasserbad auf kleiner Flamme langsam erhitzt, gibt man nach und nach und unter emsigem Rühren den Marsalawein hinzu und rührt solange weiter, bis eine sehr cremige Masse entstanden ist. Das ist nach etwa 5 Minuten der Fall.

Statt Marsala kann man auch Portwein, Sherry, Madeira, Malaga oder auch einen nicht zu herben Weißwein verwenden. Da müssen Sie einfach selbst einmal ausprobieren, was Ihnen am besten schmeckt.

Sollte sich übrigens bei der Zabaione unten Flüssigkeit abgesetzt haben, dann hat sie in der Regel zu lange gestanden. Also nicht vergessen: Diese Nachspeise erst rühren, wenn sie gleich serviert werden kann.

Cremespeisen, die den Namen noch verdienen

Die vielen Instant-Cremes, die man heute in Tüten zu kaufen bekommt, haben sicher ihren Sinn, wenn es einmal ganz schnell gehen muß. Aber finden Sie nicht auch, daß sie eigentlich alle sehr ähnlich und irgendwie doch künstlich schmecken? Dabei kann man mit relativ wenigen Zutaten herrliche Fruchtcremes zaubern, die von Kindern und Erwachsenen gleichermaßen gern gegessen werden. Eier machen es möglich, daß da nicht ein kompakter Pudding entsteht, sondern luftig-leichte Schaumgebilde, bei denen sich im Gegensatz zum Pudding keinerlei Haut bildet. Es gibt ja Leute, die den normalen Pudding nur deshalb verabscheuen, weil sie die Haut darauf nicht mögen. Für das folgende Rezept können Sie die verschiedensten Fruchtzutaten verwenden.

Cremespeisen mit Früchten

1 Päckchen Gelatine
5 Eigelb
5 Eiklar
100 g Zucker
Saft von 1 bis 2 Zitronen
450 g Früchte und Saft

Verwenden können Sie die verschiedensten Früchte, wenn sie einen genügend intensiven Eigengeschmack haben. Wir nennen nur Erdbeeren, Johannisbeeren, Kirschen, Kiwis, Mandarinen, Orangen, Ananas, Zitronen.

Am besten schmecken natürlich immer *frische* Früchte. Man kann aber auch tiefgekühlte verwenden; Erdbeeren, Johannisbeeren oder auch Himbeeren eignen sich da sehr gut. Oder es geht auch nur mit Saft. Der muß dann allerdings besonders intensiv im Geschmack sein, was bei Dosen-Ananas der Fall ist, bei Kirsch- oder Johannisbeersaft. Wenn Sie einen Sirup verwenden, dann sollten Sie weniger Zucker nehmen.

Frische Früchte müssen sehr kleingeschnitten werden. Das gilt vor allem für

Abb. 39: Bei der Zabaione kommt es auf das Rühren besonders an. Maurizio Menna vom Restaurant Roma in Wiehl im Bergischen Land ist ein Spezialist für Zabaione. Er fügt dem Grundrezept noch ein wenig Weißwein und einen Spritzer Zitronensaft hinzu.

weil sie sonst das Eigelb zum Gerinnen bringt.

Die flüssige Gelatine wird unter ständigem Rühren mit dem Schneebesen in das Frucht-Eigelb-Gemisch eingerührt. Anschließend die Schüssel zugedeckt in den Kühlschrank stellen. Und nun müssen Sie hin und wieder einmal nachschauen, ob sich die Creme schon verfestigt hat. Richtig steif werden darf sie nicht, sondern nur etwas dicklich. Man muß nämlich noch das zu festem Schnee geschlagene Eiklar unterrühren können. Dazu wird die Frucht-Eigelb-Masse noch einmal etwas aufgeschlagen, ein Drittel des Eischnees dazugerührt, und erst danach die restlichen zwei Drittel untergezogen. Jetzt die Schüssel wieder zugedeckt in den Kühlschrank stellen, damit sich die Creme richtig verfestigen kann. Wir hoffen, daß Sie nicht schon beim Zubereiten allzu viel gekostet haben. Sonst vergrößern Sie die Mengen einfach. Da die Creme keine Sahne enthält wie viele andere Desserts, schmeckt sie nicht nur herrlich, sondern ist auch besonders leicht. Die Creme bitte kühl servieren.

Abb. 40: Für Fruchtcremes eignen sich die verschiedensten Früchte, wenn sie nur einen intensiven Eigengeschmack haben.

Ananas. Schneiden Sie die Ananasstücke unbedingt quer zur Faser, weil sie sonst beim Essen stören.

Orangen- oder Zitronensaft pressen Sie am besten frisch aus. Für Zitronencreme braucht man nur 5 bis 6 Zitronen. Nehmen Sie mehr Früchte, dann wird die Creme zu sauer. Bei Orangen und Mandarinen können Sie zusätzlich zum Saft auch noch Fruchtfleisch nehmen. Während Sie sich mit den Früchten beschäftigen, können Sie in einem Topf mit wenig Wasser schon einmal die Gelatine quellen lassen.

Von den Eiern das Eiweiß trennen. Mit den Eigelben verrühren Sie die Früchte, den Saft und den Zucker. Dann die Gelatine auf kleiner Flamme vollständig auflösen; sie darf auf keinen Fall kochen. Sie soll auch nicht heißer als 60° C sein,

Gewürzeier

6 Eier
400 ml Wasser
200 ml Essig
2 TL Salz
Peperonischoten
(frisch oder getrocknet)
1 Zwiebel
1 Knoblauchzehe
2 Lorbeerblätter

149

1 Nelke
2 TL Senfkörner
1 TL Thymian
1 TL Oregano

Wasser, Essig, Salz und Gewürze zum Kochen bringen und die rohen Eier hineingeben. 10 Minuten kochen lassen. Dann die Schale mit einem Löffel an mehreren Stellen zum Brechen bringen, damit der Gewürzsud besser einziehen kann.

Die Eier in ein Gefäß tun, das bei kochender Flüssigkeit nicht springt, und

Abb. 41: Für unangemeldete Gäste sollten Sie immer einen kleinen Vorrat an Gewürzeiern haben.

den Sud noch kochend in das Gefäß gießen. Dadurch werden Bakterien, die sich eventuell in dem Gefäß noch befinden, abgetötet.

Diese Gewürzeier können bereits nach zwei Tagen gegessen werden. Sie halten aber auch ohne weiteres 10 Tage. Allerdings sollten Sie einzelne Eier nur mit einem ganz sauberen Löffel herausholen, damit die restlichen Eier haltbar bleiben.
Wenn Sie die Eier schon nach drei bis vier Tagen verbraucht haben, dann können Sie denselben Gewürzsud mit frischen Eiern noch einmal aufkochen.
Diese Eier bringen eine Abwechslung in das Frühstückseinerlei; sie schmecken aber auch sehr gut als kleiner Imbiß zwischendurch. Aufgeschnitten können Sie mit ihnen aber auch kalte Vorspeisen dekorieren, Salate ergänzen, saure Häppchen für das kalte Buffet zubereiten und noch vieles andere mehr.

Fünf-Gewürze-Eier
Dies ist ein chinesisches Rezept, bei dem die Eier ähnlich behandelt werden, wie bei dem oben beschriebenen Rezept. Allerdings müssen diese Fünf-Gewürze-Eier innerhalb einer Woche verbraucht werden.
Hier die Zutaten:

6 Eier
600 ml Wasser
2 TL Salz
2 gehäufte TL 5-Gewürze-Pulver

Das Fünf-Gewürze-Pulver gibt es in allen Geschäften, die chinesische Gewürze und andere Waren führen. Wenn Sie es nicht bekommen, können Sie es sich auch selber mischen; und zwar aus: Sternanis oder Anis, Fenchel, Zimt, Ingwer und Pfeffer.

Ostereier färben
Färben mit Naturfarben

Ein Eierkapitel ohne Ostereier, das wäre wie Weihnachten ohne Weihnachtsbaum. Ostereier färben und verzieren ist an sich ein ganzes Buch wert. Aber es geht uns in der *Hobbythek* ja oft auch darum, Anregungen zu geben und die Phantasie in Gang zu setzen. Und mehr wollen wir hier auch nicht tun.
Anregen wollen wir Sie hier vor allem auch, nicht nur die Farben zu verwenden, die man in jeder Drogerie kaufen kann, sondern es einmal mit Naturfarben zu versuchen. Diese Farben sind zwar nicht so knallig wie die Industriefarben; aber gerade diese sanftere, pastelligere Tönung paßt sehr gut zu Eiern. Mit Naturfarben gefärbte Eier sehen bunt zusammmgemischt besonders schön aus.
Wir nennen Ihnen hier eine Auswahl von Naturfärbemitteln, für die Sie die Zutaten in Apotheken, Gewürzläden, Bioläden usw. sicher bekommen können.

25 bis 40 g *Blauholz.* Die Eier werden hellviolett bis aubergine.

30 bis 50 g *Rotholz.* Es ergibt eine rosarote bis braunrote Färbung.

50 bis 60 g *Krappwurzel.* Die Färbung ist ziegelrot bis braunrot.

30 bis 50 g *Sandelholz.* Die Eier werden gelb bis orangebraun.

30 bis 50 g *Gelbholz.* Das ergibt ein intensives Zitronengelb.

3 EL ungerösteter *Matetee.* Im heißen Färbebad werden die Eier gelb; im kalten Färbebad maigrün.

2 EL *Schwarzer Tee.* Das ergibt eine intensive Braunfärbung.

2 bis 3 Handvoll *Zwiebelschalen.* Das gibt ein sehr schönes dunkles Gelb.

Abb. 42: Ostereier, nach uralten Techniken verziert.

Abb. 43: Schon diese kleine Auswahl zeigt, wie herrlich mit Naturfarbe gefärbte Eier aussehen.

Diese Naturstoffe ergeben nicht nur besonders harmonische Farben; sie sind auch als Färbemittel völlig ungiftig. Gefärbt wird in einem Kochtopf, der sich gut wieder reinigen läßt, wie zum Beispiel Edelstahltöpfe. Zum Wenden der Eier und zum Herausnehmen sollten Sie lieber einen alten Holzlöffel verwenden, weil Metallöffel an den gefärbten Eiern leicht Schrammen verursachen können. Für das Trocknen der gefärbten Eier sollten Sie sich Eierkartons aus Pappe aufheben.

Die genannten Färbemittel werden in einem Liter kaltem Wasser aufgesetzt und etwa 30 Minuten lang gekocht. Wer möchte, kann in den letzten 8 bis 10 Minuten die Eier gleich mitkochen. Dann aber die Eier am stumpfen Pol anstechen, damit sie nicht platzen. Natürlich kann man auch bereits hartgekochte Eier nur kurz im heißen Farbbad ziehenlassen. Dann wird die Färbung heller.

Eier ausblasen

Wer Eier zum Beispiel an einem Osterstrauß aufhängen möchte, braucht dazu *ausgeblasene* Eier. Sie sind zum einen leichter und zum anderen haben sie Löcher, an denen man einen Zwirnsfaden fürs Aufhängen befestigen kann.

Das Ausblasen ist recht einfach, wenn man an beiden Spitzen der Eier ein kleines Loch macht. Bohren Sie mit einer spitzen Nadel vor. Mit einer Stricknadel oder einem Draht kann das Loch vorsichtig erweitert werden, bis es 2 bis 3 Millimeter Durchmesser hat. Wer handwerklich ein wenig geschickt ist, kann auch mit einer 2 bis 3 mm starken Bohrspindel durch vorsichtiges Drehen exakt kreisrunde Löcher in das Ei bohren. Das

aber bitte nicht mit der Maschine, sondern nur mit der Hand machen.

Mit einer Stricknadel wird nun durch das Ei hindurchgestochen, damit die Haut des Eidotters mit zerstört wird. Erst dann läßt es sich ziemlich leicht ausblasen. Mit dem Mund wird nun kräftig von einer Seite Luft in das Ei gedrückt, damit auf der unteren Seite das flüssige Ei herausläuft. Das können Sie in einer Schüssel auffangen und später ein Rührei daraus zubereiten.

Wer auf der Lunge etwas schwach ist, kann die Blaserei auch mit einer alten Impfspritze vornehmen. Sie sollte 20 ccm groß sein; man bekommt sie auch in der Apotheke. Mit dieser Spritze wird in das obere Loch Luft in das Ei gedrückt, Eiweiß und Eigelb laufen heraus.

Wer in die Eier nur *ein* Loch bohren möchte, ist auf die Hilfe einer solchen Spritze mit Nadel angewiesen. Halten Sie das Ei mit dem Loch schräg nach unten über eine Schüssel. Drücken Sie mit der Spritze Luft durch das Loch in das Ei. Da die Nadel nicht die ganze Öffnung füllt, läuft das flüssige Ei durch dieselbe Öffnung heraus, durch die Sie die Luft hineindrücken. Eine kleine Pappscheibe auf der Spritze verhindert, daß das Ei Ihnen über die Finger fließt. Anschließend gibt man mit der Spritze mehrmals warmes Wasser in das Ei und spült es gründlich durch; denn Eireste dürfen in der Schale nicht bleiben, weil sie später faulen. Das gilt natürlich auch für die Eier mit zwei Löchern, bei denen das Ausspülen wesentlich einfacher ist. Wenn Sie die Eier aufhängen möchten, dann machen Sie sich aus Zwirn eine Schlinge, an der Sie wie auf *Abbildung 45* gezeigt etwa das Drittel eines Streichholzes befestigen. Dieses

Abb. 44:   Fürs Eierausblasen braucht man gute Lungen.

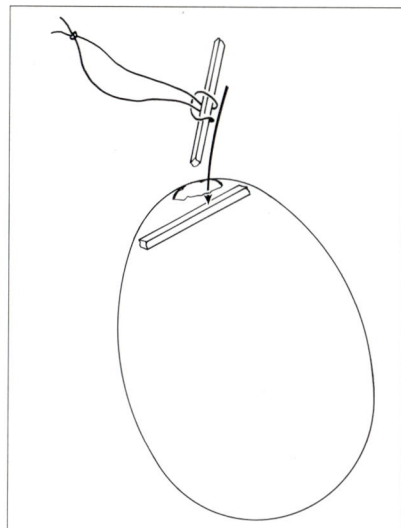

Abb. 45: So wird eine Fadenschlinge am ausgeblasenen Ei befestigt.

Streichholz stecken Sie mit einem Stück des daran befestigten Zwirnfadens in eine Öffnung des Eies. Wenn Sie den Faden vorsichtig strammziehen, stellt sich das Hölzchen im Inneren des Eies quer und verhindert so, daß der Faden wieder herausgeht.

Zum Schluß wollen wir Ihnen noch ein paar besonders schöne und auf sehr alte Tradition zurückgehende Methoden verraten, mit denen Sie Ihre Eier verzieren können.

Eierverzierungen aus Wachs

Bei dieser Methode, die ein wenig an Batik erinnert, werden auf das ungefärb-

te ausgeblasene oder hartgekochte Ei Wachsornamente aufgebracht. Anschließend werden die Eier in kühler Farbe gefärbt. An den Stellen, die mit Wachs bedeckt sind, färbt sich die Schale nicht. Auch auf dem Wachs selbst bleibt keine Farbe haften. Der übrige Teil der Eierschale bekommt Farbe, und es entsteht dadurch ein sehr hübsches Muster.

Für die Wachsmuster kann man weißes Wachs, aber auch gefärbtes verwenden. Man bekommt Wachs in allen Farben inzwischen in jedem Bastelgeschäft oder man verwendet Kerzenreste.

Sie brauchen außerdem folgende Geräte, die Sie sich selber herstellen können: *Federn* mit möglichst kräftigem Kiel (Hühnerfedern vom Flügel oder ähnliches; bekommt man in Bastelgeschäften).

Stecknadeln mit Glasknopf und ein Stück Holz als Stiel für die Stecknadel. Das Wachs müssen Sie in einem Blechnäpfchen (Dosendeckel oder ähnliches) schmelzen. Das geht auf einem Stövchen oder einer Wärmeplatte.

Während das Wachs schmilzt, können Sie sich aus den Federn schon kleine Dreiecke und Vierecke schneiden, wie wir es Ihnen auf *Abbildung 46* zeigen. Die Nadeln werden in ein Stück Holz gesteckt, damit man sie bequem wie einen Federhalter mit der Hand führen kann.

Nehmen Sie in Ihre Schreibhand zunächst den Griffel mit der Nadel. Tauchen Sie die Glaskuppe in das dünnflüssige Wachs und tupfen Sie dann möglichst schnell einen Wachstupfer auf die Eierschale. Sollte das Wachs auf der Schale nicht haften bleiben, dann ist es noch nicht warm genug. Der Weg

Abb. 46: Wir schneiden uns aus Hühnerfedern Werkzeuge zum Verzieren von Ostereiern mit Wachs.

zwischen dem Näpfchen mit heißem Wachs und der Eierschale sollte möglichst kurz sein, damit das Wachs nicht an der Nadel erstarrt.

Mit dem kleinen Federdreieck oder -viereck wird genauso vorgegangen. Tunken Sie es in das Wachs und tupfen Sie es dann auf das Ei, das dort in Dreiecken oder Vierecken haften bleibt. Natürlich muß man sich vorher ein Muster überlegen. Am einfachsten ist es, wenn man sich die Oberfläche des Eies in ein paar *Segmente* zerlegt. Also zunächst um den „Äquator" einen Ring aus Punkten oder Vierecken legen und dann zum Beispiel zwei „Längengrade" über die beiden Pole des Eies. Die dadurch entstehenden Segmente lassen sich leichter

Abb. 47: Nach ein paar Vorübungen und mit einer einigermaßen ruhigen Hand lassen sich sehr phantasievolle Wachsmuster auftragen.

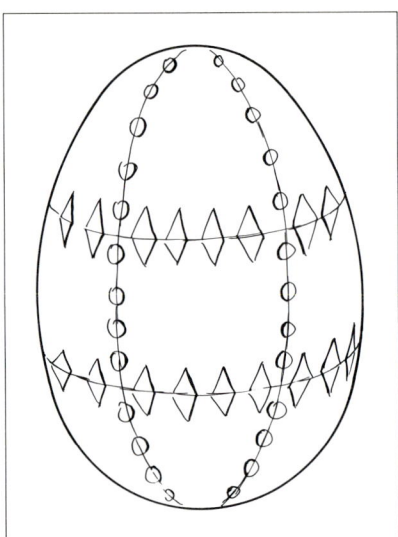

Abb. 48: Es hilft Ihnen beim Verzieren des Eies, wenn Sie die Oberfläche zunächst in ein paar Segmente zerlegen.

Abb. 49: Gefärbte Eier erhalten mit Hilfe von Säure eine filigrane Zeichnung.

bewältigen und mit weiteren Ornamenten füllen.

Bei dieser Arbeit müssen Sie aufpassen, daß die Stellen der Eierschale, die nicht mit Wachsornamenten bedeckt sind, wachs- und fettfrei bleiben. Denn überall, wo die Schale fettig wird, nimmt sie später keine Farbe auf. Wischen Sie also zwischendurch immer einmal Ihre Finger ab, mit denen Sie das Ei halten. Sind alle Wachsornamente aufgebracht, dann färben Sie das Ei in einer Farbe, die sich kalt verwenden läßt. Wenn Sie weißes Wachs genommen haben, paßt jede Farbe dazu. Bei farbigen Wachssorten müssen Sie sich eine Grundfarbe hinzuwählen, die zur Wachsfarbe paßt. Am schönsten sehen diese Eier aus, wenn sie anschließend möglichst inten-

siv gefärbt werden. Dann kommen die Wachsornamente als helle kleine Flächen besonders gut zur Geltung.

Filigrane Eierverzierungen mit Hilfe von Säure

Vorausschicken müssen wir bei dieser Art der Verzierung, daß man hier sehr vorsichtig zu Werke gehen muß. Das ist auch eine Methode, die für Kinder absolut ungeeignet ist, weil hier nämlich mit Säure gearbeitet wird. Mit dieser Säure kann man sich nicht nur die Haut verätzen; die Dämpfe dürfen auch nicht eingeatmet werden. Wenden Sie diese im übrigen sehr reizvolle Methode also nur

in Räumen an, die gut zu lüften sind und benutzen Sie eine Tischplatte aus Kunststoff (Resopal usw.), die widerstandsfähig gegen Säure ist.

Sie brauchen:

Eine sehr kleine Menge *Salzsäure* (gibt es in der Apotheke);

einen *Federhalter mit Stahlfeder* (Zeichenfeder oder ähnliches).

Bei dieser Methode wird auf gefärbte Eier mit Hilfe der Zeichenfelder eine Zeichnung aufgebracht. Man taucht dazu die Feder vorsichtig in die Säure und zeichnet auf die Eierschale. Der Kalk der Schale reagiert sofort mit der Säure und braust im wörtlichen Sinne auf. Wischen Sie mit einem alten Leinenlappen, den Sie hinterher wegschmeißen müssen, über die Zeichnung, dann bleibt sie weiß in der sonst buntgefärbten Eierschale stehen.

Jetzt noch einmal die Prozedur im einzelnen:

Füllen Sie eine ganz kleine Menge Säure in einen Eierbecher. Nehmen Sie das gefärbte Ei in die eine Hand und zeichnen Sie mit der säurebefeuchteten Feder ein Ornament auf das Ei. Sie können die Säure mit der Eierschale ruhig eine Weile reagieren lassen, bevor Sie die Schicht fortwischen. Das Muster können Sie schon vorher erkennen, weil die Säure die Eierfarbe verändert. Bei Violett entsteht zum Beispiel ein Orange, bei Blau ein Gelb, bei Rot ein Grün. Haben Sie weiße Eier verwendet, dann sind dies nach dem Abwischen weiße Linien.

Beim Zeichnen müssen Sie sehr sorgfältig vorgehen. Auf keinen Fall darf auch nur ein winziges Tröpfchen der Säure auf Ihre Haut kommen, weil sich dann sofort eine Verätzung ergibt. Zur Sicherheit können Sie Küchenhandschuhe verwenden, die Ihre Hände schützen.

Eier, die mit dieser Methode verziert worden sind, kann man hinterher nicht mehr essen. Aber diese Eier sind durch ihre zarte Zeichnung ohnehin so kostbar geworden, daß man sie aufheben möchte und deshalb ausgeblasene Eierschalen nimmt. Hartgekochte Eier würden verderben und zum nächsten Osterfest nicht wieder verwendbar sein.

Man kann Eier aber auch noch anders verzieren

Wem die Methode mit der Säure zu gefährlich ist, der kann gefärbte Eier auch anders mit einer sehr zarten Zeichnung

Abb. 50: Gefärbte Eier kann man auch mit einem Glas-Gravierstift ritzen.

versehen. Auch bei dieser Methode geht es darum, die Farbe in feinen Linien wieder wegzunehmen. Das gelingt durch Kratzen. Besonders geeignet dafür sind feine Schaber aus einem speziellen Hartmetall, die normalerweise zum Gravieren von Glas im Hobbyhandel angeboten werden. Sie sehen aus wie ein Bleistift, der vorne eine Metallspitze mit einer winzigen Kugel oder einen Kopf in Form eines winzigen Schleifsteins trägt. Allerdings muß man bei dieser Methode ein wenig aufdrücken, damit die Farbe auch wirklich bis auf die weiße Kalkschale abgeschabt wird. Bei hartgekochten Eiern ist das gar kein Problem; bei ausgeblasenen Eiern muß man jedoch sehr vorsichtig zu Werke gehen. Wie Sie auf *Abbildung 50* sehen, ist der

Abb. 51: Mit diesen Eiern können Sie einen Osterstrauß jedes Jahr neu verzieren.

Strich hier noch zarter als bei einer Zeichnung mit Säure.

Mit Farbe bemalte Eier

Eine dritte, sehr effektvolle und völlig ungefährliche Methode ist das Bemalen von Eiern mit Farbe. Nehmen Sie dazu möglichst wasserfeste Farbe, wie zum Beispiel Plakafarbe. Wenn Sie sehr sorgfältig vorgehen, können Sie auch Wasserfarben nehmen. Allerdings laufen sie leicht aus.

Bemalen kann man Eier entweder auf ihrer „nackten" Schale oder auch Eier, die man vorher in einem einheitlichen Ton grundiert hat. Eine Grundierung mit Plakafarbe hat den Vorteil, daß sich darauf sehr gut mit anderen Farben malen läßt. Man kann auch mit einer Zeichenfeder feine Ornamente darauf anbringen.

Beim Grundieren der Eier hat man das Problem, daß man sie nirgendwo anfassen kann. Bewährt hat sich hier bei ausgeblasenen Eiern, ein Schaschlikstäbchen hindurchzustecken und sie dann mit dem Pinsel rundherum bunt zu malen. Nach dem Trocknen kann man sie dann zwischen zwei Finger nehmen und mit weiteren Verzierungen versehen.

Vor allem für diese Methode eignen sich die wesentlich größeren Eier von Enten oder gar Gänsen. Man bekommt sie nicht überall. Wir haben aber die Erfahrung gemacht, daß man zum Beispiel in Spezialgeschäften für Wild und Geflügel vor der Osterzeit solche Eier vorbestellen kann.

Portrait-Eier

Zum Schluß noch ein Gag, mit dem Sie viel Freude, zumindest aber Verblüffung hervorrufen können. Wie wäre es mit einem Eierkopf im wörtlichen Sinne, wie Sie ihn auf *Abbildung 52* sehen? Solche Eierköpfe werden nicht erzeugt, indem man ein Foto darauf klebt. Das würde bei der Wölbung der Eier häßlich aussehen. Was wir gemacht haben, ist dies: Es gibt im Fotofachhandel lichtempfindliche Substanzen, mit denen man das Ei bestreichen kann. Anschließend wird es wie normales Fotopapier belichtet und entwickelt. Voraussetzung dafür ist freilich, daß man einen Vergrößerungsapparat und eine Dunkelkammer hat. Natürlich braucht man auch noch einen Negativfilm des Portraitierten.

Abb. 52: Wie wäre es mit einem „Eierkopf"?

Da das Ei gewölbt ist, kommt es beim Belichten zu gewissen Verzerrungen. Die Nase wird etwas knolliger, Stirn- und Kinnpartie werden etwas kleiner. Aber das macht das Ei eigentlich nur noch lustiger.

Wir haben versucht, uns vorzustellen, was eigentlich ein derart präpariertes Frühstücksei psychologisch bedeutet. Schlägt man da seiner Liebsten, seinem Liebsten oder sich selbst den Schädel ein? Aber zum Aufessen sind diese Eier ja viel zu schade.

Übrigens: Mit der lichtempfindlichen Schicht kann man nicht nur Eier bestreichen, sondern auch Teller und andere Gegenstände, sie dann belichten und entwickeln. Waschfest sind diese Schichten allerdings nicht. Und ganz billig ist die lichtempfindliche Schicht auch nicht. Aber für den kleinen Eierspaß brauchen Sie ja auch keine riesigen Mengen...

Für bemalte oder sonstwie verzierte Eier gilt generell:

Wenn Sie Eier mit Naturfarben, mit chemischen Farben, mit Wachsornamenten oder mit Säurezeichnungen versehen haben, dann können Sie sie hinterher mit Speckschwarte einfetten. Dadurch werden die Farben intensiver und die Eier glänzen.

Hätten Sie gedacht, daß das Thema Eier derart unerschöpflich ist? Dabei haben wir längst noch nicht alles gesagt, was sich im Hinblick auf Eier sagen ließe ...

Bezugsquellen

Fa. SPINNRAD-ZENTRALE, 4650 Gelsenkirchen, Am Luftschacht 3 a, Tel. 02 09/1 70 00 11, Tx. 8 24 726 natur d, Fax 0209/ 1 70 00-40.
SPINNRAD-AUSLIEFERUNGSLÄDEN: 1000 Berlin 33, Uhlandstr. 43/44, Tel. 0 30/8 81 48 48; 1000 Berlin 41, Rheinstr. 10, Tel. 0 30/ 8 59 20 72; 2000 Hamburg 13, Grindelallee 42, Tel. 0 40/4 10 60 96; 2000 Wedel/Holst., EKZ Rosengarten, Tel. 0 41 03/1 49 50; 2300 Kiel, Eggerstedt 1, Tel. 04 31/9 29 23; 2394 Satrup, Glücksburger Str. 11; 2800 Bremen, Ostertorsteinweg 90, Tel. 04 21/70 52 68; 2900 Oldenburg, Gaststr. 26, Tel. 04 41/2 54 93; 3000 Hannover, Steintorstr. 9, Tel. 05 11/32 90 93; 3008 Garbsen, Havelser Str. 10 (REALKAUF), Tel. 0 51 31/9 57 69; 3070 Nienburg, Weserstr. 17, Tel. 0 50 21/1 28 25; 3300 Braunschweig, Vor der Burg 8, Tel. 05 31/4 20 32; 3400 Göttingen, Gronerstr. 1, Tel. 05 51/4 47 00; 3500 Kassel, Hedwigstr./Karstadthaus, Tel. 05 61/7 89 54 15; 4000 Düsseldorf, Königsallee 92 a, Tel. 02 11/13 33 06; 4040 Neuss 1, Neumarkt 4, Tel. 0 21 01/27 72 12; 4050 Mönchengladbach, Hindenburgstr. 249, Tel. 0 21 61/2 13 08; 4100 Duisburg, Averdunk-Center/Königstr., Tel. 02 03/33 91 35; 4130 Moers, Neumarkt-Eck am Rathaus, Tel. 0 28 41/2 37 71; 4150 Krefeld, Hansa-Center 32, Tel. 0 21 51/39 62 45; 4200 Oberhausen, Bero-Zentrum 84 a, Tel. 02 08/2 70 65; 4220 Dinslaken, Altmarkt 17, Tel. 0 21 34/1 51 78; 4220 Dinslaken, Duisburger Str. 10, Tel. 0 21 34/5 45 57; 4250 Bottrop, Hochstr. 11, Tel. 0 20 41/68 44 84; 4300 Essen, Viehoferstr. 24, Tel. 02 01/23 92 85; 4330 Mülheim, Rhein-Ruhr-Zentrum, Tel. 02 08/49 81 92; 4400 Münster, Alter Steinweg 39, Tel. 02 51/4 23 52; 4440 Rheine, Emsstr. 71, Tel. 0 59 71/8 10 04; 4500 Osnabrück, Domhof 7 c, Tel. 05 41/2 78 75; 4600 Dortmund, Lütge Brückstr. 12, Tel. 02 31/57 89 36; 4630 Bochum, Kortumstr. 33, Tel. 02 34/6 61 23; 4650 Gelsenkirchen, Klosterstr. 13, Tel. 02 09/20 89 63; 4650 Gelsenkirchen-Buer, Hochstr. 54, Tel. 02 09/ 39 88 89; 4700 Hamm, Oststr. 3, Tel. 0 23 81/2 02 45; 4780 Lippstadt, EKZ-Lippetal, Tel. 0 29 41/7 84 66; 4790 Paderborn, Grube 8, Tel. 0 52 51/2 26 51/2 26 98; 4800 Bielefeld, Bahnhofstr. 37, Tel 05 21/6 61 52; 4950 Minden, Martinikirche/Martinitreppe, Tel. 05 71/ 8 48 10; 5000 Köln, Mittelstr. 12 – 14/Bazaar de Cologne, Tel. 02 21/23 26 06; 5100 Aachen, Rehtelstr. 3, Tel. 02 41/2 52 54; 5300 Bonn, Bonngasse 15, Tel. 02 28/63 66 67; 5350 Euskirchen, Hochstr. 56, Tel. 0 22 51/5 55 21; 5400 Koblenz, Casinostr. 15 – 19, Tel. 02 61/1 49 25; 5500 Trier, Neue Str. 66 (Herbst 89); 5600 Wuppertal-Elberfeld, City-Center, Tel. 02 02/44 12 81; 5800 Hagen, Elberfelder Str. 64, Tel. 0 23 31/1 74 38; 5860 Iserlohn, Marktpassage, Tel. 0 23 71/2 32 96; 5880 Lüdenscheid, Ringmauerstr. 5, Tel. 0 23 51/ 35 10; 5900 Siegen, Marburger Str. 34, Tel. 02 71/5 45 40; 6000 Frankfurt, Hauptwache/Allianzpassage, Tel. 0 69/29 14 81; 6100 Darmstadt, Wilhelminenpassage, Tel. 0 61 51/2 20 78; 6200 Wiesbaden, Mauritius-Galerie, Tel. 0 61 21/37 81 66; 6300 Gießen, Kaplauspassage 4, Tel. 06 41/3 88 48; 6380 Bad Homburg, Rathausstr. 3, Tel. 0 61 72/2 22 24; 6500 Mainz-Altstadt, Kirschgarten 4, Tel. 0 61 31/22 81 41; 6544 Kirchberg, Hauptstr. 55, Tel. 0 67 63/28 11; 6600 Saarbrücken, Dudweiler Str. 12, Tel. 06 81/3 90 89 94; 6740 Landau, Ostbahnstr. 13, Tel. 0 63 41/8 58 18; 6800 Mannheim, Kurpfalz-Passage, Tel. 06 21/15 46 62; 6950 Mosbach, Entengasse 4, Tel. 0 62 61/1 40 20; 7000 Stuttgart, Lautenschlagerstr. 3, Tel. 07 11/29 14 69; 7032 Sindelfingen, Wurmberg/Maichingerstr.; 7500 Karlsruhe, Herrenstr. 23, Tel. 07 21/2 48 45; 7800 Freiburg, Grünwälderstr./Dietler-Passage, Tel. 07 61/38 12 13; 8000 München 2, Sendlingerstr./Asamhof, Tel. 0 89/26 41 59; 8500 Nürnberg, Karolienenstr., Tel. 09 11/23 25 33; 8520 Erlangen, Obere Karlstr. 23, Tel. 0 91 31/20 58 83; 8700 Würzburg, Oberthürstr. 3, Tel. 09 31/1 56 08; 8750 Elsenfeld, Marienstr. 21, Tel. 0 60 22/78 34; 8900 Augsburg, Maximilianstr./Ulrichsplatz 8 – 10, Tel. 08 21/15 54 82; CH-8801 Zürich, Oberdorfstr. 8, Tel. 00 41/01/2 61 20 10; CH-8887 Mels, Sarganser Str. 48, Tel. 00 41/085/2 70 70, Cosmega AG, Tel. 0 85/2 70 70; B-1980 Tervuren, Spinnrad Benelux, Hofkenstraat 2, Tel. 00 32/02/7 67 97 85; NL-3438 EV Nieüwegien, Symfonielaan 16, 00 31/34 02-514 78.
Fa. COLIMEX-ZENTRALE, 5000 Köln 1, Mozartstr. 7, Tel. 02 21/21 04 13-12.
COLIMEX-AUSLIEFERUNGSLÄDEN: 2050 Hamburg-Bergedorf, Alte Holstenstr. 22, Tel. 0 40/7 21 10 34; 2370 Rendsburg, Jungfernstieg 6, Tel. 0 43 31/2 46 46; 3000 Hannover 1, Andreaestr. 2 b, Tel. 05 11/32 43 22; 5000 Köln 1, Schildergasse 84 a, Tel. 02 21/ 23 86 25; 4150 Krefeld, Hochstraße 62, Ecke Neumarkt, Tel. 02 51/63 16 55; 5100 Aachen, Alexianergraben 9 (City-Center), Tel. 02 41/3 03 27; 5650 Solingen 1, Am Neumarkt 27, Tel. 02 12/1 03 32; 6078 Neu-Isenburg, Isenburg Zentrum, Tel. 0 61 02/3 11 77; 7800 Freiburg, Schwarzwald-City, Schiffstr. 5, Tel. 07 61/2 41 96.
Fa. COLETTE, 2400 Lübeck, Kapitelstr. 5, Tel. 04 51/7 08 69.
DUFT UND SCHÖNHEIT, 8000 München 2, Sendlinger Str. 55, Tel. 0 89/2 60 82 59.

Einige Substanzen erhalten Sie auch in Reformhäusern, Drogerien, Apotheken, Bioläden und Lebensmittelläden. Vergleichen Sie die Preise!

Fa. Stephan, 5760 Arnsberg 1, Mendener Str. 14, 0 29 32/2 50 00; Fa. Von der Gathen, 4000 Düsseldorf 1, Schumannstr. 59, 02 11/ 66 61 23;

In etlichen Bioläden wird Quinoa von der Fa. Herbaria angeboten: Fa. Herbaria, 8162 Schliersee/Obb., Westernbergstr. 2a, Tel. 0 80 26/40 51/52

Mit folgenden Küchenmaschinen ließen sich unsere Rezepte gut realisieren:

Moulinette Universal Electronic
Preis: um DM 200,–
Kneten von Hefeteig mit Knethaken in 2 – 3 Minuten. Nach 3 Minuten jeweils abschalten und Pause machen, sonst wird das Gerät überlastet. Es fehlt ein Überlastungsschutz, der das Gerät automatisch abschaltet, wenn der Motor überfordert ist. Füllmenge: max. 1 kg Hefeteig. Leider kein Getreidemühlenaufsatz lieferbar. Nudelteig wird mit Messereinsatz geknetet.

Braun Multipractic Plus/electronic de luxe UK 400
Preis: um DM 300,–
Kneten von Hefeteig mit Knetwerkzeug in 2 Minuten. Nach 1,5 Minuten jeweils abschalten und Pause machen. Gerät hat einen Überlastungsschutz. Füllmenge: max. 1 kg Mehl und Zutaten (bei Hefeteig). Getreidemühlenaufsatz lieferbar. Nudelteig wird mit Knethaken oder Messereinsatz geknetet.

Bosch „Kleine" Küchenmaschine MUM 4400
Preis: um DM 200,–
Kneten von Hefeteig mit Knethaken 3 – 4 Minuten. Überlastungsschutz ist vorhanden. Füllmenge: max. 1 kg Trockenmasse. Getreidemühlenaufsatz lieferbar. Nudelteig wird in Bröseln geknetet, mit Rührbesen wie auf Seite 20 beschrieben.

Bosch „Große" Universal-Küchenmaschine MUM 6012
Preis: um DM 400,–
Kneten von Hefeteig ist mit dem Knethaken nur bei größeren Teigmengen möglich (mindestens doppelte Rezeptmenge); ca. 5 – 6 Minuten. Füllmenge: max. 2 kg Trockenmasse. Getreidemühlenaufsätze sind lieferbar aus Stahl oder aus Stein. Nudelteig wird mit Rührbesen in Bröseln geknetet, wie auf Seite 20 beschrieben.

Starmix Universal-Küchenmaschine MX
Preis: um DM 500,–
Kneten von Hefeteig mit Knethaken 3 Minuten. Füllmenge: 2,5 kg Knetteig; knetet auch kleinere Mengen gut. Getreidemühlenaufsatz lieferbar. Nudelteig wird mit Knethaken geknetet.

Vorwerk Thermomix 3300
Preis: um DM 850,– bis DM 950,–
Kneten von Hefeteig mit Schlagmesser 20 Sekunden. Überlastungsschutz vorhanden, Pausen notwendig. Füllmenge: max. 500 g Mehl. Mahlen: Getreide wird mit Schlagmesser zerkleinert. Nudelteig wird mit Schlagmesser geknetet.

Adressen:
Moulinex Marketing GmbH, 5000 Köln 60, Amsterdam Str. 228
Braun AG, 6242 Kronsberg/Ts., Postfach 11 20
Bosch Hausgeräte GmbH, 8000 München 80, Hochstr. 17
Electrostar Schöttle GmbH & Co, 7313 Reichenbach, Postfach 12 40
Vorwerk & Co. Thermomix GmbH, 5600 Wuppertal 2, Mühlenweg 17 – 37

Neben den elektrischen Getreidemühlen gibt es auch Handmühlen mit Stahlkegelmahlwerk unter DM 100,–, z.B. von der Fa. Jupiter.
Handbetriebene Nudelmaschinen:
Die preiswertesten Geräte kosten ca. DM 40,–. Sie lassen sich nicht zerlegen und sind gut geeignet zum Herstellen von breiten und schmalen Bandnudeln. Es gibt außerdem etwas aufwendigere Geräte, bei denen man den Vorsatz mit den Schneidewalzen für Bandnudeln abnehmen kann und stattdessen verschiedene Zusatzteile z.B. für Ravioliherstellung einsetzen kann.

Hinweis:
Autoren und Verlag bemühen sich, in diesem Verzeichnis nur Firmen zu nennen, die hinsichtlich der Substanzen und Preis zuverlässig und günstig sind. Trotzdem kann eine Gewährleistung von Autoren und Verlag nicht übernommen werden. Irgendwelche Formen von gesellschaftsrechtlicher Verbindung, Beteiligung und/oder Abhängigkeit zwischen Autoren und Verlag einerseits und den hier aufgeführten Firmen andererseits existieren nicht.

Genuß und Lebensqualität mit der Hobbythek
Wissen und Ideen für Sie und Ihre Umwelt

Dieser Sammelband enthält diejenigen Kapitel aus den Einzelbänden der Hobbythek-Reihe, in denen es um Eß- und Trinkbares im weitesten Sinne geht: Da wird Bier selbstgebraut, Fisch geräuchert, Käse aller Art hergestellt und vieles mehr.

Und wie immer in der Hobbythek heißt es nicht nur: „Man nehme . . .". Angefangen von der Geschichte der verschiedenen eß- und trinkbaren Dinge über den wissenschaftlichen Hintergrund der Küchenchemie bis hin zu Tips zur gesunden Ernährung finden Sie in diesem Buch eine Mischung, die über das reine Kochen weit hinausgeht.

Dieser Band beschäftigt sich sehr ausführlich mit der fernöstlichen Küche: Sie werden eingeführt in Geheimnisse der ostasiatischen Kochkunst, erfahren, warum die speziellen Zutaten so besonders gesund sind und lernen zum Beispiel Tofu und Tempeh selbst herzustellen.

Außerdem finden Sie ausführliche Kapitel zu den Themen:

Konservieren durch Trocknen,

Wildgemüse von Feld und Wiese,

Pilze für Schlemmer – selbstgezüchtet

und einer Menge anderer interessanter Bereiche aus Küche und Vorratskammer.

Die meisten Menschen sind geradezu „scharf" auf Süßes. Aber viele von Ihnen haben ein schlechtes Gewissen. Die Zähne leiden, die Linie . . .

Das Hobbythekbuch SÜSSIGKEITEN enthält viele Rezepte und Tips, wie Sie die schädlichen Wirkungen süßer Sachen vermeiden können und trotzdem nicht auf Leckereien zu verzichten brauchen.

Sie finden darin:

Alles über selbstgemachte Bonbons, Lakritzen, Gummibärchen, Schokolade und Pralinen aus der eigenen Küche, gefrorene Köstlichkeiten – Speiseeis und vieles mehr.

Die Gesundheit ist das wertvollste Gut des Menschen. Dieser Band zeigt Ihnen, daß die Kräuter- und Naturheilkunde eine segensreiche Alternative zu teuren und gar nicht immer harmlosen High-Chem-Medikamenten darstellen kann, wenn Essenzen, Extrakte, Tees und Öle mit Sachverstand ausgewählt und eingesetzt werden.

Diesen Sachverstand vermittelt das Buch auf verständliche Weise und unter Berücksichtigung neuester Forschungsergebnisse.

Moderne Technik ermöglicht heute die Konstruktion von Lampen in einer Vielfalt, von der man früher nur träumen konnte. Attraktive Niedervolt-Lampen lassen besonders originelle Beleuchtungsmöglichkeiten zu.

Die Hobbythek zeigt Ihnen, wie Sie diese im Laden recht teuren Lampen selbst entwerfen und preiswert herstellen können.

Von Öllichtern und Kerzen, von Plexiglas und Acryl zu Halogen und Spannseilkonstruktionen – die Hobbythek bietet Ihnen 1000 und eine Beleuchtungsidee.

Pflanzen auf dem Balkon, im Hinterhof und in der Wohnung verbessern das Klima im doppelten Sinne des Wortes: Sie wirken regulierend nicht nur auf die Raumluft, sondern auch auf zwischenmenschliche Konflikte.

Wie man Pfanzen ziehen kann, wie man mit ihnen gestalten kann, sie klettern und ein Haus verschönern läßt, wie man sie mit Wasser versorgt, auch wenn man eine Zeitlang nicht zu Hause ist – dazu finden Sie viele Tips in diesem Buch.

Von der Küche ➡ in den Kosmos

mit der neuen Buchreihe KOCHMOS von Volker Arzt und Karin Steinhage. 5 Bände mit zahlreichen farbigen und schwarz-weißen Fotos und Illustrationen für naturwissenschaftlich Interessierte, Laien und Tüftler, Physiker, Köche und Kosmonauten.

Die Autoren verstehen es, zwischen Spüle und Herd ein Verständnis für die großen Zusammenhänge unserer Erde und des Kosmos zu wecken. Die Küche wird zum überraschenden Experimentier- und Beobachtungsfeld für naturwissenschaftliche und technische Zusammenhänge. In jedem Band werden zwei Themen in verständlicher und unterhaltsamer Form dargestellt.

Volker Arzt/Karin Steinhage: KOCHMOS. Der Kosmos in der Küche.
Jeder Band hat 64 Seiten, ca. 150 farbige und schwarz-weiße Fotos und Illustrationen, geb., DM 19,80.